ullstein

## Das Buch

Geräuschlos hat die Mafia ihre Aktivitäten in Deutschland ausgebaut. Das belegen Dutzende Ermittlungsakten von italienischen und deutschen Behörden, die dem investigativen Autorenteam von CORRECTIV, RTL und STERN zur Verfügung standen. In verschiedenen Kapiteln beleuchten sie die Mafia-Aktivitäten. Sie porträtieren einen gesuchten Mafia-Killer, der als Pizzabäcker in Deutschland untergeschlüpft ist. Sie berichten über Drogengeschäfte, Schwarzarbeit, Geldwäsche und Umsatzsteuerbetrug, in die Agrar- und Bau-Mafia verwickelt sind und die den Staat Milliarden kosten. In einem Verzeichnis werden die zweiundfünfzig Clans der 'Ndrangheta dargestellt und wo in Deutschland sie mit welchen Geschäften aufgefallen sind.

Einen sehr tiefen Einblick in die Mafia-Welt bietet die dramatische Lebensgeschichte von Maria G. (35), die die Autoren über Monate begleitet haben. Sie geriet mit sechzehn in die Finger der 'Ndrangheta und ist eine ihrer wenigen weiblichen Kronzeugen. Hautnah berichtet sie vom Leben mit einem brutalen Mafioso und vom Versuch, ihre Kinder vor dem Clan zu schützen. Aus ihren Erlebnissen wird klar, woher die Clans ihre Macht beziehen und wie archaisch sie auch heute noch strukturiert sind.

## Die Autoren

Auf Basis einer langfristigen Arbeit des Recherchezentrums CORRECTIV zur Mafia in Deutschland hat sich ein Team zusammengefunden, das der organisierten italienischen Kriminalität in Deutschland nachspürt. Autoren sind David Schraven (CORRECTIV) und Maik Meuser *(RTL Nachtjournal)* sowie STERN-Reporter Wigbert Löer. Das gesamte Team wird im Anhang des Buches vorgestellt.

DAVID SCHRAVEN
MAIK MEUSER
WIGBERT LÖER

# DIE MAFIA IN DEUTSCHLAND

## KRONZEUGIN MARIA G. PACKT AUS

Ullstein

Besuchen Sie uns im Internet:
www.ullstein-buchverlage.de

MIX
Papier
FSC® C083411

Ungekürzte Ausgabe im Ullstein Taschenbuch
1. Auflage August 2019

Umschlaggestaltung: zero-media.net, München, nach einer Vorlage von FHCM GRAPHICS, Berlin

Satz: L42 AG, Berlin
Gesetzt aus der Franklin Gothic und Scala
Druck und Bindearbeiten: CPI books GmbH, Leck
ISBN 978-3-548-37760-5

# Inhaltsverzeichnis

# Vorab

Man könnte mit dem »Paten« anfangen, der epischen und immerwährenden Verfilmung des gleichnamigen Romans von Mario Puzo. 1972, Marlon Brando, Francis Ford Coppola, drei Oscars. Sätze wie »Ich mache dir ein Angebot, das du nicht ablehnen kannst«. Die Mafia in der Popkultur.

Die Mafia, jene aus Sizilien, Apulien, vor allem aus Kalabrien: Sie agiert ein paar Jahrzehnte später immer noch, grausam, brutal und streng gewinnorientiert. Von ihrem Wirken in Deutschland, das anders als die Hollywoodproduktion keinerlei Glanz versprüht, handelt dieses Buch.

Es berichtet auf der Basis langjähriger Recherchen und Dutzender Dokumente aus den Ermittlungsbehörden von Mördern und Betrügern, Dealern, Erpressern und Zuhältern. In verschiedenen Kapiteln beleuchten wir, wie die Mafia hierzulande vorgeht und wie der Staat versucht, sie daran zu hindern.

Außerdem erzählen wir über viele Kapitel hinweg die Geschichte von Maria Giordano, einer der wenigen Kronzeuginnen, die es in der 'Ndrangheta bisher gab. Die kalabrische Mafia gilt als die verschworenste kriminelle Organisation Italiens, bei der selbst Männer kaum zum Verräter werden. Maria lebt heute in Baden-Württemberg, wo sie vor fünfunddreißig Jahren geboren wurde. Als Jugendliche traf sie am Strand von Rossano einen jungen Mafioso, der sie nicht mehr gehenließ und sie in die archaische Welt der 'Ndrangheta zog.

Maria wurde selbst kriminell und sagte später in verschiedenen Prozessen gegen die Mafia aus. Als Kronzeugin schwebt sie in Lebensgefahr. Ihr Alltag ist wie früher von Angst geprägt, vom Leiden und vom Aushalten, aber auch von dem Mut, den Verhältnissen zu entfliehen und für sich und ihre Familie ein neues Leben aufzubauen. Es soll ein Leben werden, das zumindest ihre fünf Kinder einmal als lebenswert bezeichnen können.

Marias Geschichte und der Report über die Mafia in Deutschland werden von einer Art lexikalischem Teil ergänzt, der vierundfünfzig in Deutschland festgestellte 'Ndrangheta-Clans vorstellt. Er zeigt, woher die einzelnen Clans stammen, welchen kriminellen Geschäften sie nachgehen und wer ihre Verbündeten sind. Die Übersicht enthüllt auch, in welchen Städten und Gemeinden in Deutschland welche Mafia-Clans aufgefallen sind. Die Vernetzung der Clans wird im Internet auf correctiv.org/mafia auf einer interaktiven Karte dargestellt.

*»Verzeihe mir,
wenn ich Dir nicht mehr
habe geben können«*

# Prolog

Sie haben eine ganze Woche lang hingefiebert auf diesen Donnerstag im Juli 2016. Der kleine Emanuele, fünf, das Grundschulkind Isabella, Stefano, zwölf, und Angela, die vierzehn Jahre alt ist und in einem Rollstuhl sitzt. Francesco, das älteste der fünf Geschwister, hat Geburtstag. Er wird achtzehn.

Am Abend würden sie Pizza essen gehen, hat Maria Giordano ihrem ältesten Sohn versprochen, den sie gebar, als sie selbst noch nicht volljährig war. Pizza essen. Für Maria ist das viel. Und keines ihrer fünf Kinder weiß das besser als Francesco.

Die Familie macht sich ausgehfertig. Antonello, Francescos Stiefvater, zieht eine schwarze Hose und ein weißes Hemd an, Maria ein rotes Abendkleid mit Tüllrock. Die beiden Mädchen tragen weiße Kleider, das von Angela ist mit Perlen und Pailletten besetzt. »Mama, zum Pizzaessen in so feinen Klamotten?«, fragt Francesco.

Zu Fuß erreichen sie gegen 20 Uhr das italienische Restaurant »Da Felice« im Westen von Winnenden. Francesco muss einen Moment draußen bleiben, die anderen schreiten in den Saal, wo schon Gäste warten. Marias große Schwester ist gekommen, Elettra, ihre Mutter Angela, Cousins und Cousinen, Neffen und Nichten, ihr Schwager. Marias Vater fehlt. Sie hat ihn auch nicht eingeladen.

Die Stühle tragen helle Hussen, auf der eingedeckten Tafel

stehen pfirsichfarbene Rosen und Kerzen. Die Unterteller sind aus Silber, die Stoffservietten stecken gefaltet in Kelchen. Auf einem Beistelltisch liegen Geschenke.

Als Francesco den Saal betritt, wirft seine Mutter eine Mischung aus Bonbons und Reis auf ihn. Das soll ihm Glück bringen. Als sie einen Aperitif getrunken haben, zieht Maria einen weißen DIN-A4-Zettel aus ihrer Handtasche. Sie sitzt an der Mitte der Tafel. Es ist die erste Rede, die sie in ihrem Leben halten wird.

Sie trägt ihren Text vor, flink, hastig fast. Sie will durchkommen, schnell und ohne Tränen. Ab und an gelingt es ihr, vom Zettel auf- und Francesco anzublicken. Der sitzt am Ende der Tafel, schaut manchmal zu Boden, kratzt sich etwas verlegen hinter dem Ohr. Auch er ist es nicht gewohnt, im Mittelpunkt zu stehen.

*»Lieber Francesco,*
*ich schreibe Dir diese wenigen Zeilen, um Dir zu sagen, wie stolz ich darauf bin, einen Sohn wie Dich zu haben.*

*In den vergangenen Jahren haben wir so viel durchgemacht. Mehr schlechte als gute Tage. Ich weiß nicht, ob ich eine gute Mutter war, ob ich Dir den Lebensweg gezeigt habe. Was denkst Du? Wenn ich Fehler gemacht habe, bitte ich Dich um Verzeihung. Auch für mich war es schwierig, so viele Probleme durchzumachen. Ich danke Dir, dass Du mir immer nah geblieben bist – bei jeder Entscheidung, selbst bei denen, die für Dich schwierig gewesen sind.*

*Du hast Dich nie beklagt. Selbst wenn es Dir schlechtging, hast Du das versteckt.*

*Verzeihe mir, wenn ich Dir nicht mehr habe geben können, aber ich hatte keine Möglichkeit. Ich hoffe, dass Du mit der Liebe, die ich Dir gegeben habe, und mit Deiner Volljährigkeit ein sorgloses Leben anfangen kannst.*

*Ich wünsche Dir viel Glück und eine gute Zukunft. Ich liebe Dich. Du bist mein Leben.*
*Deine Mama.«*

Maria schiebt ihren Stuhl zurück, hastet erleichtert zu ihrem ältesten Sohn hinüber, umarmt ihn fest. Ein Kuss auf die Wange, noch einer, noch zwei. Francesco hat feuchte Augen, auch Maria muss weinen.

Es gibt mehrere Gänge, vor allem Fisch. Francesco, der gewöhnlich keinen Alkohol trinkt, bestellt sich zwei Gläser Wein. Irgendwann schneidet er feierlich die Sahnetorten an, eine Eins und eine Acht, jeweils mit dem Wappen des Fußballclubs AC Mailand verziert. Die Kinder rennen herum, lärmen, spielen mit Luftballons. Niemand beschwert sich. Sie feiern bis ein Uhr nachts.

Die Überraschungsparty ist gelungen und für Maria ein Ereignis von hoher Bedeutung. Sie hatte so etwas lange nicht, eine Familienfeier im größeren Kreis. Die Feier von Francescos Volljährigkeit soll sie eine Zeitlang tragen. Doch am nächsten Tag meldet sich eine Schwägerin aus Rossano. Sie ruft nicht an, um Maria zum Geburtstag ihres Sohnes zu gratulieren.

Pasquale, berichtet die Schwägerin, halte sich gerade in Rossano auf.

Rossano ist eine Stadt in Kalabrien, im Süden Italiens, an der Sohle des Stiefels gelegen, dem die italienische Halbinsel auf der Landkarte gleicht. Pasquale ist Marias Exmann, der Vater von Francesco, Angela und Stefano. Als Maria mit Angela schwanger war, verprügelte Pasquale seine Frau so heftig, dass Angela heute im Rollstuhl sitzt. Stefano, das dritte Kind, bekam im Mutterbauch einen Tritt seines Vaters ab, der die Entwicklung seines Kiefers hemmte.

Pasquale wohnt in Ludwigsburg, einer anderen der vielen Klein- und Mittelstädte rund um Stuttgart, keine zwanzig Kilometer von Winnenden entfernt. Er lebt dort völlig unbehelligt, obwohl er in der 'Ndrangheta keine kleine Nummer war. Die 'Ndrangheta ist die archaischste und größte Mafiaorganisation. Man gehört ihr in der Regel an, bis man stirbt oder gegen Mafiosi aussagt.

Maria hat ausgesagt, über Pasquale und all die anderen Mafiamitglieder aus Rossano. Danach war sie untergetaucht, mit Antonello und ihren fünf Kindern. Der italienische Staat nahm sie in sein Zeugenschutzprogramm auf. Sie wechselte die Wohnorte, immer wieder, sechs Jahre lang. Seit Januar 2016 lebt sie in Winnenden.

Die Schwägerin erzählt Maria, dass Pasquale ihre neue Adresse in Deutschland herausbekommen habe. Er habe das in Rossano erzählt. Und er habe hinzugefügt, dass es für ihn okay sei, wenn jemand Maria umbringen würde.

Maria Giordano, 35 Jahre alt, ist Kronzeugin. Sie hat die *Omertà* gebrochen, das berüchtigte Schweigegebot der Mafia. So etwas vergisst die 'Ndrangheta nicht. Die Überraschungsparty für ihren Sohn Francesco war etwas Besonderes. Sie war wunderschön, aber eine Ausnahme. Der Anruf aus Rossano hat sie nun, einen Tag später, in ihr wahres Leben zurückgeholt.

» *Früher oder später klappt das Böse zusammen* «

## Hochwürden und die 'Ndrangheta

Der Pfarrer ist ein freundlicher Mann mit schwarzem Haar, dichten Augenbrauen und einer etwas ausufernden Kinnpartie. Er wirkt zugewandt, sympathisch – wie ein Schäfer, der sich liebevoll um seine Herde kümmert, um die vielen weißen und auch um die paar schwarzen Schafe. Giuseppe Strangio, der sich »Don Pino« nennen lässt, dient seiner Kirche seit 36 Jahren in San Luca. Das Dorf liegt in Kalabrien am Fuße des Aspromonte-Gebirges. An diesem Tag Anfang September 2016 ist Pfarrer Strangio zur Wallfahrtskirche der Heiligen Jungfrau von Polsi gepilgert. Wie Zehntausende andere Gläubige will er dort, eine Autostunde von San Luca entfernt und auf 865 Meter Höhe, seinem Gott ein wenig näher kommen.

Der Wallfahrtsort Polsi und die wenigen umliegenden Gebäude können auch in diesem Jahr die Massen kaum fassen. Die Wallfahrer verstopfen die Wege und Höfe. Mit ihren blau-weißen Schals und Transparenten, auf denen die Madonna di Polsi zu sehen ist, sitzen sie auf alten Gemäuern und bekreuzigen sich. Einige blicken müde zu Boden, sie sind in der Nacht aufgebrochen und nach Stunden der Wallfahrt erschöpft. Doch in dem Moment, in dem die Figur der Heiligen Maria auf einem Podest an ihnen vorbeigetragen wird, leuchten ihre Augen. Sie drängen zu ihr, recken die Hände, wollen die Statue berühren. Die Mutter Gottes trägt eine Krone und ein rosa Kleid mit langer blauer Schleppe. Auf ihrem Schoß hält sie ein nacktes, ebenfalls bekröntes Jesuskind.

Der Pfarrer Strangio liebt die Wallfahrt, bei der sich tiefer Glaube, körperliche Verausgabung und eine partyähnliche Ausgelassenheit miteinander vermengen. Natürlich, gesteht er ein, hätten sich auch in diesem Jahr wieder einige Mafiosi unter die Pilger gemischt. Und ja, doch, auch einige Menschen aus seinem Dorf San Luca, das eines der Zentren der 'Ndrangheta ist, seien dabei.

Aus San Luca stammten auch jene Mafiosi, die im August 2007 in Duisburg vor einem italienischen Restaurant von einem anderen 'Ndrangheta-Mitglied ermordet wurden. Eines der sechs Opfer damals, der Wirt Sebastiano Strangio, hatte in seinem Lokal ein Bild der Madonna von Polsi aufgehängt.

Die 'Ndrangheta, die größte Verbrecherorganisation Italiens, hat der Madonna von Polsi immer schon die Ehre erwiesen. Vor mehr als einem Jahrhundert, im August 1901, verfasste der *Tenente* der königlichen Carabinieri aus Reggio Calabria, Giuseppe Passarelli, einen Bericht für die königliche Staatsanwaltschaft. Er erzählte darin auch von einem Treffen der Verbrecher der Picciotteria, jener Organisation, aus der die 'Ndrangheta hervorging: »Man tritt der Vereinigung jedes Jahr am 2. September bei, am Tag des Festes der Madonna von Polsi, neben der Wallfahrtskirche, dort, wo sich die wichtigsten Bosse der kriminellen Vereinigungen der gesamten Provinz und der benachbarten Provinzen treffen.«

Fast hundert Jahre später, im Januar 1993, erzählte der Kronzeuge Filippo Barreca Staatsanwälten von der Wallfahrt in die Berge. Was er beschrieb, war eine Art Klausurtagung der Spitzen der inzwischen mächtigen Mafiaorganisation 'Ndrangheta: »Jedes Jahr trifft sich der sogenannte *Crimine* bei der Wallfahrtskirche der Madonna von Polsi. Er besteht aus den Vertretern aller *Locali* der Provinz Reggio Calabria. Ich muss allerdings sagen, dass auch in Mailand, Turin und sogar in Rom *Locali* bestehen, deren Vertreter eingeladen werden. Im Gipfeltreffen bei der Madonna von Polsi spricht man über die kriminellen Aktivitäten, man löst eventuelle Streitereien und entscheidet über die Strafen für jene Mitglieder, die sich schuldig gemacht haben.«

Die Mafia und die Madonna – man kann wohl von einer Langzeitbeziehung sprechen. Doch so schlimm sei das alles gar nicht mehr, sagt Pfarrer Giuseppe Strangio im Gespräch gut gelaunt und ergriffen von der Religiosität des Ortes.

Wie schlimm es war, zeigen versteckte Aufnahmen italienischer Ermittler aus Polsi. Etliche Führungskader der 'Ndrangheta pilgerten am 1. September 2009 zur Wallfahrtskirche in die Berge. Rund fünfzehn von ihnen bildeten auf dem Kirchplatz einen Kreis unter der Madonnenstatue. Sie waren zusammengekommen, um den 'Ndranghetista Domenico Oppedisano als Capo Crimine anzuerkennen, als höchste Führungskraft der Organisation. Die verdeckten Videoaufnahmen entstanden im Rahmen der Operation »Crimine«, bei der am Ende mehr als dreihundert Mafiosi auf der ganzen Welt festgenommen wurden. »Das Treffen beim Fest der Madonna von Polsi ist einer der wichtigsten Momente für die Vereinigung, denn zu dieser Gelegenheit werden die führenden Funktionen der 'Ndrangheta vergeben«, schrieb die Staatsanwaltschaft Reggio Calabria.

Die Mönche der Klosterkirche spielen dabei, so schilderte es der Kronzeuge Filippo Barreca schon 1993, eine »wichtige Rolle«. Die Logik der Klosterführung sei »immer die gleiche gewesen: Man ist Komplize der mafiösen Clans, die sich in Polsi treffen. Ich will auch sagen, dass die Wahl von Polsi nie zufällig war, sondern gebunden an die Interessen und die Verwicklungen zwischen den Mönchen und den Kriminellen.«

2013 machte der Bischof von Polsi von sich reden. Bevor er in die Großstadt wechselte und das Erzbistum in Reggio Calabria übernahm, setzte Hochwürden Giuseppe Fiorini Morosini sich bei einer Predigt noch einmal mit dem Image des Wallfahrtsortes auseinander. Der Bischof wollte offenbar noch einmal etwas klarstellen.

»In all den vergangenen Jahren war das Fest des 2. September in Polsi die Gelegenheit, um von der Verbindung Polsi-'Ndrangheta zu sprechen«, hob er an und fuhr dann wortmächtig fort: »Historische Ereignisse des letzten Jahrhunderts haben diese Wallfahrtskirche mit dem traurigen Phänomen der organisierten Kriminalität in Verbindung gebracht. Unglücklicherweise wird die Madonna di Polsi als Madonna der 'Ndrangheta bezeichnet. Viele Menschen, die die Zärtlichkeit des wahren Glaubens nicht in sich tragen, stricken aus dieser traurigen Tatsache absurde Luftschlösser von der Mitwisserschaft der Kirche über die organisierte Kriminalität. Doch unser Glaube, unser Gebet, unsere Hoffnung bringen uns dazu zu glauben, dass ausgerechnet von hier das Siegeszeichen über die organisierte Kriminalität ausgehen wird. Es wird aber kein Sieg des Gerechtigkeitsfanatismus, wie die dominante Kultur es gerne hätte, sondern ein Sieg im Sinne der Bekehrung, der Aussöhnung und der Vergebung.«

Worte wie Gerechtigkeitsfanatismus zeigen die kritische Einstellung des Bischofs zur Arbeit der Strafverfolger. Bischof Giuseppe Fiorini Morosini will das Imageproblem 'Ndrangheta anders lösen. Er setzt auf eine Ermahnung der Mafiosi und formulierte das in seiner Abschiedspredigt so: »Ich wage an jene zu appellieren, die mit einer Veränderung ihres Herzens das Unkraut besiegen können. (...) Menschen werden Mitglieder von kriminellen Vereinigungen, weil sie das Leben ohne große Anstrengungen genießen wollen. Das stimmt für die Bosse, aber nicht so ganz für die Hilfsarbeiter, die arm bleiben. Deswegen gibt es Drogenhandel, Schmiergelder, Wucherei unter Verwandten, Erpressungen, Morde und Glücksspiele. Allerdings ist das nur eine Illusion. Man kann mit dem Bösen ein ökonomisches Imperium aufbauen, aber früher oder später klappt es zusammen.«

Recht guten Mutes zeigt sich der Bischof, wenn er die Wirtschaftskraft der 'Ndrangheta, die seit vielen Jahren wächst, irgendwann einfach schwinden sieht. Der Pfarrer Giuseppe Strangio spielt die Bedeutung der kalabrischen Mafia im Gespräch sogar schon in der Gegenwart herunter. Sicherlich sei da auf Seiten der Mafia eine falsch verstandene Religiosität zu beobachten, sagt er. Trotz ihrer Sünden und ohne wirklich zu bereuen, fühle sich die Organisation der katholischen Kirche nahe. »Es ist richtig, wir haben wegen der Fehden einzelner Clans, die sich ja auch in Duisburg abgespielt haben, sehr gelitten.«

Dass die Madonna von Polsi aber zur Madonna der 'Ndrangheta mutiert sei, weist der Mann der Kirche entschlossen von sich. Er hält stattdessen eine hoffnungsfrohe Botschaft bereit, ausgerechnet aus der Region um das 'Ndrangheta-Zentrum San Luca. »Dort«, sagt Giuseppe Strangio, »erleben wir gerade eine Erneuerung.«

Was er damit meint, erklärt er nicht genauer. Vielleicht die Ermittlungen, die den Pfarrer selbst betreffen und von ihm mit keinem Wort erwähnt werden? Seit Mai 2016 untersuchen die Strafverfolger nämlich auch seine Verbindungen zur 'Ndrangheta.

Die Operation trägt den Namen »Fata Morgana«, sieben Personen wurden im Rahmen der Ermittlungen bereits verhaftet, zwölf Unternehmen durchsucht. Die Behörden ermitteln auch gegen den Präsidenten der Provinz Reggio Calabria, den Präsidenten des Fußballvereins Reggina Calcio und sogar gegen einen anderen Staatsanwalt. Sie interessiert sich auch für die Verbindungen zwischen der 'Ndrangheta und den Freimaurern. Über ein Netz von Beziehungen zu Menschen in hervorgehobenen Positionen konnte die 'Ndrangheta unternehmerische Aktivitäten in Reggio Calabria kontrollieren.

Die Staatsanwaltschaft Reggio Calabria beschreibt dabei auch ein Treffen zwischen Pfarrer Don Giuseppe Strangio und zwei Rechtsanwälten, die anschließend verhaftet wurden: Die Gründe der Reise dieser beiden Anwälte nach Polsi seien »nicht religiöser Natur« gewesen. »In einigen abgehörten Gesprächen bei dem Circolo Posidonia diskutierten der Anwalt Antonio Marra und der Pfarrer Strangio über die Orte, an denen sich die 'Ndrangheta [in Polsi] traf. Orte, die dem Pfarrer wohlbekannt waren. Man muss auch bedenken, dass der Pfarrer verschiedene Interessen im unternehmerischen Bereich besaß und in die Politik verwickelt war. Der Anwalt Romeo hatte mit Pino Strangio eine Freimaurerbeziehung.«

Der Pfarrer von San Luca, bestens informiert über die 'Ndranghetista in Polsi, sogar in direkter Verbindung zu ihren Anwälten stehend: Man muss daran denken, wenn man Giuseppe Strangio beim Predigen in Polsi zuhört. Der Geistliche, gegen den im Zuge der Operation »Fata Morgana« ermittelt wird, lobt jetzt den Mut der Polizisten und Staatsanwälte, die gegen die Mafia vorgingen. Sie würden für eine gerechte Sache kämpfen.

> *In Italien haben Kinder auch schon mit zwölf Jahren gearbeitet*

## Die harte Kindheit der Maria Giordano in Winnenden

»Ich bin im Oktober 1981 geboren, und es wäre besser, wenn das nicht passiert wäre.« Irgendwann in einem der vielen Gespräche, als es um früher geht, sagt Maria Giordano diesen Satz. Er ist die traurige Bilanz eines dreieinhalb Jahrzehnte langen Lebens, doch Maria Giordano spricht ihn fast beiläufig aus. Sie klingt dabei komplett undramatisch.

Dieses Leben hat sie mehrfach aus Baden-Württemberg nach Süditalien und zurück geführt. Es enthält einen Tag, der den Rest ihres Lebens prägen wird. Es enthält Jahre voller Gewalt und Grausamkeit. Drohungen gehören zu diesem Leben, Ängste. Und Ereignisse, die einige Menschen, die darin vorkommen, um nichts in der Welt veröffentlicht haben wollen.

Maria Giordano, fünfunddreißig Jahre alt, geboren im Krankenhaus in Backnang, fünfunddreißig Kilometer nordöstlich von Stuttgart. Eine schmale, nicht sehr große Frau mit schwarzem, langem Haar. Ihre Eltern sind als Gastarbeiter nach Deutschland gekommen. Der Vater Francesco reist 1967 aus Kalabrien an. Er ist sechzehn Jahre alt und allein. Er sucht Arbeit. Die findet er bei einer Schreinerei in Winnenden, einer der vielen Kleinstädte, die Stuttgart umsäumen. Winnenden ist ein überschaubarer, eher unauffälliger Ort. Erst viele Jahre später wird ein Siebzehnjähriger das Städtchen bekannt machen, als er in der Albertville-Realschule Amok läuft und dort und auf der Flucht fünfzehn Menschen erschießt.

Marias Mutter Angela begibt sich gemeinsam mit ihren Eltern in das fremde Deutschland. Sie ist fünfzehn und in einem Dorf bei Neapel aufgewachsen. Angela kommt 1974 in Winnenden an. Sie lernt Francesco kennen, weil der mit ihrem großen Bruder befreundet ist. Geld verdient sie in der Fabrik des Elektrokonzerns AEG.

1976 heiraten Francesco und Angela in Neapel. 1977 kommt Elettra zur Welt, viereinhalb Jahre später Maria. Die jüngere Tochter hat heute keinerlei Erinnerungen an ihre Kleinkinderjahre in Schwaben.

Maria ist drei und Elettra sieben, als der Vater sie und ihre Mutter nach Kalabrien schickt. Francesco Giordano will nicht, dass seine Töchter eine Schule in Deutschland besuchen. Sie sollen unter Italienern lernen, unter Kalabresen, und nicht in einer Klasse mit lauter Deutschen und Türken sitzen. Francesco Giordano ist nach Deutschland gegangen, um dem kargen Alltag Kalabriens zu entfliehen. Doch jetzt, als die Töchter heranwachsen, schickt er sie genau dorthin.

Schon vor Marias Geburt hat er eine Wohnung in seiner Heimat gekauft, in Rossano Stazione an der Ostküste Kalabriens. 200 Quadratmeter ist sie groß und in einem fünfstöckigen Wohnblock mitten im Ort gelegen. Rossano Stazione zählt zusammen mit Rossano Paese rund 36.000 Einwohner und ist damit etwas größer als Winnenden. Zum Strand sind es keine drei Kilometer, im Rücken der Stadt steigt das Gebirge auf.

Francesco selbst versagt sich den Umzug. Er bleibt in Deutschland, arbeitet, schickt jeden Monat zweitausend Mark und reist nur über Weihnachten und Silvester nach Kalabrien. »Meine früheste Erinnerung an meinen Vater ist, wie wir auf ihn warteten«, sagt Maria heute. »Ich kannte ihn eigentlich kaum. Doch wenn er nach vier oder fünf Wochen wieder ging, weinte ich.«

Die Hierarchien sind klar geregelt. Die Mutter befiehlt den Kindern, ohne dabei allzu viele Worte zu verlieren. Als Kind ist sie regelmäßig geschlagen worden und handelt nun entsprechend. »Ich kann mich an keinen einzigen Kuss meiner Mutter erinnern«, sagt Maria im Rückblick. »Sie behauptet, sie hätte uns nachts geküsst, als wir geschlafen haben. Aber davon weiß ich nichts.«

Der Besuch des Vaters während der Weihnachtswochen verbessert die Stimmung kaum. In der Wohnung in Rossano fliegt das Geschirr. Einmal, Maria ist acht Jahre alt, schlägt der Vater der Mutter mit der Faust den oberen Vorderzahn aus. Seine Mädchen verprügelt er nicht. Angst hat Maria trotzdem vor ihm.

Viele Sonntage im Jahr verbringen sie im Haus von Marias Großeltern, das siebzehn Kilometer entfernt von Rossano einsam auf dem Land liegt. Drei Tanten und ein Onkel kommen dann dazu, jeweils mit ihren Kindern. Schweine grunzen, Ziegen meckern, die Kinder können hier auch Kaninchen streicheln. Marias Oma und ihre Tanten kochen in großen Töpfen. Im Garten, wo ein Ofen steht, backen sie Pizza mit Auberginen und Paprika. Wenn der Vater zu Besuch ist, schlachtet er ein Schwein. Er selbst tötet es dann mit einem langen Messer. Die Kinder sehen ihm dabei zu. Später sitzen sie alle gemeinsam um den großen Holztisch, den Marias Großvater selbst gezimmert hat und der 24 Personen Platz bietet. Die frische *Sanguinaccio*, Blutwurst, mit Nüssen schmieren sie aufs Brot.

Sie spielen mit Barbie-Puppen, sie spielen auf der Straße, sie besuchen die Schule, wo Maria eine kleine Klasse mit dreizehn Schülern erwischt. Die Mutter ist dann zu Hause. Sie muss allerdings ihrem Schwiegervater bei der Olivenernte helfen. Die Bäume stehen an einem Hang. Maria gräbt Rinnen in die Erde. So kann sie die Oliven, die auf den Boden fallen, leichter auflesen.

Es ist die Angst des Vaters vor falschem Umgang an deutschen Schulen gewesen, die Maria, ihre Schwester und ihre Mutter nach Kalabrien gebracht hat. Es ist die Angst der Mutter, die die Familie wieder zurück nach Winnenden führt. »Meine Schwester war fünfzehn, ich war elf, wir waren oder kamen in die Pubertät. Meine Mutter hatte Angst, dass wir Mist bauen.

Mist bauen, darunter verstand sie, einen Jungen kennenzulernen. Das gehörte sich nicht, nicht für zwei Mädchen, die keinen Vater zu Hause hatten. Mein Onkel passte zwar auf uns auf, er wohnte sogar direkt gegenüber unserem Wohnblock. Aber das beruhigte meine Mutter nicht. Wenn wir Mist bauen würden, das wusste sie, dann bekäme sie den Ärger.«

Die Erklärung der Mutter hört sich allerdings anders an. Sie teilt den Töchtern mit, dass sie umziehen müssten. Der Vater wolle nicht mehr, dass sie in Rossano lebten. Eine Diskussion erübrigt sich. »Ich habe nur geweint«, erinnert sich Maria. »Ich wollte Rossano nicht verlassen. Ich hörte nur: ›Germania, Germania, Germania‹, und wusste im Grunde gar nichts über dieses Land. Mein Vater hatte uns nie viel davon erzählt, und eigene Erinnerungen hatte ich keine. Ich stellte mir nur vor, dass das Wetter in Deutschland schlecht war. Meine Eltern hatten auch erzählt, dass dort viele Griechen und Türken lebten.«

Es dauert nur drei Tage, dann verlassen sie Rossano. Im schwarzen Fiat Uno ihrer Mutter fahren sie einfach los. Von ihren Freundinnen und der Lehrerin verabschiedet Maria sich nicht mehr.

Mit der Rückkehr nach Deutschland endet für Maria das, was man gemeinhin als Kindheit bezeichnet. Sie hat auch in Rossano schon mit angepackt, der Wohnungsputz etwa oblag ihr und Elettra allein. In Winnenden wird von ihr bald harte Arbeit verlangt.

Der Vater wohnt in einem alten, gedrungenen Fachwerkhaus auf einem Dorf, zwei Kilometer von Winnenden entfernt. Die Wohnung ist achtzig Quadratmeter groß, hat drei Zimmer und liegt im zweiten Stock. Hier hat Maria schon die ersten drei Jahre ihres Lebens verbracht. Es gibt einen kleinen Hof zwischen dem Haus und einer ungenutzten Scheune, ein Streifen, wenige Quadratmeter. Heute bröckelt dort der Beton. Damals, sagt Maria, sah es ähnlich aus.

Sie können kein Deutsch, was es schwer macht, andere Kinder oder Jugendliche kennenzulernen. Doch dazu haben Maria und Elettra ohnehin keine Zeit. Es dauert nämlich nicht lange, da hat die Mutter Arbeit für ihre Töchter gefunden. In einer Fabrik sollen sie Produkte, die vom Band rollen, in Kartons verpacken. Es ist das Jahr 1993, eine Kleinstadt nahe Stuttgart, und es ist Kinderarbeit im Akkord: Je mehr Kartons Maria und die Schwester füllen, desto mehr Geld verdienen sie. Maria ist da anfangs noch nicht mal zwölf Jahre alt. Ihre Mutter Angela wollte sich zu dieser und anderen Fragen über das Leben Marias auf Nachfrage nicht äußern.

»Ich fand es eigentlich ganz normal«, sagt Maria heute. »Ich war an Italien gewöhnt. Dort haben einige Kinder auch schon mit zwölf Jahren gearbeitet. Und meine Mutter wollte auf keinen Fall, dass wir in Winnenden zur Schule gingen. Sie wollte nicht, dass wir Kontakt zu anderen Nationalitäten aufnähmen, zu Deutschen, Türken oder Griechen.«

Die Eltern sind sich einig, nicht nur in ihrer Ablehnung fremder kultureller Einflüsse. Sie orientieren sich an einer Mentalität, mit der sie selbst in Süditalien gelebt haben. »Wenn ein Mädchen dort zwölf oder dreizehn Jahre alt wird, sagt man ihr: ›Ti sei fatta femmina‹, du bist eine Frau geworden. Dann braucht man keine Schule mehr.« Ihre Mutter, fügt Maria hinzu, sei auch selbst früh aus der Schule genommen worden. »Da war sie erst zehn.«

Anfangs gelingt es Maria kaum, in der Fabrik mit dem Förderband mitzuhalten. Die Vorgesetzte, eine vierzigjährige Türkin, macht Druck. Maria gewöhnt sich an die Knochenarbeit, die jeden Morgen um 6.30 Uhr beginnt und nachmittags um 16 Uhr endet. Der Wecker klingelt allerdings bereits morgens um 4.30 Uhr. Ihre Mutter putzt in einem Café, das um 7 Uhr öffnet. Um pünktlich fertig zu sein, braucht sie die Hilfe ihrer Töchter.

Nach einigen Monaten wechseln sie aus der Fabrik in eine große Winnender Freizeiteinrichtung mit Gastronomie. Dort sucht man Mitarbeiter für Grill und Fritteuse. Maria und Elettra bereiten fortan Pommes frites und Bratwürste zu. Die Mutter arbeitet ebenfalls in der Küche. Sie kocht Spaghetti.

Sie beginnen im Juli 1993 und bleiben bis 1996. Die Mutter ist legal tätig, sie hat eine Steuerkarte vorgelegt. Die Kinder erhalten ihre zwölf Mark Stundenlohn bar auf die Hand. Allerdings nimmt die Mutter das Geld an sich. Angela sucht sich neben der Arbeit als Spaghettiköchin auch wieder Nebenjobs. Sie putzt in Privathaushalten. Möglich ist das, weil ihre Töchter mit anpacken.

Der Alltag lässt Maria und Elettra keinen Raum für Freundschaften. Sie treiben keinen Sport, sie hängen nicht mit Gleichaltrigen herum, sie flirten nicht. Ab und zu dürfen sie Feste der italienischen Gemeinde besuchen. Ansonsten haben sie Kontakt zu ihrem Onkel, dem Bruder ihrer Mutter. Der hat fünf noch recht junge Kinder und ist sich mit seiner Schwester einig, dass Maria und Elettra wunderbar auf die kleinen Cousins und Cousinen aufpassen können.

Einmal beschließen die Schwestern zu fliehen. Sie klauen sich Geld aus dem Portemonnaie des Vaters, fahren nach Stuttgart und von dort aus in Richtung Kalabrien. Die Reise läuft reibungslos, doch in Rossano greift die Familie ihres Vaters sie umgehend auf und steckt sie wieder in den Zug zurück nach Deutschland. Maria überlegt auf der langen Fahrt, zur Polizei zu gehen, in Italien oder in Deutschland. Sie will erzählen, wie viel sie arbeiten muss. Aber sie traut sich nicht. Was, wenn die Polizisten ihr nicht glauben würden? Und falls doch: Wie würden die Eltern reagieren, wenn sie erführen, dass ihre Tochter Familienangelegenheiten der Polizei anvertraut? Die Mutter schlägt sie inzwischen nicht mehr. Der Vater aber, da ist sie sich sicher, würde keine Sekunde zögern, sie zu verprügeln.

Sie kehren zurück, arbeiten weiter, kommen meist abends gemeinsam mit ihrer Mutter um acht Uhr nach Hause. Der Vater hat dann oft gekocht, Spätzle oder Spaghetti bolognese. Sie sitzen zu viert am Tisch und essen. Dann gehen sie zu Bett. Vor dem Einschlafen beten sie leise darum, die heilige Madonna nicht zu verärgern.

» *Ich will sie. Und ich nehme sie mir* «

## Maria, Pasquale und die *'Ndrina* von Rossano

Manchmal fährt die Familie nach Italien, sie machen Sommer-Urlaub in Rossano. 1997, Maria ist sechzehn Jahre alt, wollen sie einige Wochen bleiben. Weil die Mutter mit Wasser und Sand wenig anfangen kann, fährt sie ihre Töchter gegen Mittag zum Strand. Die Lidi sind gut gefüllt während der Sommermonate, Schwimmer, Familien, ältere Leute und Verkäufer von Sonnenbrillen und gefälschten Markenklamotten – ein schönes, nicht ungewöhnliches Stück Mittelmeerküste.

An einem dieser Strandtage lässt die Mutter die Töchter am Lido »Baffo Bianco« raus. Maria und Elettra genießen die Freiheit, auch wenn sie zeitlich begrenzt ist. Ihre Mutter wird sie am Abend wieder abholen.

Sie rauchen. Maria raucht schon länger, heimlich, seit sie dreizehn ist. Ein Typ kommt vorbei, älter als Maria, älter auch als Elettra, er bittet um Feuer. Maria hat die Begegnung gespeichert. Sie hat sich oft erinnert, wie er ablief, der erste Kontakt mit Pasquale Rizzo. »Ich trug einen Bikini, hatte aber kurze Hosen an. Er hatte eine Badehose an. Er wirkte eher ruhig. Schön war er nicht. Er fragte uns, wo wir herkämen, denn er hätte uns noch nie gesehen. Da haben wir ihm erzählt, dass wir auch aus Rossano seien, jedoch seit einigen Jahren in Deutschland lebten.«

Pasquale hat grüne Augen und hellbraune, fast blonde Haare, die er kurz geschnitten trägt. Seine Haut ist hell. Er ist schlank und etwa 1,75 Meter groß. Wenn er spricht, grundsätzlich im kalabrischen Dialekt, zischen die Worte durch seine Zähne. Manchmal ist er deshalb schwer zu verstehen. Seine Worte unterstreicht er durch ausufernde Gesten.

Maria hat nahezu keine Erfahrung, sich mit Jungs oder jungen Männern zu unterhalten. Doch sie bleibt gelassen in dem Gespräch, in das Pasquale Rizzo sie und ihre Schwester verwickelt. Nach ein paar Minuten hört sie ihn fragen, ob sie am Abend gemeinsam eine Pizza essen gehen wollten.

Das wird ihre Mutter niemals erlauben, die Schwestern wissen das. Doch sie sagen Pasquale zu.

»Das hatten wir noch nie gemacht. Wir zogen uns am Abend heimlich Jeans und Turnschuhe an und verließen leise die Wohnung. Pasquale holte uns ab mit einem grünen Fiat Uno, der ein Turiner Kennzeichen besaß. Es stellte sich heraus, dass Pasquale bereits zweiundzwanzig Jahre alt war.«

Das Abendessen dauert kaum mehr als eine Stunde, und nachdem er bezahlt hat, fährt Pasquale Maria und Elettra wieder nach Hause. Angela allerdings ist hellwach. Sie hat auf ihre Töchter gewartet und will sofort wissen, wo die beiden sich aufgehalten haben. Nur etwas spazieren, entgegnet Elettra. Das glaubt ihr die Mutter nicht und holt sofort den Bruder ihres Mannes, der gegenüber wohnt. Maria und Elettra sind sechzehn und einundzwanzig Jahre alt, eine Heranwachsende und eine junge Erwachsene. Vor dem Onkel aber, der nun ihren Vater vertritt, haben sie Angst. Sie erzählen ihm und der Mutter die Wahrheit.

Am nächsten Tag bestellt die Mutter Pasquale per Telefon ein. Sie hat seine Nummer im Telefonbuch gefunden. Der Onkel kannte Pasquales Familie. Sowohl die Mutter als auch der Onkel sprechen persönlich mit Pasquale. Maria sitzt mit dabei. Pasquale bleibt ruhig. Es sei nichts passiert, antwortet er, aber ja, er wolle seine Verantwortung übernehmen. Er schaut zu Maria und sagt: »Ich will sie. Und ich nehme sie mir.«

Was denkt eine Sechzehnjährige, wenn ein Zweiundzwanzigjähriger, den sie kaum kennt, mit zwei kurzen Sätzen bekanntgibt, dass sie seine Frau wird? »Ich dachte nur, ich wollte ihn nicht«, sagt Maria im Rückblick. »Meine Mutter allerdings gab zu bedenken, die Nachbarn hätten uns ja in sein Auto einsteigen sehen und würden sicher schon über uns reden. Es war unglaublich. Es war lächerlich. Aber es war so. Pasquale wollte mich haben, und nach einem Pizzaessen zu dritt hielten meine Mutter und mein Onkel und dann natürlich auch mein Vater das für vollkommen angemessen. Ich habe gar nicht mehr widersprochen.«

Pasquale klingelt nun regelmäßig an. Er bringt Schmuck, Ohrringe, Ketten, ein Collier. Er bringt Blumen. Er bleibt zum Mittagessen. Er sagt, er arbeite als Bauer und manchmal mache er auch etwas mit Autos. Die Urlaubszeit endet, Angela und ihre Töchter verharren in Rossano. Sie bleiben bis Oktober in ihrer Wohnung, fast täglich besucht von Pasquale.

Maria fügt sich ihrem Schicksal. Pasquale wirkt weiterhin ruhig. Sie liebt ihn nicht, sie findet ihn auch nicht interessant. Aber sie denkt, durch ihn könnte sie ihrer eigenen Familie entkommen.

Als auch Francesco Giordano nach Kalabrien gekommen ist, wird die Causa ausverhandelt. Marias Vater trifft sich mit Pasquales Vater und mit Pasquales ältester Schwester. Er will wissen, was geschähe, wenn Pasquale Mist machen würde. Pasquales Vater kann ihn beruhigen. Damit ist die folgenreichste Entscheidung in Marias Leben getroffen.

Hinter Maria liegt zu diesem Zeitpunkt bereits der Besuch eines Bierfestes. Wie viele andere italienische Orte feiert auch Rossano im Frühherbst eine *festa della birra*. Höflich hatte Pasquale bei Marias Mutter angefragt, im Stadtteil Piragineti, wo er wohne, werde bei Wurst und Pommes auf deutsche Art gefeiert. Nur die Musik, vorgetragen von Bands auf der Bühne, sei kalabresisch.

Die Mutter willigt ein, schickt aber als Anstandsdame ihre ältere Tochter mit.

An diesem Abend erfährt Maria, dass Pasquale in seinem Viertel ein geachteter Mann ist. Mehrere Leute sprechen ihn in respektvollem Ton mit »Compare« an, Kumpel. Maria versteht, dass irgendetwas anders ist mit ihrem Begleiter. Aber sie stellt ihm keine Fragen. Auch als Pasquale ihre Schwester Elettra wegschickt, weil er jetzt mal allein mit Maria reden müsse, sagt sie nichts. Elettra geht. Und Pasquale führt Maria in eine Wohnung.

»An diesem Abend haben wir miteinander geschlafen«, erzählt Maria. »Es war mein erstes Mal, und ich hatte keine Ahnung von Sex. Als ich zwölf war und erstmals meine Tage bekam, da wusste ich nicht, was mit mir passierte, und dachte, ich müsse sterben. Damals ging ich zu meiner Lehrerin, und sie hat mich aufgeklärt. Ich wusste also, dass Menschen miteinander schlafen, hatte aber keine Ahnung, wie so etwas abläuft. Mit meiner Schwester hatte ich auch nicht darüber gesprochen, und meine Mutter hatte nur gesagt: ›Wenn du heiratest, klärt dich dein Mann dann schon auf.‹«

Was dann passiert, beschreibt Maria mit ruhigen Worten. »Pasquale hat mich geküsst und ist mir dann nähergekommen. Ich habe dabei keine Liebe gespürt. Ich wusste schon, dass ich ihn heiraten musste. Ich hatte Angst. Deshalb habe ich mich nicht gewehrt. Ich hoffte, dass ich auf diese Weise möglichst schnell aus der Wohnung und zurück auf das Bierfest kommen würde.«

Pasquale spricht nicht, aber er legt ein helles Handtuch aufs Bett. Das Handtuch bleibt in der Wohnung, als er Maria wieder mit nach draußen nimmt. Es hat einen Blutfleck und ist sein Beweis, dass Maria noch Jungfrau ist, als er mit ihr schläft. Es soll ihm als Sicherheit dienen.

Maria und Pasquale haben das Fest nur für eine halbe Stunde verlassen. Als sie zurückkommen, holt Pasquale Bier und Würstchen. Pasquale ist in Feierlaune. Später bringt er Maria nach Hause.

Wir haben Pasquale zu diesem für Maria zentralen Erlebnis befragen wollen und ihm weitere zweiundachtzig Fragen vorgelegt mit der Bitte um Stellungnahme. Er wollte sich dazu nicht äußern.

Ende Oktober fährt Maria mit ihrer Mutter und ihrer Schwester zurück nach Deutschland. Ihr Vater bleibt noch. Im November fühlt sie sich unwohl. Und sie bekommt ihre Tage nicht. Sie vertraut sich ihrer Tante Elisabetta an. Maria erzählt von dem Bierfest.

Die Tante sagt, sie erkläre es der Familie, aber vorher wolle sie mit Maria zum Arzt gehen, um sicher zu sein. Maria ist dankbar für die Unterstützung. Sie weiß nicht, dass die Tante ihrer Mutter alles berichtet.

Das Ergebnis ist eindeutig und in den Augen ihrer Mutter eine Schande. Vor der Hochzeit und trotz Begleitung durch die ältere Schwester! Der Vater, stellt Angela sofort klar, darf von der Schwangerschaft erst einmal nichts wissen.

Sie wählt Pasquales Nummer, und als dessen Schwester abnimmt, bittet Marias Mutter nur, Pasquale ans Telefon zu holen. Der kommt und hört einen Satz: »Jetzt heiratest du sie.« Am nächsten Tag fährt Marias Mutter mit Maria nach Kalabrien. Der Vater, der inzwischen wieder in Winnenden ist, bekommt das nicht mit. Sein Bruder in Rossano ruft ihn später an. Er sagt ihm nur, er solle herkommen. Mit dem Bus reist Francesco Giordano seiner Frau und seiner Tochter hinterher.

»Wir Kalabresen besprechen wichtige Dinge nicht am Telefon. Wenn etwas passiert, reden wir persönlich darüber. Mein Vater kam um vier Uhr morgens an, mein Onkel hat ihn dann aufs Land zu meiner Oma gefahren. Dort hat er ihm gesagt: ›Ich muss dir einen bitteren Kaffee einschenken: Maria ist schwanger.‹«

Francesco Giordano schlägt mit der Faust auf das Autodach, einmal, zweimal, fünfzigmal, so erzählt es später der Onkel. Maria hat Angst. Sie ruft bei ihrer Oma an, fragt, ob sie besser Rossano verlassen soll. Doch der Vater fängt sich. Er ruft in der Wohnung in Rossano Stazione an und weist die Mutter an, viel zu kochen. Dann lädt er Pasquale ein, dessen Vater und beide

Schwestern. Pasquales Mutter lebt nicht mehr. Am Abend, als alle am gedeckten Tisch sitzen, verkündet Marias Vater, dass seine Tochter schwanger und was nun zu tun sei.

In Maria allerdings regt sich in den nächsten Wochen Widerstand. Die Hochzeit ist für den März avisiert, aber sie versucht ihrer Mutter klarzumachen, dass sie Pasquale nicht heiraten will. Doch die Mutter antwortet auf jeden Vorstoß ähnlich. »Es ist ein Skandal«, sagt sie. »Wer würde dich denn jetzt noch nehmen?«

Maria bleibt in Kalabrien, Pasquale besucht sie bis zur Hochzeit täglich. Er zieht nahezu ein in die Wohnung, die Marias Vater einst für seine Familie gekauft hat, nur die Nächte verbringt er woanders. Maria beginnt langsam zu verstehen, wen sie da nun heiraten soll. An einem Tag steht ein Kumpel Pasquales vor der Tür. Als Maria öffnet, fragt er: »Wo ist denn *mano emort*?« So nennen seine Freunde ihn. Unsichtbare Hand. Weil er seine Geschäfte durchführt, ohne dabei bemerkt zu werden.

Pasquale ist nicht da an diesem Tag, und Maria fragt den Freund, was er denn von Pasquale wolle. »Komm her«, entgegnet der und reicht ihr ein Kuvert mit einer Million Lire. Das entspricht etwa 1010 Mark, heute rund 515 Euro. Maria erzählt ihrer Mutter von der Übergabe und erhält als Antwort eine Regel: »Egal was du siehst, egal was du hörst, du musst dich um deine eigenen Sachen kümmern. Misch dich nicht in die Angelegenheiten deines Mannes ein.«

Das sieht auch Pasquale so, als er später zu Maria kommt. Maria fragt ihn, wofür er so viel Geld in bar bekomme, Pasquale antwortet, dass sie das nichts angehe. Maria weiß nicht, was die 'Ndrangheta ist, sie fühlt nur, dass irgendetwas komisch ist. Doch erst einmal hat sie sich nun um die Hochzeit zu kümmern.

Blumen und Bonbonnieren, Menü und Hochzeitskleid, all das wählt sich leicht aus. Da Maria noch minderjährig ist, muss ein Jugendrichter der Ehe zustimmen. Das Paar spricht vor, der Richter verneint. Denn Pasquale Rizzo ist vorbestraft.

Das Paar protestiert und stellt einen neuen Antrag. Diesmal händigt der Jugendrichter Formulare aus. Marias Vater soll sie unterschreiben und so die Verantwortung für die Verbindung übernehmen, die der Richter selbst für verantwortungslos hält. Und das tut Francesco Giordano dann auch. Unter wessen Haube er seine Tochter bringt, scheint ihm weniger wichtig als die Tatsache, dass er sie unter die Haube bringt.

»Meine Eltern hätten mich schützen sollen«, sagt Maria heute mit Blick auf Pasquales Vorstrafe. »Doch meine Eltern haben mich heiraten lassen. Alles andere wäre für sie eine Schande gewesen. In Winnenden gab es Ende der neunziger Jahre durchaus alleinerziehende Mütter. Aber mich einfach mitzunehmen nach Deutschland, das war für sie keine Alternative.«

Der Grund für die Vorstrafe ihres Mannes – Pasquale hat Drogen verkauft und ist dabei aufgeflogen, angeklagt und verurteilt worden – war für Maria einstweilen kein Thema. In den Wochen vor und ebenso nach der Hochzeit beherzigt sie nämlich konsequent, was ihre Mutter und auch ihr Mann beschieden haben. Wenn Pasquale mit seinen Freunden über Dinge spricht, die »zu erledigen« seien, fragt sie nicht nach. Wenn er unterwegs das Auto verlässt und sie Stunden warten lässt, verharrt sie auf dem Beifahrersitz, als wäre sein Verhalten nicht weiter ungewöhnlich. Verlässt Pasquale spät am Abend noch einmal die Wohnung, spricht sie ihn am nächsten Morgen nicht darauf an.

Die Hochzeit lässt, so wirkt es auf die Familien der Brautleute, keine Wünsche offen. Ende März 1998 wärmt die Sonne bereits stark in Kalabrien. Maria trägt ein weißes Krönchen und ein Organza-Kleid, das mit Pailletten bestickt ist. Ihre Oma hat es gekauft. Die Schleppe des Kleides misst elf Meter.

Eine Friseurin erscheint, eine Kosmetikerin, die Band reist eigens aus Neapel an, der Heimat von Marias Mutter. Schon vor der Trauung am Mittag treffen Verwandte ein, Dutzende. Mittags versammeln sich etwa 150 Menschen in der Kathedrale Maria Santissima Achiropita, die inmitten der Altstadt von Rossano liegt, auf einem Platz mit Gefälle, umgeben von prächtigen Bürgerhäusern. Die Menschen in Rossano glauben, die heilige Madonna Achiropita habe die Stadt im Zweiten Weltkrieg vor den Bomben der Alliierten beschützt. Es ist alles andere als gewöhnlich, in der Kathedrale getraut zu werden. Pasquale hat es irgendwie hinbekommen.

Die Zeremonie dauert zwei Stunden. Danach fährt die Festgesellschaft zwanzig Kilometer in das Hotel »Oleandro«, das nahezu komplett von Wasser umgeben inmitten der Seen von Sibari liegt. Es gibt Austern und Kaviar. Das Brautpaar nimmt Umschläge entgegen, gefüllt mit Lira-Noten. Nicht jedes Kuvert allerdings stammt von den Gästen. Auch Leute, die nicht eingeladen sind, schenken Pasquale und seiner Frau hohe Geldbeträge.

Pasquale Rizzo, das wird er Maria viel später erzählen, war vierzehn, als er für die 'Ndrangheta zu arbeiten begann. Es waren die späten achtziger Jahre, in Rossano hatte Pasquale Tripodoro das Sagen. Pasquale stand in Kontakt zu Salvatore Morfò, der für den Oberboss Tripodoro arbeitete. Morfò ließ Pasquale zuerst illegal erworbene Feuerwerkskörper verstecken und weiterverkaufen.

Als Pasquale Rizzo siebzehn Jahre alt war und die letzte Prüfung der *Scuola Media* anstand, der nach der Grundschule verpflichtenden Mittelschule, verspürte er große Angst. Morfò versprach, ihm zu helfen. Am Nachmittag nach der Klausur, so schilderte es Pasquale, ging Morfò mit seinem Lehrer einen Kaffee trinken. Pasquale bestand. Einige Jahre später, als Pasquale durch die Führerscheinprüfung gerauscht war, lief es ähnlich. Diesmal schickte Salvatore Morfò jemanden in die Fahrschule. Beim nächsten Versuch bestand Pasquale. »Er war noch ein Kind, als er zu ihnen stieß, sie haben ihn großgezogen«, sagt Maria heute.

Nach der Hochzeit machen Pasquale und Maria für zehn Tage Urlaub – in Rossano. Es ist Pasquales Idee, die Flitterwochen in einem Hotel vor Ort zu verbringen. Maria hat ihm nämlich bereits gesagt, dass sie auf jeden Fall und sehr bald nach der Hochzeit nach Deutschland ziehen will. Pasquale nutzt die letzten Wochen. Er hat noch viel zu tun.

Salvatore Morfò, sein Boss, sitzt im Gefängnis. Pasquale ist ihm eine wichtige Stütze, um das Geschäft mit Drogen, Prostitution und Erpressungsgeldern am Laufen zu halten und vor allem: zu verteidigen. Wenn ein Boss inhaftiert wird, läuft er stets Gefahr, dass andere ihn aus seinen kriminellen Aktivitäten verdrängen. Und so ist es auch in der *'Ndrina* in Rossano.

*'Ndrina* bezeichnet in der Struktur der Mafiaorganisation 'Ndrangheta die untere Einheit. Mehrere *'Ndrine* bilden ein *Locale*. Über einem *Locale* steht dann das *Crimine*, das meist fünfköpfige Führungsgremium.

»In Kalabrien existieren heute um die zweihundert *Locali* mit mindestens 20.000 Mitgliedern«, sagt der Staatsanwalt Nicola Gratteri, der seit Jahren gegen die 'Ndrangheta ermittelt und Prozesse gegen ihre Mafiosi führt, zuerst in Kalabriens größter Stadt Reggio Calabria, dann in der Hauptstadt Catanzaro. Gratteri, 58, hat sich Aufbau und Struktur der 'Ndrangheta in gewisser Weise erarbeitet. Seine Erkenntnisse flossen in politische Analysen und Sachbücher ein. Er ist vielleicht der größte Kenner der Organisation.

»Erst seit 1930 spricht man von der 'Ndrangheta, davor hat man sie *Picciotteria* genannt«, erzählt der Staatsanwalt. Jedes *Locale* werde von einem Trio geführt, der sogenannten *Copiata*. »Da ist der *Capo Locale*, der über Leben und Tod entscheidet, von Gegnern oder auch von Leuten, die dem *Locale* den Rücken kehren. Der *Contabile* führt die Kasse, zahlt den Mitgliedern des *Locale* Geld aus und finanziert auch die Anwälte. Außerdem kümmert er sich darum, dass die Gefangenen mit dem nötigen Geld ausgestattet sind, ebenso deren Familien. Der *Crimine* schließlich organisiert die kriminellen Operationen. Er entscheidet, nach welcher Strategie das *Locale* vorgeht und verfügt auch über die Waffen. Sie sind auch die wichtigsten Figuren bei der Taufe eines Mafioso.«

Aus etlichen Verhören und mitgeschnittenen Telefonaten hat Nicola Gratteri erfahren, dass jeder 'Ndranghetista einen harten Ausleseprozess hinter sich hat. »Er durchläuft einige Hierarchiestufen, muss sich immer wieder beweisen. Es ist deutlich einfacher, den beiden anderen großen Organisationen beizutreten, der Camorra oder der Cosa Nostra.«

Akten der Anti-Mafia-Direktion Catanzaro zeigen die Verhältnisse in der *'Ndrina* in Rossano, in die Maria hineingerät. Sie ist zunächst dem *Locale* von Sibari zugeordnet, dann dem *Locale* des Nachbarortes Corigliano und schließlich, ab Ende der neunziger Jahre, dem *Locale* Cassano. Die Ermittler nennen die *'Ndrina* in Rossano, die hier »jegliche illegale Aktivität kontrolliert«, die »Ndrangheta-Organisation Acri-Morfò«.

Bis 1994 war Pasquale Tripodoro Chef dieser Einheit, er befehligte die Neustadt Rossano Stazione und die Altstadt Rossano Paese. Als Tripodoro verhaftet wurde, entschied er sich, als Kronzeuge gegen die 'Ndrangheta auszusagen. Sein Vertrauter Salvatore Morfò, der schon lange als Tripodoros rechte Hand wirkte und in der Organisation respektiert und gefürchtet war, rückte an die Spitze der *'Ndrina,* obwohl er gerade im Gefängnis saß. Er ist zu diesem Zeitpunkt 37 Jahre alt.

Morfò verdient nicht nur an Erpressungen, Waffen- und Drogenhandel. Er habe sich, so steht es in einem Ermittlerbericht aus dem Jahr 2013, auch in legale Branchen »eingeschlichen«. Morfò besitze in Rossano »das Monopol über die Brotlieferung, die Bierlieferung und über die Lieferung von Mineralwasser. Er hat dafür verschiedene Unternehmen gegründet, die auf den Namen seiner Tochter Lucia eingetragen sind und die von seinen Söhnen Isidoro und Matteo und von seinem Schwiegersohn Massimo Graziano verwaltet werden.« Die einzelnen Firmen sind in der Akte aufgelistet.

Zum Brotmonopol zitieren die Ermittler einen Zeugen. Der sagte im Jahr 2010 aus: »Alle Geschäfte in Rossano mussten das Brot aus der Bäckerei von Salvatore Morfò holen. Andere Bäcker mussten Personal entlassen, während Morfò jetzt fünfzig Angestellte hat.« Der Zeuge erklärt auch Morfòs Geschäft mit dem Glücksspiel, das er den Ermittlern zufolge mit Hilfe einer Firma durchgesetzt hat, die seinem Sohn Matteo gehört.

»Ich will hinzufügen, dass Salvatore Morfò auch den Spielautomaten-Markt verwaltet, sowohl die legalen Spielautomaten (die vom Staat erlaubt sind) als auch die illegalen. Die illegalen Automaten werden von Salvatore Morfò durch dessen Schwiegersohn Massimo Graziano, genannt ›Dente di Cane‹ [Löwenzahn] und einen anderen jungen Mann manipuliert und danach für 3000 Euro weiterverkauft. Morfò bekommt dann auch einen Anteil der Einnahmen.« Von den Einnahmen, die legale Spielautomaten erzielen, soll Morfò zehn Prozent erhalten haben. Bei den illegalen Spielautomaten, die nicht an das staatliche System gebunden sind, schöpft er weitaus höheren Gewinn ab, heißt es in dem Ermittlungsbericht weiter.

Marias Mann Pasquale Rizzo hat sich seit der Kindheit als loyaler Mitarbeiter Salvatore Morfòs bewährt und pflegt ein enges Vertrauensverhältnis zu ihm. Dieser Salvatore Morfò hat in den ersten Jahren seiner Macht eigentlich nur ein Problem: Er wird immer wieder inhaftiert. Auch zum Zeitpunkt der Hochzeit von Maria und Pasquale sitzt er im Gefängnis. Der Bräutigam muss Morfò daher auch nicht einladen. Und Pasquale verzichtet darauf, tieferrangige Leute aus der *'Ndrina* zur Hochzeit zu bitten. Das kann er sich erlauben, denn der Respekt ist dem Chef und nicht den sogenannten kleinen Fischen zu erweisen. Großzügige Geldgeschenke erhält der Mann, dessen Nähe zu Morfò bekannt ist, trotzdem.

Pasquale verlässt Rossano im Mai 1998 gegen seinen Willen. Er gibt seiner Frau nach, ausnahmsweise. »Er war deswegen lange wütend auf mich«, sagt Maria im Rückblick. »Er wollte unbedingt in seiner Heimat und bei seinen Leuten bleiben. Aber das wollte ich nicht. Ich dachte immer, wenn etwas ist, können sie mich hier einfach in der Wohnung einsperren. Ich dachte, in Deutschland kann ich zur Not die Polizei rufen.«

Pasquale zieht allerdings in ein Land und in eine Region, die der 'Ndrangheta durchaus ein Begriff ist. Im Westen Stuttgarts, in Fellbach, Waiblingen und Winnenden, leben viele Italiener aus Kalabrien. Die Mafia hat hier längst Fuß gefasst. Einen wie Pasquale, der überzeugt und loyal ist und schon lange für die 'Ndrangheta gearbeitet hat, können sie gut brauchen.

*»Sie sind alle tot, Achille, alle tot!«*

## Deutschland lernt die 'Ndrangheta kennen

Ein Versteck suchen. Möglichst viele Kontakte abbrechen. Mit wenig auskommen. Nicht auffallen. Im Untergrund leben. Das war das Leben von Antonio Pelle, fünf Jahre lang, bis zum 5. Oktober 2016. Dann fasst ein mobiles Einsatzkommando der italienischen Polizei den Mann, der wohl zu den reichsten Italienern gehört und den das Innenministerium gerade in die Top Ten der meistgesuchten Verbrecher Italiens aufnehmen will. Die Beamten aus der kalabrischen Großstadt Reggio Calabria müssen an diesem Tag nicht weit reisen. Sie vermuten Antonio Pelle in seiner eigenen Wohnung in Benestare, einem Dorf, etwa zwanzig Kilometer von San Luca entfernt.

Als sich die Polizisten sicher sind, um welches Haus es sich handelt, ist die Festnahme dennoch nicht mit einem kurzen Zugriff getan. Mehr als fünfzig Ermittler dringen zwar ein in die zweistöckige Villa. Doch zuerst einmal müssen sie jedes Möbelstück verrücken. Pelle beherrscht, was viele Mafiabosse können, ganz gleich, wie viel Geld sie besitzen, wie groß ihre Macht ist, wie viele Mafiosi sie unter sich haben: Er kann sich nahezu unsichtbar machen.

Bei einer früheren Festnahme hat Pelle sich in einem unterirdischen Bunker versteckt. Diesmal spüren die Beamten vom Mobilen Einsatzkommando ihn in einem kleinen, fensterlosen Raum auf, in den kaum mehr als ein Campingbett passt. Er ist durch ein Loch in der Mauer zu erreichen, vor dem ein Kleiderschrank steht. Ein Polizist filmt die Verhaftung des Bosses. Als Antonio Pelle sich ergibt, wirkt er überrascht. Er hat offenbar nicht damit gerechnet, dass die

Strafverfolger des italienischen Staates wirklich bis zu diesem Ort vordringen würden.

Sie haben einen der ganz Großen gefangen, und die Nachricht schlägt ein, beim *Crimine* in San Luca, dem Pelle angehört, in Kalabrien und in ganz Italien. Doch auch in Deutschland stößt Pelles Verhaftung auf Interesse. Der Boss ist einer der Ersten, der vom Racheakt in Duisburg erfahren hat, von jenem Sechsfachmord im Sommer 2007, der die 'Ndrangheta hierzulande plötzlich bekannt machte.

Es war die Nacht vom 14. auf den 15. August, als vor der Pizzeria »Da Bruno« in der Mülheimer Straße in Duisburg Schüsse fielen. Der italienische Staatsbürger Giovanni Strangio, der zufällig denselben Namen wie der später aufgespürte Haupttäter trägt, war den Killern entkommen, weil er das Restaurant, in dem er arbeitete, bereits verlassen hatte. Sein Bruder Sebastiano aber, der das Restaurant führte, und fünf andere Menschen starben im Kugelhagel. Als Giovanni Strangio davon erfuhr, war sein erster Gedanke, dem Paten Bescheid zu geben. Dass dessen Anschluss von den Mafiajägern aus Reggio Calabria abgehört wurde, ahnte er nicht.

In Italien nahm Achille Marmo das Gespräch entgegen, als Giovanni Strangio in Duisburg voller Aufregung Antonio Pelle sprechen wollte – den Boss, den die Mafiosi untereinander oft »La Mamma« nannten.

»Strangio: Ist La Mamma da?

Marmo: Nein. Warum? Was ist passiert?

Strangio: Achille, ist La Mamma da, verdammt?

Marmo: Nein. Warum denn?

Strangio: Geh und sag ihm ... (Er beginnt zu schluchzen.)

Marmo: Was ist denn los, sag schon!«

»Hinrichtung in der Innenstadt«, titelte in Deutschland tags darauf die »Süddeutsche Zeitung«. Die »Financial Times« beschrieb einen »Mafiamord in Deutschland«, die »Bild«-Zeitung etwas lauter einen »Mafia-Krieg!«. Der 'Ndrangheta-Pate in Kalabrien wusste da bereits von Giovanni Strangio, was passiert war mitten in Deutschland. Dort, wo man doch eigentlich in aller Ruhe und Verschwiegenheit Geld waschen und Geschäfte machen und wo man sich mit Sicherheit keine Schießereien leisten wollte.

»Mein Bruder ist tot. Mein Neffe ist tot. Dein Bruder ist auch tot. Sie sind alle tot, Achille, alle tot!«

In dieser Augustnacht meldete sich gegen 2.30 Uhr der Kriminaldauerdienst Duisburg bei Heinz Sprenger: Mindestens fünf Menschen seien erschossen worden im Bereich der Mülheimer Straße, nicht weit vom Duisburger Hauptbahnhof, eine Person werde noch reanimiert. Sprenger, der Leiter der Duisburger Mordkommission, zog sich an und machte sich auf den Weg. Dabei ging er die möglichen Szenarien durch. Von einer Schießerei hatte der Kollege gesprochen, das konnte eine Auseinandersetzung unter Türken bedeuten. Aber auch Albanerbanden und Russen zählten zu den auffälligen und gutorganisierten Akteuren des Duisburger Kriminellenmilieus. Erst als Sprenger klarwurde, dass der Tatort unmittelbar vor der Pizzeria »Da Bruno« lag, dachte er daran, dass er es in dieser Nacht auch mit der italienischen Mafia zu tun bekommen könnte.

Der Tatort war weiträumig abgesperrt, als der Chef der Kripo ihn erreichte. Die Feuerwehr half mit Lichtmasten und mobilen Pavillons. Um das Leben des sechsten Opfers kämpften die Sanitäter noch, allerdings nicht mehr lange.

Die Opfer hatten hier im Restaurant einen Geburtstag gefeiert, waren dann zu ihren Autos gegangen, zu einem Opel-Kastenwagen und einem Golf. Als die Mörder das Feuer eröffneten, waren die Männer völlig überrascht. Sie leisteten keine Gegenwehr. Die Einsatzkräfte sicherten 54 Patronenhülsen, die aus zwei Waffen der Marke Beretta 93 R stammten, einer sogenannten Reihenfeuerpistole. Die 93 R ist eine Waffe mit Wucht, die der Schütze kaum beherrschen kann, wenn er keine Schulterstütze montiert hat. Der Polizist Sprenger gewann am Tatort den Eindruck, dass die Täter wild um sich geschossen hatten.

Es muss eine regelrechte Hinrichtung gewesen sein, dachte Sprenger. Die Täter schossen ihren Opfern nämlich auch noch aus nächster Nähe in den Kopf. Keiner sollte überleben. Sebastiano

Strangio, der Besitzer des »Da Bruno«, Marco Marmo, Francesco Pergola, Marco Pergola, Francesco Giorgi und Tommaso Francesco Venturi – sechs Männer, zwischen sechzehn und 38 Jahre alt, und sie hatten etwas gemeinsam: Alle gehörten sie, wenn auch in unterschiedlichen Rängen, einem 'Ndrangheta-Clan aus San Luca an.

Über den Sechsfachmord mitten in Deutschland wunderte sich in den nächsten Tagen nicht nur die Bevölkerung. Auch in Polizeikreisen hatte kaum jemand ein Verbrechen dieses Ausmaßes für möglich gehalten. Die Cosa Nostra aus Sizilien kannte man aus dem Fernsehen, von der Camorra im Großraum Neapel hatte man auch irgendwann mal gehört. Von der 'Ndrangheta aus Kalabrien wusste man so gut wie nichts. Die Arbeit der Ermittler begann also ohne große Expertise.

Die Leitenden Beamten im Innenministerium und die Staatsanwälte lernten die korrekte Aussprache des Namens 'Ndrangheta rasch. Von Sprenger erwarteten sie Fahndungserfolge, und zwar schnell. Der Begriff »Mafiamord« eignete sich schließlich hervorragend, um Gefühle der Angst und fehlender Polizeipräsenz zu transportieren. Das Ruhrgebiet als Aktionsraum organisierter süditalienischer Kriminalität – diese Botschaft sollte auf keinen Fall hängenbleiben in der Bevölkerung. Im Dezember 2007 vereinbarte das Bundeskriminalamt mit dem italienischen Innenministerium eine Task Force. Sie sollte die Zusammenarbeit der Ermittler beider Länder deutlich verbessern.

»Für mich begann jetzt eine neue Phase in meinem Berufsleben«, erzählt Heinz Sprenger. »Meinen Lebensrhythmus bestimmten in den Monaten nach jener Nacht unzählige Überstunden, ständige Informationserhebungen und überhaupt das Thema Mafia. Und eines habe ich ziemlich schnell begriffen: dass die Gesetzgebung in Deutschland die Etablierung krimineller Gruppen wie der 'Ndrangheta geradezu fördert.«

Sprenger ist ein kleiner, drahtiger Mann mit Schnurrbart. Manche Kollegen vergleichen ihn wegen seiner direkten, unerschrockenen Art mit Horst Schimanski, dem von Götz George gespielten Fernsehkommissar. Noch in der Tatnacht richtete Sprenger eine

»Besondere Aufbauorganisation« (BAO) ein, die in den Wochen danach von zahlreichen anderen Behörden unterstützt wurde. Zeitweise arbeiteten 140 Polizisten an der Aufklärung der Tat.

Eine Art Erste Hilfe leistete eine Mafiaexpertin des Bundeskriminalamts. Das Fachgebiet der Frau war über Nacht zu besonderer Bedeutung gelangt. Sie half den Ermittlern vor Ort, zu verstehen, mit was für einem System sie es zu tun hatten, was die 'Ndrangheta ausmachte und worauf die Ermittler achten mussten. Es war wie ein Grundseminar: Die Beamten erfuhren von der Grundstruktur der 'Ndrangheta, von den Einheiten *'Ndrine* und *Locale*. Sie erfuhren, welche große Bedeutung die Blutsverwandtschaft spielte, wie das Aufnahmeritual der Taufe ablief und welche Hierarchien es zu beachten galt: die Zweiteilung eines jeden *Locale* in die *Società Minore* und die *Società Maggiore*, in die Untere und die Obere Gesellschaft.

Kurz darauf reisten auch italienische Kollegen an, Mafiakenner aus Kalabrien. Bald war klar, dass der achtzehnjährige Tommaso Francesco Venturi genau am Tag seiner Aufnahme in die 'Ndrangheta gestorben war. »Bei ihm wurde ein Bild des heiligen Michael, des Schutzpatrons der 'Ndrangheta gefunden – mit ausgebranntem Kopf. Für die italienischen Kollegen war die Sache damit klar«, erinnert sich Sprenger.

Der Chefermittler und sein Team grübelten über das Motiv. »Der Schwerpunkt der gesamten Ermittlungen beruhte erst einmal auf der Annahme, dass das Tötungsdelikt im Zusammenhang mit einer Blutfehde in San Luca lag. Aber eine sofortige Festlegung auf diese Hypothese wäre absolut unprofessionell gewesen«, sagt Sprenger. Und so gingen die Ermittler zunächst auch einem möglichen Familienstreit nach, einer Auseinandersetzung im Rauschgiftmilieu und auch der Möglichkeit, dass der Inhaber des »Da Bruno« expandieren wollte und dabei Mitbewerbern in die Quere gekommen war. Sprenger wiederholte bei den ersten Pressekonferenzen nach der Tat eine Aussage immer wieder: »Wir ermitteln zunächst in alle Richtungen.«

Der Aufarbeitung der Tat kam zugute, dass der Tatort nahe am sogenannten Klöckner-Hochhaus lag, das mit Überwachungskameras ausgestattet war. Die Geräte stammten noch aus den siebziger Jahren, der Zeit der Roten-Armee-Fraktion, und ihre Aufnahmen waren darum auch nicht von hoher Auflösung. Doch die Bilder zeigten, wie die Täter flohen.

Überhaupt fehlte es den Ermittlern nicht an Input. Von »Massen an Daten« spricht Kripochef Sprenger heute und zählt auf: »Es gab 1000 Hinweise, etwa 5000 Spuren, fast 100 auszulesende Handys und SIM-Karten, gut 700.000 Funkzellendaten, die ausgewertet werden mussten. Nicht zu vergessen die fast 100.000 Gespräche, die protokolliert wurden.«

Seine Mordkommission arbeitete erstmals mit dem neuen, intelligenten Ermittlungssystem rs-CASE. Da es direkt mit den Providern der Telefonanbieter verbunden war, konnten nach richterlicher Anordnung nicht nur die Verbindungsdaten, sondern auch die Gespräche der Verdächtigen selbst aufgezeichnet werden. Die Ermittler hörten später ab und protokollierten. Gleichzeitig stellte das neue Ermittlungssystem auch Beziehungen zwischen Personen, Informationen und Sachen übersichtlich in Schaubildern dar. Sprenger hat das mit Blick auf die unübersichtliche Familienstruktur der 'Ndrangheta als großen Vorteil in Erinnerung. Eine Schlüsselposition, sagt er, hätten aber die Dolmetscher eingenommen: »Die kannten Land und Leute, die kannten die Mentalität. Sie halfen uns enorm, allein schon bei der Auswertung der vielen abgehörten Gespräche und dann natürlich bei all den Berichten der Kollegen aus Italien. Für uns war ja immer auch wichtig, zu erfahren, was zwischen den Zeilen stand. Das konnten die Dolmetscher.«

Heinz Sprenger klingt jetzt beinahe begeistert. Der große Druck, der auf der Polizei lag, stellte sich während der Arbeit zugleich als großes Glück heraus. Die Kooperation klappte, es gab wenig Reibungsverluste und kaum Kompetenzgerangel, das Innenministerium und das LKA, die Polizeibehörden, das BKA, der Duisburger Polizeipräsident und schließlich Kollegen aus anderen Bundesländern: Alle harmonierten.

Sprenger und sein Team machten sich bestmöglich ausgestattet auf die Jagd nach den Mördern. Der Kripochef tauchte dabei selbst tief ein in die Welt der 'Ndrangheta. Immer wieder flog er nach Kalabrien, lernte die Gegend um San Luca im Aspromonte-Gebirge bald fast so gut kennen wie seinen gewöhnlichen Einsatzort an Rhein und Ruhr.

Eineinhalb Jahre nach der Tat, im März 2009, nahmen Ermittler den dringend tatverdächtigen Giovanni Strangio schließlich in Amsterdam fest. Im Juli 2011 verurteilte ein italienisches Gericht ihn zu lebenslanger Haft. Sprenger erlebte den Ausgang des Strafverfahrens als großen Triumph. Er lobt im Rückblick auch die Zusammenarbeit mit den italienischen Kollegen – »damals«, sagt er. »Generell lässt die Zusammenarbeit zwischen Deutschland und Italien heute sehr zu wünschen übrig. Es ist eigentlich immer nur der persönliche Kontakt von hier nach dort, der gut funktioniert. Wir arbeiten, das muss man leider sagen, besser mit Bulgarien zusammen als mit Italien.«

Mit Hilfe der Kollegen aus Kalabrien durchschaute Sprenger die seit Jahrzehnten schwelende Fehde zweier 'Ndrangheta-Clans aus San Luca. Ausgelöst worden waren die Streitigkeiten 1991 durch einen Karnevalsscherz: Kinder, deren Eltern dem Nirta-Strangio-Clan angehörten, warfen mit Eiern herum und trafen dabei wohl zufällig das Auto Antonio Vottaris, des damaligen Chefs des Vottari-Pelle-Clans. Der Boss bestrafte einen der Eierwerfer mit derart harten Schlägen, dass der Junge schwer verletzt wurde. Es folgten Empörung und Gegenattacken, neue Racheschwüre und Schießereien, bei denen mehrere Menschen starben. Im Jahr 2000 einigten sich die Familien auf eine Art Waffenstillstand, der bis Ende 2006 währte. Am 25. Dezember jedoch, während die Menschen in San Luca Weihnachten feierten, wurde Maria Strangio ermordet, die Ehefrau des Bosses Giovanni Nirta. Die Killer erschossen sie direkt vor ihrer Haustür. Möglicherweise hatten sie ihren Mann umbringen wollen, doch das hatte in dem Moment nichts mehr zu bedeuten. Die Ermordung der Frau eines Mafioso war nichts anderes als ein Tabubruch.

Die Tat versetzte viele Menschen in San Luca in Angst und ebenso die Familien selbst. Nach den Weihnachtsferien entschieden die Bosse der beiden verfeindeten Clans unabhängig voneinander, die Kinder ihrer Familien nicht mehr in die Schule zu schicken. Die Sippen zogen sich zurück in ihre Häuser, die sie zu Festungen ausgebaut hatten. Doch der nächste Rachefeldzug wurde nicht in dem kleinen Städtchen im Aspromonte-Gebirge, sondern mehr als 2100 Kilometer weiter nördlich geführt. In Deutschland.

Der italienische Staatsanwalt Nicola Gratteri spricht nur von »Duisburg«, wenn er diese Etappe des Familienkrieges meint. Duisburg, sagt er, sei ein Fehler gewesen. »Die 'Ndrangheta-Eliten haben auch ziemlich schnell verstanden, dass es falsch war. Das zeigt ja auch der 2. September.« Zwei Wochen nach der Tat endete die Serie der blutigen Taten. Die Nirta-Strangios und die Vottari-Pelles konnten einen neuen Waffenstillstand aushandeln.

Zum Zeitpunkt des Todes der sechs Italiener in der Duisburger Innenstadt zählte das Bundeskriminalamt in ganz Deutschland 61 Restaurants, die von den beiden Clans betrieben wurden. Allein in Duisburg waren achtzig Erwachsene aus der 'Ndrangheta-Hochburg San Luca und ihrer Umgebung gemeldet, zwei Drittel davon Männer. »Alle gehörten ausnahmslos verschiedenen Clans an, die uns allesamt bekannt waren«, sagt Heinz Sprenger. »Genauso bekannt war uns auch, dass diese Clans teilweise bis zu zehn Restaurants betrieben. Der eine oder andere war relativ mittellos nach Deutschland gekommen, verfügte dann aber innerhalb kürzester Zeit über Geldsummen, die ausreichten, um neue Betriebe zu eröffnen.«

Zwei Jahre nach dem Mafiamord in Duisburg schwankte die nordrhein-westfälische Landesregierung, als sie den Kampf gegen die Mafia zu bewerten hatte. Die SPD, damals Oppositionspartei, hatte eine Große Anfrage gestellt. Einerseits, hieß es in der Antwort des Innenministeriums ziemlich offen, diene Deutschland der Mafia »als Refugium vor der italienischen Strafverfolgung, als Drogen- und Waffenumschlagplatz sowie als Land der Geldwäsche«. Andererseits sah man im Ministerium »keine Anhaltspunkte dafür, dass der Standort Deutschland eine besondere Attraktivität für eine künftige nationale Ausbreitung der italienischen OK [organisierten Kriminalität] aufweist«. Mit Blick auf die Bedrohung durch Islamisten, die im Jahr 2009 noch vergleichsweise gering war, wiegelte die NRW-Regierung ab: Diese habe »nicht zu einer Schwächung der Personalstärken und sächlichen Ausstattung zur Bekämpfung der organisierten Kriminalität geführt«.

Heinz Sprenger schied fünf Jahre später aus dem Polizeidienst aus, im Jahr 2014. Er ist jetzt Pensionär, bildet aber an der Fachhochschule für öffentliche Verwaltung in Duisburg junge Kriminalbeamte aus. Sprenger hält noch Kontakt nach Italien, zu den Ermittlern, die er nach dem Duisburger Mafiamassaker kennenlernte. Denen gehe es wie ihm selbst, sagt er. »Wir schauen hier doch ohnmächtig zu, wie die Mafia ihr illegal erworbenes Geld nach und nach in die legale Wirtschaft einspeist und wie sie ihre Kontakte in die Politik ausbaut. Langsam, aber sicher leisten auch wir uns italienische Verhältnisse.«

Die Euphorie, die er eben noch im Gespräch verbreitet hat, als es um die gelungene Zusammenarbeit ging, ist jetzt verflogen. Sprenger spricht ruhig, aber Frustration klingt durch, wenn er von den Erfahrungen und Möglichkeiten der Ermittler heute redet, von den gesetzlichen Grundlagen im Kampf gegen die Mafia und andere Gruppen der organisierten Kriminalität und von den Politikern, die seiner Erfahrung nach immer nur agieren, wenn der öffentliche Druck groß ist. Die Frage, was er von der Politik erwarte, beantwortet er mit einem Schulterzucken. »Ich habe keine großen Erwartungen mehr«, sagt Heinz Sprenger. Beim Thema Terror sehe man ja, dass schnelle Reaktionen möglich seien. »Die Angst vor den Islamisten ist in den Köpfen der Bevölkerung, die Angst vor der organisierten Kriminalität nicht so sehr. Das ist der Unterschied. Politik ist immer auf Machterhalt ausgelegt.«

Hätte der pensionierte Polizeichef Heinz Sprenger ein paar Wünsche frei, so bekäme Deutschland eine Beweislastumkehr bei der Vermögensabschöpfung. Ähnlich wie in Italien müssten Personen, die eindeutig der Mafia zuzurechnen sind, dann selbst beweisen, dass das Geld, mit dem sie etwa neue Restaurants oder Baufirmen aufmachen, aus legalen Quellen stammt. Bislang ist es umgekehrt, der deutsche Staat muss belegen, dass das Geld aus illegalen Quellen stammt.

Sprengers zweiter Wunsch beträfe die Hürden, die das deutsche Gesetz den Ermittlern bei Abhörmaßnahmen entgegenstellt. Es müsse, sagt er, deutlich leichter sein, Telefone abzuhören und SMS und WhatsApp-Nachrichten abzufangen, wenn der Verdacht bestehe, dass es sich um organisierte Kriminalität handle. »Die Italiener hören in und außerhalb von Wohnräumen konsequent ab, wesentlich öfter, als wir das in Deutschland hinbekommen. Die Kollegen dort werfen uns zu Recht vor, dass wir uns von dem einen oder anderen Mafioso auf der Nase herumtanzen lassen. Es stimmt, Deutschland ist ein ideales Umfeld, um inkriminierte Gelder zu waschen.«

Heinz Sprenger, der Mann, der »Duisburg« aufklärte: Seiner Einschätzung nach hat Deutschland ein knappes Jahrzehnt später seine Lektion aus dem sechsfachen Mafiamord nicht gelernt – »ganz im Gegenteil zur Mafia«.

*Diebstahl und andere Straftaten*

## Maria wird Mittäterin

Maria und Pasquale kommen erst einmal bei Marias Eltern unter, auf dem Dorf in dem gedrungenen Fachwerkhaus, zwei Kilometer von Winnenden entfernt. Pasquale findet Arbeit bei der Firma Paul Seitz, die Straßen baut. Im Sommer 1998 kommt im Kreiskrankenhaus Backnang Francesco zur Welt, er erhält den Nachnamen seines Vaters, Rizzo.

Die junge Familie findet eine Wohnung in einem Neubauviertel am Rande von Winnenden. Die Häuser haben vier Stockwerke und Balkone und stehen nicht allzu eng nebeneinander. Parkbuchten und breite Gehsteige bieten Platz.

Pasquale beginnt bald, nach Italien zu fahren. Immer wieder verlässt er Deutschland, meist für ein paar Tage. Maria fragt ihn, was er anstelle. »Es ist wegen meiner Familie«, antwortet Pasquale ihr nur. An einem Tag, der kleine Francesco ist drei oder vier Monate alt, kommt es zum Streit. »Ich wollte, dass er mich mitnimmt«, erinnert sich Maria. »Ich habe ihm gedroht, wenn du gehst, nehme ich mein Kind und verlasse dich. Er hat mich dann so heftig auf den Kopf geschlagen, dass das Blut spritzte. Er sagte: ›Ja, ich bringe dich nach Italien, aber als tote Frau.‹«

Manchmal fährt Pasquale in fremden Autos nach Kalabrien. Maria folgt ihrem Mann heimlich und beobachtet, wie er in einer Tiefgarage im Stadtzentrum mehrere Kfz-Kennzeichen abschraubt. Einmal fährt er in einem roten BMW nach Italien, einmal in einem schwarzen Alfa Romeo. Als sie ihn auf die Autos anspricht, antwortet er, er habe sie in Deutschland gekauft und würde sie nun in Italien weiterverkaufen. Dass die Wagen in Wirklichkeit geklaut und als Fluchtfahrzeuge für Überfalle gedacht sind, versteht Maria erst später.

Wenn Pasquale in Italien ist, kann er mich zumindest nicht schlagen, denkt Maria. Sie erzählt ihren Eltern, wie es manchmal bei ihnen zugeht. Doch für die ist es nicht gerade ungewöhnlich, dass ein Mann seine Frau schlägt. Sicher sei sie selbst schuld, bekommt Maria zu hören, und dass sie sich hüten solle, für einen Skandal zu sorgen. Denn sonst, argwöhnen die Eltern, könnte es gut sein, dass man ihr das Kind wegnehme. Maria weiß nichts von den Rechten einer Mutter in Deutschland, die Einrichtung Frauenhaus ist ihr unbekannt. Sie hat auch keine Freundin, mit der sie darüber sprechen könnte.

Die Eltern sind es gewohnt, Gewalt auszuüben, und sie sind es gewohnt, Gewalt zu ertragen. Letztlich haben auch sie Angst vor Pasquale, merkt Maria. Einmal, als ihre Mutter die Tochter verteidigt, indem sie sich zwischen Pasquale und Maria stellt, wird Angela selbst von ihrem Schwiegersohn geschlagen. Dem Vater gegenüber zückt er eine Pistole. Es ist eine Demonstration der Stärke, eine Klarstellung, wer das Sagen hat.

Pasquale lädt niemanden ein in die gemeinsame Wohnung, aber er trifft sich woanders oft mit Enzo, einem anderen Kalabresen. Enzo lebt inzwischen auch im Großraum Stuttgart. Früher haben Pasquale und er zusammen Autos geklaut.

Maria führt derweil ein weitgehend isoliertes Leben, in dem sie um Erlaubnis bitten muss, wenn sie die Wohnung verlassen will. Nur ihre Mutter darf sie jederzeit besuchen. Pasquale hat schnell erkannt, dass von seinen Schwiegereltern kein ernsthafter Widerstand gegen das Familienmodell droht, das er etabliert hat. Auch den Kontakt zu einer Tante gestattet er. Ein Jahr ist es her, dass die Ehe mit Pasquale verfügt worden ist, Maria hatte dadurch wenigstens ihren Eltern entkommen wollen. Diese Hoffnung hat sich nicht erfüllt.

Pasquale verbietet ihr Friseurbesuche. Auch schminken darf Maria sich nicht. Lippenstift sei was für Schlampen, sagt Pasquale. Wenn Maria Ohrringe trägt, dann extrem unauffällige. Zum Supermarkt fährt Pasquale sie – und wartet auf dem Parkplatz im Auto.

Maria kocht und putzt. Wenn Pasquale unterwegs ist, telefoniert sie mit ihren Schwägerinnen in Kalabrien. Zu einer der Schwestern Pasquales hat sie einen guten Draht. »Sie sagte mir immer, ihr Bruder habe halt einen schwierigen Charakter. Aber sie sagte mir nie, ich solle ihn verlassen, so wie ich es heute mit einer Freundin machen würde. In Kalabrien sind die Menschen so. Man fügt sich.«

Hoffnung und Halt gibt ihr allein ihr Baby Francesco. Mit ihm zu spielen verbietet ihr Pasquale nicht.

Seine Arbeit in der Straßenbaufirma gibt Pasquale bald auf. Sie ist auch nicht gut zu vereinbaren mit seinen Kurztrips nach Italien. Im Sommer 1999 drängt es ihn dann ganz nach Kalabrien zurück. Er macht sich die Mühe, Maria mit Argumenten zu überzeugen. In Italien sei das Leben besser, und dort lebe doch auch seine Familie. Maria, die ihre eigene Familie in dem Jahr in Deutschland nicht gerade als Unterstützung empfunden hat, kann dem nichts entgegensetzen. Sie verlassen Deutschland mit dem Zug, Pasquale, inzwischen vierundzwanzig, und Maria, achtzehn Jahre alt.

Die Reise wird für Maria von dem Moment an zum Horror, als Pasquale zwei Pistolen in der Wickeltasche versteckt. Er erklärt, dass er selbst ja verhaftet würde, sollte die Polizei die Waffen bei ihnen entdecken. Maria bekommt vor Angst Fieber. In der Wickeltasche steckt ein Thermometer, sie misst. 39,9 Grad. Als an der deutsch-schweizerischen Grenze Polizisten zusteigen, zittert sie. Sie erkennt, dass sich nun die Gelegenheit bietet, Pasquale zu verraten. »Dort in der Tasche schmuggelt mein Mann zwei Pistolen«, könnte sie den Polizisten sagen. Dann müsste er doch verhaftet werden. Aber sie sagt nichts.

Die neue Etappe ihres Lebens bringt Maria immerhin einen

Hauch von Freiheit. Pasquale hat nämlich nichts dagegen, dass seine Frau tagsüber mit seiner Schwester unterwegs ist. Er selbst ist in den ersten Wochen in Rossano besserer Stimmung.

Am 6. November 1999 teilt Pasquale seiner Frau mit, dass sie zum Haus ihrer Oma auf dem Land fahren würden. Das Haus steht leer, seit Marias Großeltern in eine Wohnung in der Altstadt gezogen sind, der ärztlichen Versorgung wegen. Als Maria nachfragt, erklärt Pasquale ihr unumwunden den Grund des Besuchs. Dort seien zwei Flinten gelagert. Die wolle er holen und die Läufe absägen. Die Waffen würden für einen Überfall gebraucht.

In Marias Erinnerung ist es kein einzelner Tag, keine Situation, kein Moment, an dem ihr klarwird, dass ihr Mann Mitglied einer Organisation ist, die regelmäßig schwere Verbrechen begeht. An diesem Tag aber, als Pasquale ihr in ruhigen Worten den Plan schildert, weiß sie, woran sie ist.

Pasquale entscheidet, dass Maria mit aufs Land fährt, seine Schwester könne sich um Francesco kümmern. Auch ein Freund Pasquales steigt ein. Die siebzehn Kilometer zum Haus der Oma dauern keine halbe Stunde. Während der Fahrt reden vor allem Pasquale und der Freund. Niemand im Auto ahnt, dass die Polizei Abhörgeräte in Pasquales Auto montiert hat.

Maria weiß, hinter welchem Stein der Haustürschlüssel versteckt ist, damit ist der Zugang zu dem allein stehenden Gehöft problemlos möglich. Pasquale tritt trotzdem die Haustür ein. Es solle nach Einbruch aussehen, sagt er. Dann fahren sie zu dritt zurück nach Rossano Stazione. Mit einer Eisensäge machen sich Pasquale und sein Freund daran, die Gewehrläufe zu kürzen.

Als Marias Onkel den Einbruch zwei Tage später der Polizei meldet, wissen die Beamten durch ihre Abhöraktion längst davon. Sie fahren zu Pasquale und nehmen ihn fest. Maria machen sie klar, dass auch sie ins Gefängnis komme. Dieses Szenario – sie selbst weggesperrt, der kleine Francesco allein – bringt Maria zum Reden. Sie erzählt, was sie erlebt hat, und zeigt den Polizeibeamten auch die abgesägten Gewehre, die Pasquale auf einem kleinen Grundstück seines Vaters versteckt hat.

Die Polizisten allerdings schreiben nichts von dem auf, was Maria ihnen berichtet. Sie nehmen lediglich die beiden Waffen mit. Dann verlassen sie die Wohnung.

Dass sie anschließend Pasquale wissen lassen, dass seine Frau ausgepackt hat, erfährt Maria, als sie ihren Mann in der Zelle im Polizeirevier besucht. Maria hat ihm Zigaretten mitgebracht, die sie durch die Gitterstäbe steckt. Pasquale nimmt die Zigaretten und sagt ohne einen Ton von Aufregung: »Bereite dir dein eigenes Grab und leg dich hinein!«

Er verbringt einen Tag in Haft, dann lassen die Polizisten ihn gehen. Damit hat Maria nicht gerechnet. »Als Pasquale nach Hause kam, war er höchst verärgert. Nicht der kurze Aufenthalt hinter Gitter wühlte ihn auf. Er fürchtete, seine Leute könnten erfahren, dass ich mit der Polizei gesprochen habe. Ich wollte da eigentlich gar nichts sagen, aber irgendwie haben die Beamten mich überrumpelt. Pasquale rief, ob er denn eine Sängerin geheiratet habe. Zu schweigen ist ja eine Art Grundvoraussetzung, um keine Probleme mit der Mafia zu bekommen. Später erfuhr ich, dass Pasquale Morfò um Erlaubnis gefragt hatte, bevor er mich heiratete. Morfò war skeptisch gewesen, vor allem wollte er wissen, ob dieses junge Mädchen auch die Klappe halten könne. Pasquale hatte das bejaht.«

Mit gebrochener Nase fährt Maria ins *Ospedale Civile Nicola Giannettasio*. Das Krankenhaus liegt einen Kilometer entfernt. Bevor sie schwer misshandelt die Wohnung verlässt, muss sie Pasquale schwören, nie wieder mit der Polizei zu sprechen. Sie tut das und meint es auch so. Maria hat verstanden, dass sie nicht nur Pasquale persönlich ausgeliefert ist. Hinter ihm steht seine Organisation, und eine Sängerin gilt dort als Gefahr.

Marias Angst wächst. Von ihren Eltern in Deutschland kann sie keine Hilfe erwarten, ebenso wenig von Pasquales Familie in Rossano. Zur Polizei fasst sie kein Vertrauen, haben die Beamten doch sogleich Pasquale berichtet, was sie zu dem Einbruch bei ihrer Oma ausgesagt hatte. Außerdem hat Pasquale mal erwähnt, dass mancher Polizist Geld bekomme oder aus anderen Gründen keine Probleme mache.

Dies ist die dunkle Seite des Lebens in einer Gegend, in der auch im Winter oft die Sonne scheint. Es ist zwar nicht mehr so viel los in Rossano ohne die Sommertouristen, doch von einer deutschen Kleinstadt im November, wo es schon am Nachmittag dunkelt und die Menschen zusehen, dass sie nach Hause kommen, ist der Alltag in Kalabrien weit entfernt. Auf den Plätzen und Straßen spielen auch im Winter die Kinder, alte Leute sitzen in Grüppchen vor den Hauseingängen, die vielen Cafés schenken schon morgens etliche Espressi aus.

Rossano, das ist der Süden, Licht und Wärme, ein Leben unter Leuten. Es liegt im Interesse der 'Ndrangheta, nichts an diesem Erscheinungsbild zu ändern. Wer aufsteigt in der Hierarchie dieser Mafiaorganisation, gibt sich große Mühe, seinen Status nicht zu demonstrieren oder gar zu zelebrieren. Er ist Teil einer leisen Macht, die lieber im Verborgenen wirkt.

Kalabriens Mafiaorganisation gelang es über Jahrzehnte, nahezu unbemerkt ihren Einfluss in Wirtschaft und Gesellschaft zu mehren. Die Mafia, das war für die Öffentlichkeit die Cosa Nostra in Sizilien, die mit Morden Schlagzeilen machte und sich sichtbar mit dem Staat anlegte. Auch die Camorra in der Region Kampanien erlangte auf diese Weise Berühmtheit weit über Italien hinaus. Staatsanwälte und Ermittler nahmen den Kampf an und konzentrierten ihr Wirken auf diese beiden fast schon glamourösen Verbrecherorganisationen.

Währenddessen weiteten in Kalabrien, in den Dörfern und Kleinstädten an der tyrrhenischen und der ionischen Mittelmeerküste und im Gebirgszug Aspromonte, die einzelnen *Locali* ihre Geschäfte aus. Sie internationalisierten sich auch. Schon in den achtziger Jahren hielten Ermittler der kanadischen Polizei den Einfluss der »Siderno-Group« in dem nordamerikanischen Land fest.

Kalabrien verfügt über eine gewisse Tradition, geheime Parallelstrukturen aufzubauen und sich der regierenden Macht zu entziehen. Die Menschen in der heute südlichsten Region des italienischen Festlands bekamen es in der Vergangenheit mit immer neuen Eroberern und Machthabern zu tun. Bis zur Gründung des italienischen Staats 1861 bestimmten hier Araber und Normannen, Bourbonen, Habsburger und Spanier.

Die Armut blieb, auch als Italien 1946 eine Republik wurde. In den sechziger Jahren des 20. Jahrhundert wanderten Scharen nach Deutschland aus, suchten Arbeit im Ruhrgebiet, in schwäbischen Fabriken, bei Volkswagen in Wolfsburg und anderswo. Hier bildeten sich ebenso wie in den USA und in Südamerika bald auch Stützpunkte der 'Ndrangheta. Im globalen Geschäft hat die kalabresische Mafia die Cosa Nostra und die Camorra längst hinter sich gelassen. »Die 'Ndrangheta schickte ihre Leute in den siebziger und achtziger Jahren nach Kolumbien, Bolivien, Peru, Argentinien und Brasilien. Sie erwarben dort für wenig Geld Kokain und versorgten den europäischen Markt«, sagt der kalabresische Staatsanwalt und Mafiakenner Nicola Gratteri. Die 'Ndrangheta macht mit ihren geschätzt mehr als 50.000 Mitgliedern und Unterstützern längst den größten Umsatz aller Gruppierungen im internationalen Verbrechen. 53 Milliarden Euro pro Jahr sind es heute nach Angaben des Instituts Demoskopika.

Die 'Ndrangheta handelt mit Drogen und mit Waffen, mit gefälschten Produkten und als Schleuser inzwischen auch mit Menschen. Ein großer Teil der Erlöse fließt dann in offiziell legale Geschäfte im Bau-, Logistik- und Gaststättengewerbe. Die 'Ndrangheta wächst weiter. Sie gilt als extrem dynamischer Akteur der Weltwirtschaft.

Die Blutsverwandtschaft ist ein wichtiger Kitt innerhalb der mehr als hundert Clans. Auch das unterscheidet die 'Ndrangheta von Cosa Nostra und Camorra. Die familiären Beziehungen untereinander sorgen für eine besonders starke Loyalität: Mafiosi, die gegenüber den Ermittlern auspacken, finden sich im Milieu der 'Ndrangheta weitaus seltener. Eine Statistik der italienischen Justiz aus dem Jahr 2008 hält 1000 Kronzeugen bei der Cosa Nostra und 2000 bei der Camorra fest – und bloß 42 bei der 'Ndrangheta.

Doch das Misstrauen ist da, auch in der *'Ndrina* in Rossano, wo Pasquale Rizzo nach seiner Rückkehr so sehr mit Aufträgen der 'Ndrangheta beschäftigt ist, dass er bald auch seine Frau einbezieht. Sie soll sich nützlich machen, mithelfen. Maria portioniert Kokain und verschließt die Plastiksäckchen. Und Pasquale bringt ihr bei, Auto zu fahren.

Sie sitzen gemeinsam im Wagen vor der »Welcome Bar«, die in der Via Nazionale liegt, einer der Hauptachsen von Rossano Stazione, direkt vor einer Schule. Eben hat ein Mann seinen weißen Lancia Y10 geparkt. Er trinkt nun in der Bar einen Kaffee. »Pasquale sagte mir, ich solle jetzt einfach hinter ihm herfahren. Ich hatte Angst, sofort. Ich wollte nicht mitmachen. Deshalb sagte ich ihm, ich könne doch gar nicht richtig Auto fahren«, erinnert sich Maria. »Das ließ er aber nicht durchgehen, ›Was habe ich dir denn beigebracht?‹, fragte er und stieg aus. Ich sah, wie er seinen Spezialschlüssel aus der Tasche zog, den Schlüssel von einem Fiat Uno, den er mit dem Messerschleifer bearbeitet und in Parfüm getaucht hatte. Wir nannten das Ding *Spadino*. Mit dem *Spadino* waren bestimmte Fahrzeugtypen relativ leicht zu öffnen.

Pasquale brauchte nur einen Moment. Er stieg in den Lancia ein, fuhr los. Ich war inzwischen auf den Fahrersitz von Pasquales Auto gerutscht und folgte ihm. Er hatte mir gesagt, wo wir uns treffen würden, es war ein Ort, den sie *fiumara* nannten, mit dem Auto zwanzig Minuten entfernt. Das Auto ging mir mehrmals aus. Am Ende erreichte ich den Treffpunkt mehr als eine Stunde später als Pasquale. Er reagierte darauf nur mit einem Satz. Er sagte: ›Du musst künftig schneller sein, mit allem, was du tust.‹«

Der geklaute Lancia Y10 wechselte an diesem Tag nicht den Besitzer. Pasquale nutzte ihn für einen *cavallo di ritorno. Cavallo* bedeutet Pferd, *ritorno* Rückkehr, ins Deutsche ist der Ausdruck aber kaum zu übersetzen. Er meint die Entführung eines Autos und dessen anschließende Rückgabe gegen Lösegeld. Der Besitzer des Lancia bezahlt bei Pasquale dann tatsächlich dafür, dass er sein eigenes Auto zurückbekommt. Dass Pasquale den Wagen zuvor selbst geklaut hat, ist dem Autobesitzer klar, spielt aber keine Rolle. Der Autobesitzer hat für sich entschieden, dass er lieber für sein eigenes Auto zahlt, als sich mit der 'Ndrangheta anzulegen.

Maria assistiert fortan immer wieder bei Pasquales Arbeit für die Mafia. Sie ist sich bewusst, dass sie mit achtzehn strafmündig ist, einmal spricht sie das auch Pasquale gegenüber an. Doch der beruhigt sie und sagt, Frauen würden so gut wie nie verhaftet. Außerdem habe man für solche Fälle Anwälte.

Mehrfach erwischt die Polizei Maria, es geht, so steht es in ihrer Strafakte, unter anderem um den Verdacht von »Diebstahl und anderen Straftaten«. Zu einem Urteil allerdings kommt es erst weit mehr als ein Jahr später. Wegen »Diebstahl in Mittäterschaft« – es geht um den Einbruch in das Haus ihres Großvaters 1999 und das Klauen der Flinten – kassiert Maria eine Freiheitsstrafe von neun Monaten und zehn Tagen. Doch da lebt sie längst schon wieder in Deutschland.

Pasquale ist mit ihr gezogen, obwohl ihm Winnenden und das Leben in Schwaben bei seinem ersten Aufenthalt nicht gut gefallen haben. Doch allein in Rossano zu bleiben, ohne seine Frau, das kam für den Mafioso offenbar nicht in Frage.

Dort, in Rossano, beginnen sich in dieser Zeit die Machtgewichte zu verschieben. Salvatore Morfò, dem Pasquale seit Kindertagen dient, sitzt seit dem Sommer 1996 im Gefängnis. Zu einer Freiheitsstrafe von insgesamt fünf Jahren hat ihn das Geschworenengericht Catanzaro verurteilt. Und langsam macht sich Morfòs Abwesenheit bemerkbar. Als er im Oktober 2000 das Gefängnis verlässt und kurz vor Weihnachten unter Sonderüberwachung gestellt wird, mit der Auflage, Rossano nicht zu verlassen, verringert sich sein Einfluss bereits. Im März 2002 wird er zwei Wochen wegen Drogenhandel und Mitgliedschaft in einer mafiösen Vereinigung inhaftiert, dann wieder freigesprochen und schließlich mit einem anderen schwerwiegenden Vorwurf konfrontiert. Morfò geht in den Untergrund, wird aber Ende November in einer Gemeinde in der Nähe Mailands festgenommen. Daraufhin bleibt er mehrere Jahre in Haft.

Es sind beste Bedingungen für einen Machtwechsel, und Nicola Acri, der 1979 geboren und damit achtzehn Jahre jünger als Morfò ist, hat ihn auch längst eingeleitet.

Maria Giordano spricht, ihren Exmann Pasquale einmal ausgenommen, über kein Mitglied der 'Ndrangheta furchtvoller als über Nicola Acri. Er ist jung, als er nach der Macht greift, Anfang zwanzig, ein gutaussehender Typ mit schwarzem, kurzgeschnittenem Haar. Sie nennen ihn *Occhi di Ghiaccio*. Augen aus Eis.

Nicola Acri fühlte sich schon früh zur Mafiafamilie Abruzzese hingezogen. »Zingari« werden die Abruzzeses genannt, Zigeuner, sie sind eine Romafamilie und leben in dem Städtchen Cassano allo Ionio, das etwa 45 Kilometer westlich von Rossano im Landesinneren liegt. Die »Zingari« kontrollieren neben Spezzano Albanese auch die Nachbarstadt Cassano. Die Abbruzzeses gelten in der 'Ndrangheta-Struktur als *'Ndrina*. Sie zählen zuerst zum selben *Locale* wie Rossano, bis der *Crimine* aus Cirò Marina die Abbruzzeses doch als eigenes *Locale* anerkennt.

Es dürfte den Abbruzzeses schon 1995 missfallen haben, dass Salvatore Morfò die *'Ndrina* Rossano übernehmen durfte, Morfò, die vormals rechte Hand von Pasquale Tripodoro, der als Kronzeuge ausgesagt hatte. Schon damals sprach einiges dafür, dass auch Morfò irgendwann kippen würde, konfrontiert mit all den Straftaten, die er gemeinsam mit seinem früheren Chef begangen hatte. Nicola Acri war zwar noch jung, aber er war den Abruzzeses vertraut. Vor allem hatte er Mut und Entschiedenheit bewiesen. Mehrere Kronzeugen berichteten den Ermittlern, wie Nicola Acri sich bei der im kalabrischen Mafiamilieu legendären Schießerei von Strongoli hervorgetan habe. Dort habe er, in Wildwestmanier Schüsse abfeuernd, mehreren Angehörigen der Familie Abruzzese zur Seite gestanden. Der 'Ndranghetista Vincenzo Curato sprach in diesem Zusammenhang von einer

»Feuergruppe«, im Grunde ein Killerkommando. Im Protokoll seiner Vernehmung heißt es:

»Staatsanwalt: In welcher Beziehung stand Nicola Acri zu den Abruzzeses?

Curato: Nicola und Franco Abruzzese waren wie Tasse und Löffel.

Staatsanwalt: Was heißt das, wie Tasse und Löffel?

Curato: Sie waren immer zusammen.

Staatsanwalt: Waren sie verlobt?

Curato: Nein. Sie waren immer zusammen, weil die Organisation zu dieser Zeit wie folgt funktionierte: Die aus Rossano und die aus Cassano hatten eine Feuergruppe gegründet. Es gab viele Morde. Herr Staatsanwalt, bin ich hier, um über Morde zu sprechen?

Staatsanwalt: Wenn ich Sie danach frage, sprechen wir darüber. Aber zuerst brauchen wir ein zusammenfassendes Bild.

Curato: Sie hatten also eine Feuergruppe gebildet. Aus Rossano gehörte ihr nur Nicola Acri an, aus Cassano waren sie zu fünft, und aus Cosenza ...

Staatsanwalt: Nennen Sie mir die Namen, Curato!

Curato: Mario Bevilacqua. Und dann Tonino, Franco, Luigi und Francesco Abruzzese. ...«

Nach einem langen Weg durch die Instanzen wird Nicola Acri später von dem Vorwurf, in Strongoli Menschen erschossen zu haben, freigesprochen.

Das Verhältnis zwischen Nicola Acri und Salvatore Morfò Anfang der 2000er Jahre haben mehrere Kronzeugen beschrieben, Pasquale P. etwa, der als hochrangiges Mitglied zur *'Ndrina* Cassano zählte und die Abruzzese-Familie aus nächster Nähe kannte. Er berichtete bei seiner Vernehmung im Juli 2011, er sei im Auftrag der *'Ndrina* in Cassano regelmäßig in Kontakt mit den Vertretern anderer *'Ndrine* getreten, auch mit Nicola Acri. »Mit ihm handelten die Zingari Drogen wie Kokain und Heroin. (...) Am Anfang der 2000er Jahre bin ich, gemeinsam mit Mario, nach Rossano gefahren. Wir mussten zwei Kilo Kokain abholen, das Acri in Neapel hatte holen lassen. Wir haben Acri gegen vier oder fünf Uhr nachmittags getroffen. Es war Sommer. (...) Vor der Übergabe des Kokains bat Nicola Acri mich und Mario, ihn zu einem Treffen in einer Bar in Rossano zu begleiten. Eine halbe Stunde nachdem wir dort eingetroffen waren, erschien Salvatore Morfò. Er hatte seine Frau mitgebracht, die aber im Auto wartete. Acri sprach zu Morfò. Er teilte ihm mit, dass er, Nicola Acri, nun über das gesamte Rossano herrsche und dass Morfò ohne seine Erlaubnis keinerlei kriminelle Aktivitäten mehr durchführen dürfe. (...) Morfò akzeptierte es.«

Der Kronzeuge sagte, er habe darüber später auch mit Salvatore Morfò selbst reden können, als sie zur selben Zeit im Gefängnis in Melfi einsaßen. »Morfò erzählte mir, dass er seine Frau zu dem Treffen mitgenommen hatte, weil er Angst hatte, dass Nicola Acri ihn umbringen würde. Er sagte auch, er habe sich nicht mit Acri anlegen wollen, weil er seinen Lebensstandard, auch ohne Chef zu sein, gut halten konnte. Acri ließ Morfò nämlich mit Drogen handeln und nahm ihm auch manch anderes Geschäft nicht aus der Hand.«

Ein »Mensch, der nicht viel nachdenkt und einfach schießt«: So beschrieb Salvatore Morfò dem Kronzeugen P. gegenüber Nicola Acri. Das jedenfalls berichtete der Zeuge. In Rossano ließ sich Acri schon als junger ’Ndranghetista mit »voi« anreden, einer alten Anredeform, die dem deutschen »Ihr« entspricht und Respekt bekunden soll.

Marias Mann Pasquale teilt mit Nicola Acri zwar die Bereitschaft zur Gewalt. Doch als langjährigem Morfò-Mann verspricht ihm Acris Machtgewinn eher keine Vorteile. Durch seinen erneuten Umzug nach Schwaben bringt Pasquale erst einmal räumliche Distanz zwischen sich und den neuen Machthaber.

*» Das Gespräch fängt damit an, dass Salvatore S. den Mario L. als Freund bezeichnet «*

## Die Faraos, Deutschlands stärkster Mafiaclan

Es gibt einen Mafiaclan in Deutschland, der ist stärker als die anderen, größer und enger verflochten mit den Eliten. Manche Ermittler vermeiden, offen über ihn zu reden, denn sie können nicht wissen, bis auf welche Ebene der Einfluss dieses Clans reicht. Es kursieren Bilder, Fotos von hohen Polizeibeamten im Kreise von Clanmitgliedern, aufgenommen in Restaurants in Süddeutschland, in den neuen Bundesländern. Der Clan der Farao gilt als eine der mächtigsten Zellen der 'Ndrangheta in Deutschland.

In Italien werden die Faraos auch der »deutsche Clan« genannt, weil sie unter den ersten waren, die sich gezielt im Norden ausbreiteten und dort in den Drogenhandel einstiegen. Und es ist bis heute ein Mann aus dem Umfeld des Farao-Clans, der bei den Ermittlern immer wieder für Gesprächsstoff sorgt: Mario L. Der Unternehmer aus Süddeutschland gilt als graue Eminenz.

Im Umfeld von Mario L. finden sich etliche Menschen mit Bezügen zur 'Ndrangheta. Auch Bosse hat man bei ihm gesichtet. Und er wurde – zu dieser Erkenntnis gelangten Ermittlungsbehörden – für die Mafiosi aktiv. L. buchte mal ein Hotel für sie, legte für den Clan Geld an, reichte seine helfende Hand. Tief in den Akten steht dann auch ein Satz, der Mario L.s Dienstfertigkeit erklärt: Nach Ansicht der Staatsanwaltschaft Stuttgart ist er, so ist es in einer Akte nachzulesen, Mitglied der Mafia, konkret: des Farao-Clans. Allerdings sei die Mitgliedschaft in der Mafia allein in Deutschland nicht strafbar. Und andere Vergehen konnten ihm nicht nachgewiesen werden.

Im Zuge dieser Ermittlungen geriet Anfang der neunziger Jahre der baden-württembergische CDU-Politiker Günther Oettinger ins Visier der Fahnder. Oettinger wurde später Ministerpräsident des Bundeslandes, wechselte dann nach Brüssel, wo er seitdem als EU-Kommissar tätig ist. Auf einem Telefon, das von Mario L. benutzt und von der Polizei abgehört wurde, war immer wieder Oettingers Stimme zu hören. Der Politiker besuchte häufig ein Restaurant von Mario L. und galt als gut mit ihm bekannt. Mario L. richtete im Auftrag von Oettinger zwischen 1991 und 1993 »kalabresische Abende« für die CDU-Landtagsfraktion aus. Er kassierte für die Feste umgerechnet 20.000 Euro – und spendete wiederum einige Tausend Euro an die Partei.

Allerdings haben die abgehörten Unterhaltungen keinen Anlass für Ermittlungen gegen Oettinger geboten. Große Teile der Telefonaufzeichnungen wurden vernichtet. Das bestätigte später die Staatsanwaltschaft Stuttgart. Auf den Bandaufzeichnungen, die noch existieren, sind nur Absprachen anderer Personen aus dem Umfeld des Mario L. zu finden, etwa zu Raubüberfällen, außerdem Hinweise auf Kokaingeschäfte »größeren Umfangs«. Etliche Männer wurden damals verhaftet. Gegen Mario L. gab es keine solchen Hinweise. »Aus personellen Gründen« sah sich das Bundeskriminalamt schließlich »nicht in der Lage, die Ermittlungen weiterzuführen«, heißt es in einem Untersuchungsbericht. Fahnder des Landeskriminalamtes Baden-Württemberg übernahmen den Fall und wurden nicht fündig.

Das erste Mal fiel der Farao-Clan in den achtziger Jahren auf, in Stuttgart. Dort kam es am 15. März 1984 im »Hahnenhof« zu einer Schießerei, bei der ein Jugoslawe getötet und ein Sizilianer schwer verletzt wurde. Die Täter konnten kurze Zeit später ermittelt und festgenommen werden. Am 5. Juli 1985 verurteilte das Landgericht Stuttgart drei Kalabresen wegen gemeinschaftlichen Mordes zu lebenslangen Freiheitsstrafen. Gegen einen weiteren Tatbeteiligten aus Melsungen in Hessen wurde ein Verfahren wegen Strafvereitelung eingestellt. Die Ermittler waren sich sicher, dass es bei dem Mord um die Vorherrschaft im illegalen Glücksspiel im Raum Stuttgart ging.

Alle Verdächtigen kamen aus dem kleinen Städtchen Cirò, Cirò in Kalabrien, in der Provinz Crotone, einige Dutzend Kilometer südöstlich von Rossano gelegen. Immer wieder stießen die Fahnder fortan auf den Ort, wenn sie gegen Personen aus dem Umfeld der Mörder ermittelten. 3000 Menschen leben in Cirò, das sich wenige Kilometer vom Mittelmeer entfernt auf eine Bergspitze krallt, enge Gassen, Mülleimer auf den Straßen, zweistöckige Häuser mit den Balkonen zur Gasse. Cirò ist kein reiches Städtchen, etliche Fassaden bröckeln, die Bars sind leer. Hier aber, da waren die Ermittler sich einig, könnte der Grund dafür zu finden sein, dass plötzlich so viele Leute im Raum Stuttgart im Drogenhandel aufflogen.

Dafür mussten sie ein paar Jahre zurückschauen. 1977 wollten die Brüder Giuseppe und Silvio Farao gemeinsam mit ihrem Freund Nick Aloe in Cirò ein eigenes *Locale* gründen, eine Zelle der 'Ndrangheta. Giuseppe und Silvio waren dreißig und neunundzwanzig Jahre alt. Der etwas erfahrenere Nick Aloe sollte der Anführer des neuen *Locale* werden. Der Plan fand in der Spitze der Organisation Zustimmung. Ciccio Canale, der damalige 'Ndrangheta-Boss in Reggio Calabria, reiste an und taufte das *Locale* persönlich. Damit galten die Brüder Giuseppe und Silvio Farao sowie der von ihnen eingesetzte Nick Aloe fortan als offizielle 'Ndrangheta-Vertreter in Cirò. Das *Locale* der Faraos etablierte sich schnell. Strukturen vor Ort waren ohnehin vorhanden, neu war eine Expansion nach Norden. Im Frühjahr 1983 eröffnete der Clan eine Heroinraffinerie in einem Dorf in der Nähe des kalabresischen Ortes Cutro. Die Rohstoffe bezog der Clan aus Sizilien, von der dortigen Mafiaorganisation Cosa Nostra. Das fertige Heroin brachte er nach Deutschland, vor allem in den Raum Stuttgart. Die Verteilung dort besorgte Giuseppe C., ein Jugendfreund Nick Aloes. C. unterhielt Verbindungen nach Süddeutschland, hatte dort selbst einmal bei Verwandten gelebt. Wegen einiger kleinerer Delikte war er dann ausgewiesen worden. Nun kam C., um Heroin auf den Markt zu bringen.

Der Italiener aus Cirò ging dafür zunächst nach Stuttgart und somit in eine Region, in der viele Kalabresen wohnten. Mit der Hilfe von Bekannten suchte er in Bordellen und illegalen Spielcasinos Abnehmer für seinen Stoff. In einer späteren Vernehmung erzählte C., wie das Geschäft in Stuttgart lief:

»Staatsanwalt: Wie wurde das Heroin transportiert?

C.: G. und M. sind (...) mit ihrem Alfetta 2000 nach Stuttgart gefahren und haben den Stoff geschmuggelt.

Staatsanwalt: Und was passierte mit dem Heroin?

C.: Ein Kilo haben wir an einen gewissen ›Whisky‹ gegeben. Er hatte einen Puff.

Staatsanwalt: Und war der ein deutscher Staatsbürger?

C.: Er hatte eine Roma-Abstammung, aber eigentlich war das ein richtiger Deutscher.«

In der Stuttgarter Altstadt handelten zu der Zeit bereits Sizilianer mit Drogen. Es kam zu Schießereien wie jener im »Hahnenhof«.

Das *Locale* aus Cirò baute das Drogengeschäft aus. Es lieferte Kokain nach Mülheim an der Ruhr, in die Schweiz und auch nach Hessen. Der Farao-Clan gewann dadurch an Macht. C. beschrieb die Struktur der Bande nicht ohne Bewunderung: »Die Männer aus Cirò haben eine perfekte Organisation. Ihre Führer machen nichts, wenn sie nicht davon überzeugt sind, das gilt auch für die Morde. Sie haben ein seriöses *Locale*.«

1987 wurde Nick Aloe ermordet, der Kopf des Clans. An seine Stelle rückten die Brüder Farao. Die Faraos herrschten nun in Italien über Cirò und die benachbarte Stadt Cirò Marina, aber auch über die kalabrischen Städte Cariati, Mandatoricco und Strongoli. Ihre Männer saßen in der Lombardei, bald auch in Umbrien und Deutschland. Der Clanchef Giuseppe Farao selbst pendelte zwischen Italien und Süddeutschland. Eine Zeitlang soll er auch in Hessen gelebt haben, südlich von Kassel. In Stuttgart breitete der Oettinger-Bekannte Mario L. den roten Teppich aus, wenn der Clanchef Giuseppe Farao in die Stadt reiste. Aus abgehörten Telefonaten erfuhren die Ermittler, dass Clanmitglieder das Kokain über Waiblingen und Melsungen schmuggelten. Waiblingen liegt westlich von Stuttgart und kurz vor Winnenden, Melsungen südlich von Kassel und nicht weit von Homberg/Efze. Als Kurier der Bande arbeitete der Deutsche Mirko L. Er transportierte den Stoff von Baden-Württemberg ins nördliche Hessen und versorgte Mafiosi zudem mit Waffen. Die Strukturen in Deutschland orientierten sich offenbar am 'Ndrangheta-Aufbau in Italien. Und in Deutschland, so berichtete später ein Kronzeuge in einem Mafiaprozess, nahmen die 'Ndranghetisti neue Mitglieder auch mit taufähnlichen Ritualen auf.

Für Mario L. gingen seine Kontakte zum Farao-Clan glimpflich aus. Zwar forderte die italienische Staatsanwaltschaft während eines Verfahrens gegen Giuseppe Farao wegen Geldwäsche und Mitgliedschaft in einer mafiösen Vereinigung auch sechs Jahre Haft für Mario L. Doch das Schwurgericht Cosenza sprach L. frei. Es stellte fest, man könne »zwar als bewiesen annehmen, dass Mario L. illegale Beziehungen zu der Führungsspitze des *Locale di Cirò* unterhalten hat – insbesondere zu Giuseppe Farao und Marincola C., die er für einige Tage bei sich aufnahm. Allerdings fehlt der Beweis dafür, dass der Angeklagte mit Hilfe eines Rituals in die kriminelle Vereinigung aufgenommen wurde.«

Der Freispruch in Kalabrien beendete die zweifelhaften Verbindungen des Gastronomen indes nicht. Jahre später noch taucht sein Name in den Akten auf, etwa bei Ermittlungen der Staatsanwaltschaft Rom gegen den Politiker Nicola Di Girolamo aus dem Jahr 2010.

Der Politiker der Berlusconi-Partei war mit Hilfe eines Wahlbetrugs in den Senat gelangt. Ein Mafiaclan hatte in mehreren deutschen Städten Blankowahlzettel von dort lebenden Italienern eingesammelt und zu Di Girolamos Vorteil ausgefüllt. Insgesamt 1700 Stimmen kamen allein in Stuttgart zusammen. Italienische Fahnder hörten ein Telefonat ab, in dem ein Mafioso erzählte, er habe an einem Abend über dreißig Wahlzettel ausgefüllt. In einem anderen Telefongespräch bedankte sich Di Girolamo bei einem 'Ndrangheta-Mann für die Aktion und versprach, »als Neugewählter« komme er nach Deutschland.

In seiner Zeit als Senator unterstützte Nicola Di Girolamo die Mafia politisch, so gut er konnte. Italienische Medien veröffentlichten ein Foto, das ihn im besten Einvernehmen mit einem 'Ndrangheta-Boss zeigt. Einmal – auch dieses Telefonat hörten Ermittler ab – musste sich Di Girolamo abkanzeln lassen von einem Unternehmer aus Rom mit Verbindungen in die kriminelle Halbwelt. Die Sätze lesen sich unzweideutig: »Du gehst mir wirklich auf die Nerven, Nicola. Du kannst meinetwegen Staatspräsident werden, aber du bleibst dabei immer mein Pförtner. In meinem Kopf bleibst du mein Pförtner. Du bist mein Sklave.«

Die »tageszeitung« berichtete, dass kurz nach der Verhaftung von Di Girolamo das Telefonat eines 'Ndrangheta-Mannes aus dem April 2008 öffentlich wurde. Dieser hatte von einer Feier in Stuttgart erzählt – am Abend von Di Girolamos Wahlsieg. Der Mafioso spricht von einer »Größe aus dem Gastgewerbe«, die »mit einem Minister und dessen Mannschaft verkehrt«. Nach Ansicht italienischer Staatsanwälte war damit Mario L. gemeint.

Günther Oettinger, dessen politische Karriere stetig voranschritt, betonte in den vergangenen Jahren regelmäßig, dass er keinen Kontakt mehr zu Mario L. habe. Schriftlich bestätigt Oettinger heute, dass er zwar damals mit Mario L. befreundet gewesen sei, aber seit dem Skandal um die abgehörten Telefonate keinen Umgang mehr mit dem Gastronomen hatte.

Dieser taucht unterdessen auch in den Akten der Operation »Kyterion« aus dem Jahr 2015 auf. Einem abgehörten Gespräch war zu entnehmen, dass ein Mann namens Salvatore S. ein Auto fuhr, das auf Mario L. zugelassen war. Der Innenraum des VW-Passats war verwanzt. Salvatore S. gilt als Mann des 'Ndrangheta-Clans aus dem kalabrischen Ort Cutro. Er erzählte während der Autofahrt seinem Mitfahrer, dass Mario L. ihm den Passat geliehen habe.

Die vergangenen Jahre verliefen für den Farao-Clan erfolgreich. Er konnte sich in Mittelitalien festsetzen, in Umbrien und auch in der Toskana. Die Mafiosi sammeln dort Schutzgelder ein, waschen Geld und investieren in Nachtgastronomie. Das zeigen Ermittlungen der Carabinieri aus Perugia und der lokalen Anti-Mafia-Direktion Perugia aus dem Jahr 2014. Einige der 'Ndranghetisti, die in Perugia aktiv sind, wurden in Deutschland geboren.

Die Brüder Giuseppe und Silvio Farao, die das *Locale* in den siebziger Jahren gründeten, wurden festgenommen und mehrfach zu »lebenslänglich« verurteilt und übergaben das Geschäft ihren jeweiligen zwei Söhnen.

Das Quartett der Söhne hält sich nach Erkenntnissen der Ermittler regelmäßig in Deutschland auf. Es soll sich mit dem Besitzer einer Eisdiele in Borken und einem Restaurantbetreiber aus Spangenberg getroffen haben. Beide Städte liegen südlich von Kassel, wo der Clan schon unter der Ägide der Farao-Väter Kontakte unterhalten hatte. Die Stellung der Faraos scheint gefestigt zu sein, in Deutschland und auch in Italien.

Zu Verurteilungen von Mitgliedern der aktuellen Farao-Führung kam es bislang nur in wenigen, nicht schweren Fällen. So wurde ein Sohn von Silvio Farao unter Residenzpflicht gestellt, eine Art Hausarrest mit Sonderüberwachung.

Auch der Gastronom Mario L. stand länger nicht mehr vor Gericht. Die Ermittlungen, bei denen auch Günther Oettinger auftauchte, wurden mangels Tatverdacht beendet. Der Justizminister Baden-Württembergs hatte Oettinger damals informiert, dass sein Name bei Abhörmaßnahmen im Zusammenhang mit Ermittlungen gegen die Mafia aufgetaucht sei. Wenige Monate zuvor war aufgrund einer Justizpanne Mario L. über die Abhörmaßnahmen gegen sich unterrichtet worden. Die Ermittlungen brachen in sich zusammen.

Die damals federführende Staatsanwaltschaft sagte, es habe keinen Hinweis auf eine Zusammenarbeit von Oettinger und Mario L. gegeben. Festgestellt worden sei nur, dass Mario L. Günther Oettinger als »seinen Minister« bezeichnet habe.

*» Vermutlich wirst du das Kind verlieren «*

## Marias Leben mit einem Mafioso I

Maria kann nicht mehr. Ihr fehlt Anfang des Jahres 2000 die Abgebrühtheit, als Handlangerin ihres Mannes für die 'Ndrangheta zu arbeiten. Sie hat Angst vor Verhaftung, Angst vor dem Gefängnis. Vielleicht ist Deutschland ein Ausweg, denkt sie. Maria versucht, ihren Mann zu überzeugen. Früher oder später werde man ihn hier einsperren, argumentiert sie. Doch das beeindruckt Pasquale überhaupt nicht. Maria probiert es deshalb mit Druck. »Ich will zurück nach Deutschland. Wenn wir nicht gehen, nehme ich den Jungen und verlasse dich«, erklärt sie Pasquale in Momenten, in denen sie es schafft, die Konsequenz solcher Drohungen, Schläge und Tritte, zu ignorieren.

Doch dann gibt Pasquale nach. Ein Umzug ist für einen Mann wie ihn wohl eher zu ertragen, als bei seinen Leuten als Trottel dazustehen, als ein Mann, dem die Frau abhaut.

Die Wohnung, die sie wenig später in Winnenden beziehen, liegt umgeben von Hallen und Holzlagern im Dachgeschoss eines dreistöckigen Hauses. Hier, in einem Gewerbegebiet, will Maria neu anfangen. Sie erledigt Putzjobs. Pasquale lässt sich bei der Michele Scavello GmbH anstellen, einer Firma, die Putz- und Stuckarbeiten anbietet. Mal steht Pasquale früh auf und fährt zur Arbeit, was dann wie das Leben eines gewöhnlichen Arbeitnehmers wirkt. Immer wieder fährt er aber auch nach Kalabrien. Maria blickt nicht hinter diese Jobkonstruktion.

Sie erlebt ihren Mann weder besonders unzufrieden noch zufrieden. Er ist wie immer. Für sie bedeutet das Gewalt und strenge Auflagen. Ihre Eltern darf sie meistens sehen. Wenn sie aber etwa im Supermarkt Italiener aus Winnenden trifft, die sie von früher kennt, grüßt sie nur und geht schnell weiter.

Am 21. Juli 2000 fährt Pasquale früh zur Arbeit. Maria schläft noch, als um 7.15 Uhr jemand mit dem Schlüssel die Wohnungstür öffnet. Das kann eigentlich nur Pasquale sein. Doch sie nimmt die Schritte mehrerer Personen wahr, und dann öffnet sich auch schon die Tür zum Schlafzimmer: Maria erschrickt. Drei Männer und eine Frau haben sich Zugang zur Wohnung verschafft. Einer der Männer sagt zu ihr auf Italienisch: »Zieh dich an! Wir haben deinen Mann verhaftet.«

Es sind Polizisten in Zivil, koordiniert von der internationalen Polizeiorganisation Interpol, und sie kommen direkt von der Baustelle, auf der Pasquale gerade tätig ist. Monatelang hat die italienische Polizei Marias Mann abgehört. Nun ist er auf dem Weg in die Justizvollzugsanstalt Stuttgart-Stammheim. Die Beamten suchen seine Waffen. Sie sparen dabei keines der Zimmer aus, gehen gründlich und wenig zimperlich vor. Maria ist ihnen bei der Razzia auch keine Hilfe. Sie kennt keine Verstecke. Schließlich ziehen die Polizisten mit leeren Händen ab.

Sechs Wochen bleibt Pasquale in Stammheim. Maria darf ihn nicht besuchen, und Pasquale darf Maria auch nicht schreiben. Kontakt nimmt er dennoch auf, mit Hilfe eines ebenfalls inhaftierten Kalabresen. Der kommt aus Cirò, dem Sitz des *Crimine*, dem der Clan Acri-Morfò untergeordnet ist. Als Pasquale durchblicken lässt, für wen er tätig ist, ist der Mithäftling ihm sofort zu Diensten. Luigi schickt Briefe an Maria, in denen ihr Mann ihr mitteilt, was sie nun zu tun und zu lassen hat. Das Wichtigste: Wenn sie Geld brauche, solle sie sich an Morfò wenden. Morfò zahle auch die Anwälte.

Pasquale wird bald von Stuttgart nach Italien verlegt, zuerst nach Rom, dann in die Nähe Neapels, schließlich nach Kalabrien. Dort besucht Maria ihn jeden Monat zweimal. Mit dem

Ford ihrer Mutter fährt sie die rund 1600 Kilometer. Francesco und Angela begleiten sie jedes Mal.

Bei den kurzen Aufenthalten wird Maria regelmäßig von einem Boten Salvatore Morfòs aufgesucht. Der bietet ihr Geld an. Doch Maria lehnt das ab, was den 'Ndranghetista irritiert. Aus Mafiasicht ist es normal, dass die Familie eines Inhaftierten finanziert wird. Maria aber wendet sich an das Sozialamt Winnenden. Außerdem gibt sie ihre Wohnung auf und zieht mit Francesco zu ihren Eltern. Hier befolgt sie die ungeschriebenen Regeln der Organisation ihres Mannes: Eine junge Frau, deren Mann einsitzt, lebt nicht einfach so weiter in der Wohnung.

Wenn sie auch kein Geld nehme, macht Morfòs Mittelsmann Maria bei einem ihrer ersten Treffen klar, eine andere Sache sei extrem wichtig: Egal, was sie sehe, egal, was sie höre, und egal, ob ein Polizist sie anrufe und sage, er rufe aus dem Gefängnis an und habe gerade mit ihrem Mann gesprochen – niemals solle sie glauben, was ihr am Telefon erzählt werde.

Pasquale, dem die italienische Staatsanwaltschaft Mitgliedschaft in einer mafiösen Vereinigung vorwirft, kommt schließlich nach sieben Monaten frei und fährt zurück nach Winnenden. Er meldet sich dort arbeitssuchend. Er schwängert Maria. Und er schlägt sie.

Bei seinen Gewaltausbrüchen nimmt er keinerlei Rücksicht auf die Umstände seiner Frau. Im Dezember 2001 eskaliert die Situation. Maria ist im vierten Monat ihrer Schwangerschaft, und sie ziehen in eine neue Wohnung in Winnenden. Pasquale ist jedoch schon morgens fortgegangen und beteiligt sich nicht beim Einpacken und Schleppen der Kartons. Nur Marias Mutter und ihre Schwester helfen. Als Pasquale am Abend zurückkommt, ist Maria sauer auf ihn. Sie macht ihm Vorwürfe. Pasquale schlägt sie auf den Kopf und auf den Rücken. Gegen zehn Uhr abends geht Maria zu Bett.

Sie erwacht um Mitternacht mit dem Gefühl, dass nicht alles in Ordnung ist in ihrem Bauch. Pasquale weigert sich, sie ins Krankenhaus nach Backnang zu fahren, doch ihre Mutter und ihre Tante holen sie ab. Als sie ankommen, hat Maria bereits heftige Schmerzen. Die Ärztin untersucht sie und überbringt ihr danach ihre Einschätzung: »Vermutlich wirst du das Kind verlieren.« Mit Hilfe von Infusionen gelingt es dann aber, den Muttermund, der sich bereits etwas geöffnet hat, zu schließen.

Es folgen Wochen der Angst um ihr ungeborenes Kind. Die Ärztin hat Maria absolute Ruhe empfohlen. Die Realität ist, dass Pasquale sie weiterhin schlägt und Maria dabei versucht, das Kind in ihrem Bauch zu schützen. Anfang März 2002, in der 27. Woche ihrer Schwangerschaft, bringt sie ein Mädchen zur Welt. Der Gynäkologe holt das Frühchen per Notkaiserschnitt. Es soll Angela heißen.

Die Ärzte wollen Maria schonen und verschweigen ihr erst einmal, dass Angela nicht gesund ist. Den exakten Befund teilen sie ihr erst nach drei Wochen mit: Angela hat eine infantile Zerebralparese – eine Bewegungsstörung, die von einer frühen Hirnschädigung herrührt.

An einem Nachmittag, nach Marias Erinnerung im Mai oder Juni, hat sie das Gefühl, dass es nicht mehr anders geht. Pasquale hat sich hingelegt, er schläft angezogen auf dem Doppelbett im Schlafzimmer. An der Wand hängt ein Kruzifix. »Ich habe gedacht, jetzt töte ich ihn. Ich habe ein Küchenmesser geholt. Aber dann kamen mir die Folgen in den Sinn. Dass ich im Gefängnis lande und meine Kinder ohne mich sind. Als ich mich umdrehen wollte, um das Messer wegzubringen, ist Pasquale aufgewacht. Er schaute mich an und fragte mit normaler Stimme: ›Willst du mich etwa umbringen?‹ – ›Nein, nein‹, habe ich geantwortet, bin dann schnell raus und habe das Messer zurück in die Küche gebracht.«

Pasquale, das spürt Maria in den nächsten Wochen, nimmt diesen Zwischenfall ernst. Er hat ihm gezeigt, dass er sich nicht mehr sicher sein kann, dass seine Frau sich jederzeit fügt. Da steckt etwas Unbeugsames in ihr. Maria ist für Pasquale ein Problem.

In Rossano hat Pasquales Chef Salvatore Morfò unterdessen Probleme mit der Justiz. Im März ist er bereits im Rahmen der Anti-Mafia-Operation »Big Fire« wegen Drogenhandels und Mitgliedschaft in einer mafiösen Vereinigung verhaftet worden. Doch nach wenigen Tagen in Untersuchungshaft ließen ihn die Richter in Rossano wieder frei. Im September entscheidet das Gericht im siebzig Kilometer südlich gelegenen Catanzaro, Morfò festzunehmen. Man wirft ihm vor, elf Jahre zuvor an der Ermordung eines jungen Mannes mitgewirkt zu haben. Morfò flüchtet, für einige Wochen auch nach Schwaben, wo er sich mit Pasquale trifft. Zwei Monate später fassen ihn Fahnder in einem Städtchen bei Mailand.

Auch Pasquale selbst geht ins Gefängnis – freiwillig. Im September meldet sich nämlich sein Anwalt aus Rossano. Die Botschaft ist eindeutig: Es gebe da ein paar Delikte, die sich angesammelt hätten, und wenn Pasquale sich nicht stelle, würde er wohl wieder aus Deutschland geholt. Allzu lang könne die Strafe nicht ausfallen, nimmt der Anwalt an.

Pasquale muss für ein Jahr ins Gefängnis. Gleichzeitig beginnen für Maria die wohl besten zwölf Monate seit Jahren. Ihre Eltern bleiben in Deutschland, sie selbst zieht mit Francesco und dem Töchterchen Angela in die Wohnung der Eltern nach Rossano. Sie kann jetzt jederzeit ihre Oma treffen, die ihr sehr viel bedeutet. Die Oma unterstützt sie auch finanziell, und aus Deutschland schickt Marias Mutter regelmäßig etwas Geld. Geld von der 'Ndrangheta nimmt Maria inzwischen auch. Pasquales Bruder bringt ihr Briefumschläge mit Scheinen vorbei, sobald sie ihn darum bittet.

In Rossano lebt Maria zwar inmitten etlicher Menschen, die Pasquale kennen und deshalb ein Auge auf sie haben. Aber die Wohnung nicht mit einem Mann zu teilen, der jederzeit losprügeln kann und auch vor den Kindern nicht haltmacht – das allein ist für Maria schon eine unfassbare Verbesserung. Von »Freiheit« spricht sie heute, wenn sie von dem Jahr in Rossano erzählt, in dem Pasquale weggesperrt war.

Diese Freiheit ermöglicht sogar eine erste selbstgewählte Beziehung. Maria kommt für ein Jahr mit Nicola Russo zusammen. Der ist genau wie sie einundzwanzig Jahre alt, allerdings außerdem als sogenannter kleiner Fisch für die 'Ndrangheta tätig. Nach einigen Monaten sitzt Russo im Gefängnis. Von dort aus ruft er Maria aber immer wieder an und schreibt ihr Briefe.

Als Pasquale von der Affäre erfährt, straft er seine Frau über Wochen mit Schlägen und Tritten. Auch Marias Liebhaber, der da ebenfalls wieder auf freiem Fuß lebt, bekommt Pasquales Wut zu spüren. Die beiden kennen sich gut, Pasquale hat ihn ausgebildet. Nun soll Russo büßen. Pasquale schießt auf ihn, als dieser in seinem grauen Fiat Punto sitzt. Doch Russo wird nicht getroffen. Blitzschnell öffnet er die Autotür, rennt los und entkommt.

Eine Schießerei wie diese macht die Runde in Rossano und Umgebung. Sie entspringt der Spontaneität, wird begangen aus archaischem Ehrgefühl. Ein anderer Mordversuch in Rossano hingegen ist geplant. Im Dezember 2002, zwei Tage nach Heiligabend, zielen Mafiosi auf Antonio Manzi alias Tom Tom.

In der Ermittlungsakte der Staatsanwaltschaft Catanzaro ist die Tat mit der typischen Nüchternheit erzählt. Sie geschieht vor einem Blumenladen in Rossano. »Antonio hatte einige Pflanzen gekauft und wartete darauf, dass ein Auto sie abholte. Da kam ein Moped mit zwei Fahrern vorbei, die ihre Gesichter durch Schutzhelme verborgen hatten. Einer der Fahrer zog eine Pistole und schoss zweimal auf Antonio Manzi. Nur einer der Schüsse traf sein Ziel, weil ein Begleiter die Intention des Fahrers verstanden hatte und Manzi zu Boden warf. Antonio Manzi wurde daraufhin ins Krankenhaus gebracht.«

Manzi, 41 Jahre alt, ist in der *'Ndrina* von Rossano eine gewisse Größe. Und der Anschlag auf ihn hat auch eine Vorgeschichte.

Als 1995 der langjährige Mafiaboss Pasquale Tripodoro gefasst wurde und sich entschloss, mit der Staatsanwaltschaft zu kooperieren, versuchte Antonio Manzi, größer einzusteigen und Rossano und die umliegenden Dörfer im Alleingang und nur mit einigen Getreuen mit Kokain zu versorgen. Er wollte den Drogenhandel, er wollte überhaupt die ganze Macht in der *'Ndrina*. Salvatore Morfò ließ Manzi und seine Familie gewähren. Doch dann, 1999, nahm die Polizei mehrere von Manzis Männern fest. Zwei von ihnen kooperierten darauf hin mit der Staatsanwaltschaft. Schon deshalb hielt Salvatore Morfò wenig davon, Manzi das Kokaingeschäft in Rossano zu überlassen.

Manzi solle einen Denkzettel bekommen, entschied Morfò. Es oblag dann Pasquale, dafür zu sorgen, und so steckte Marias Mann Manzis Auto in Brand. Später, als Morfò und Manzi zur selben Zeit im Gefängnis in der Provinzhauptstadt Cosenza einsaßen, ging die Auseinandersetzung weiter. Morfò rammte Manzi eine Gabel in die Hand. Doch Manzi ließ sich sein Geschäft nicht wegnehmen. Er stoppte seine Leute nicht und belieferte Rossano und Umgebung weiterhin mit Kokain. Marias heimlicher Geliebter bezog seinen Stoff bei Manzis Leuten. So sagte es Maria selbst später gegenüber der Polizei aus.

Nun, da Morfò die *'Ndrina* nicht mehr führte, kümmerte sich sein Nachfolger Nicola Acri um den hartnäckigen und offenbar furchtlosen Konkurrenten. Mehrere Kronzeugen berichteten über den Mordversuch und die Hintergründe. Nicola Acri, der damals dreiundzwanzig Jahre alt war, habe »Antonio Manzi und dessen Familienmitglieder gehasst, weil er Angst hatte, dass sie ihn aus seiner Rolle als Chef verdrängen könnten«, sagte der langjährige 'Ndranghetista Giuseppe Gallina aus. Gallina war in der *'Ndrina* für die Wartung und Reparatur von Waffen zuständig. »Ich kann mich erinnern, dass an einem Tag, etwa gegen 15 Uhr, Angelo De Luca in meine Wohnung in der Altstadt von Rossano kam. Angelo zog eine Pistole mit einem Kaliber von 38 Millimetern aus seinem Gürtel und sagte mir, dass sie schlecht funktioniere. Die Waffe musste tatsächlich gereinigt werden. Ich baute sie auseinander und schmierte sie, so dass sie wieder perfekt funktionierte. Am darauffolgenden Tag erzählte mir Angelo De Luca in Einzelheiten die Feueraktion gegen Antonio Manzi (...). Angelo sagte, dass wir nun sehr wachsam sein sollten. Man fürchtete eine Rache der Familie Manzi gegen die Mitglieder der Gruppe von Nicola Acri, zu der auch ich gehörte.« Auf Nachfrage konnte der Kronzeuge seine Angaben noch präzisieren: »Angelo De Luca sagte mir auch, dass er die Pistole von Andrea Tripodi bekommen habe. Der verwaltete nämlich die Waffen der Gruppe in Rossano. Die Waffen lagen rund um sein Haus auf der Straße vergraben.«

Der Waffenwart Andrea Tripodi, damals sechsundzwanzig, der für Nicola Acri als eine Art Stadtteilchef fungiert und mit Rossano-Altstadt betraut ist, führte die Tat allerdings nicht selbst durch. Wer die Schüsse abgefeuert hat, erfährt er nicht. Auch die Polizei findet es nicht heraus.

Es gelingt Antonio Manzi dann tatsächlich, sich zu behaupten. Um das zu erreichen, wendet er sich an das *Crimine*, die höchste Führungsebene des *Locale*. Manzi weiß, dass er den Schutz von ganz oben braucht, wenn er weiter in Rossano leben und dort auch kriminell tätig sein will. Seine Frau und seine Kinder nimmt er mit.

Das *Crimine* verfügt einen Kompromiss. Antonio Manzi darf weiterhin in Rossano leben. Bei seinen Geschäften allerdings benötigt er künftig die Zustimmung Nicola Acris. Dessen Leute vermelden dann auch untereinander, dass Antonio Manzi nicht mehr umgebracht werden soll.

»Der Fall Manzi«, halten die Ermittler in ihrer Akte zusammenfassend fest, »war entscheidend für die Machtübernahme des Clans von Nicola Acri in Rossano.«

*»Er sagte mir, ich müsse sterben,*
*weil die Leute ihn sonst*
*nicht mehr respektierten«*

## Marias Leben mit einem Mafioso II

Ein Jahr lang hat Maria ein Leben geführt, wie sie es kaum noch kannte – ohne Schläge. Sie bewegte sich vergleichsweise frei in Rossano und hat sich sogar mit zwei, drei anderen Frauen angefreundet. Undenkbar war das früher. Die Freiheit endet mit der Freilassung ihres Mannes im September 2003.

Pasquale drängt darauf, dass sie Francesco und Angela bei Marias Mutter abgibt. Die ist inzwischen auch nach Rossano gezogen und hat auch nichts dagegen, die Enkel für ein paar Stunden zu übernehmen. Ohne es zu ahnen, ermöglicht sie so, dass Pasquale Maria vergewaltigt.

Neun Monate nachdem Pasquale das Gefängnis verlassen hat, bringt seine Frau das dritte Kind zur Welt, einen Jungen, den sie Stefano nennt. Pasquale misshandelt Maria auch nach Stefanos Geburt. Doch die absolute Herrschaft erreicht er nicht. An Kleinigkeiten wird ihm klar, dass Maria sich ihm nicht vollständig unterwirft. Einmal erwischt er sie auf der Straße, obwohl er ihr den Schlüssel weggenommen und sie in die Wohnung gesperrt hat. Maria hat sich vor Monaten einen Zweitschlüssel gemacht und die Kopie einer Freundin gegeben. Jetzt hat sie die Freundin angerufen und sich von ihr befreien lassen.

Zu Hause läuft es also für Pasquale, gemessen an seinem eigenen Anspruch, eher mittelmäßig. In der *'Ndrina* hingegen bemüht er sich, als Mann der Tat dazustehen. Er handelt so, wie er selbst es für richtig hält. Für Salvatore Aiello, den Nicola Acri zum Stadtteilchef von Rossano Stazione gemacht hat, ist Pasquales führungsloses Verhalten schwer zu ertragen. Spontane Gewaltausbrüche und Demonstrationen der Stärke machen Aiello immer wieder klar, wo er selbst in der Hierarchie verortet ist.

An Ostern 2005 besuchen Pasquale, Maria und die drei Kinder Marias Mutter. Sie fahren gerade zurück nach Rossano zu ihrer Wohnung auf der Contrada Toscano Ioele, als Pasquale ein Auto auffällt. Offensichtlich folgt es ihm und seiner Familie. Pasquale hält an, der Verfolger auch. Pasquale wartet. Der Verfolger steigt aus seinem Auto und kommt zur Fahrertür von Pasquales Wagen.

Pasquale erkennt einen 'Ndranghetista aus Rossanos Nachbarort Corigliano und drei weitere Männer. Der Coriglianese erklärt Pasquale, er sei gut beraten, ab sofort damit aufzuhören, zu tun, was er wolle. Er habe sich an Regeln zu halten. Der Mann liegt mit seiner Einschätzung nicht falsch, Pasquale macht in Rossano Stazione und Umgebung ja tatsächlich, was er will. Mit der empfohlenen Konsequenz dringt er jedoch nicht durch. »Geht weg, oder ich erschieße euch!«, droht Pasquale ihm. Unter dem Lenkrad hat er eine Pistole befestigt, die er nun hervorzieht und direkt auf den Mann hält. Maria sagt nichts, vom sechsjährigen Francesco und seinen beiden kleinen Geschwistern auf der Rückbank hört man ebenfalls keinen Ton. Pasquale hat nichts mehr hinzuzufügen, der Kontrahent aus Corigliano schweigt ebenfalls. Die auf ihn gerichtete Pistole ist ein starkes Argument zu weichen. Pasquale kann sich als Sieger der Machtprobe fühlen.

Nicola Acris Stadtteilchef Salvatore Aiello muss damit leben, dass Pasquale sich nicht fügt. Die beiden kennen sich schon lange, und die schützende Hand, die Morfò über Pasquale hält, scheint weiter zu wirken. »Was er auch tat, Pasquale wurde nie von Morfò bestraft«, erinnert sich Maria. »Er hat zum Beispiel Falschgeld fabriziert, ohne sich dafür eine Erlaubnis zu holen …«

Zu Hause mag er ausrasten, auf der Straße handelt Pasquale in brenzligen Situationen ruhig und entschlossen. Maria erlebt das besonders eindrücklich, als sie in Streit mit einer anderen Frau gerät.

»Die Frau hieß Michela und war mit einem Typen namens Giorgio zusammen, der früher mal in der *'Ndrina* gewesen war. Sie hatten ihn dann rausgeworfen, und nun konnte ihn niemand mehr besonders gut leiden. Michela wandte sich dann an eine Geliebte Pasquales und erzählte ihr irgendetwas, was sie gegen mich aufbrachte. Als ich nachmittags zum Kindergarten kam und aus dem Auto stieg, ließ ich den Schlüssel im Zündschloss stecken. Die Geliebte lauerte mir auf. Sie schnappte sich den Schlüssel und ging dann mit einem Messer auf mich los. Die Erzieherin bekam das mit, kam schnell heraus, zog mich in den Kindergarten und schloss die Tür ab. Michela und ihr Mann Giorgio saßen in einem Auto und verfolgten das Geschehen von dort.«

Die Kindergärtnerin, erzählt Maria weiter, habe sofort die Nummer der Polizei gewählt. Sie selbst ruft Pasquale an. Bei Problemen dieser Art erwartete er, dass sie ihm Bescheid gibt.

»Ich erklärte ihm kurz die Lage und bat ihn, herzukommen und mir den Ersatzschlüssel mitzubringen, damit ich mit den Kindern wegfahren könne. Pasquale sagte, er komme gleich. Es dauerte aber etwas, und das lag daran, dass Pasquale noch bei einer Tankstelle vorbeigefahren war und einen Kanister mit Benzin gekauft hatte. Aus dem Kindergarten heraus sah ich nun, wie er zuerst kurz die Situation erfasste und dann mit dem Kanister auf das Auto von Giorgio und seiner Frau zuging. Die Polizei war ebenfalls schon zur Stelle, aber sie schritt nicht ein. Giorgio verriegelte seinen Wagen schnell von innen, doch er vergaß, das Schiebedach zu schließen. Pasquale stieg dann einfach über die Motorhaube aufs Autodach. In aller Ruhe leerte er über der Öffnung den Benzinkanister. Vor allem Giorgio bekam Benzin ab. Dann zog Pasquale ein Feuerzeug aus der Hosentasche.«

Das alles geschieht vor den Augen der Polizei, doch die Beamten verhalten sich, als werde vor ihren Augen ein Actionfilm gedreht – sie schauen zu. Erst als klarwird, dass Pasquale wegen des starken Windes das Feuerzeug nicht anbekommt, ziehen die Polizisten ihre Revolver und nehmen ihn fest.

Maria begleitet ihren Mann aufs Präsidium. Ein Anwalt erscheint und führt Gespräche mit den Polizisten. Die Aktion vor den Augen der Polizei reicht schließlich nicht aus, um Pasquale in Untersuchungshaft zu nehmen. Um ein Uhr nachts darf er das Präsidium verlassen. Inzwischen hat Giorgio Pasquales Auto mit Metallstäben bearbeitet. Zwei Tage später fährt Pasquale deshalb mit dem Bus nach Deutschland und kommt mit einem neuen Wagen zurück.

»Im Februar 2007 habe ich Pasquale gesagt, dass ich nicht mehr bei ihm bleiben werde.« Jahrelang hat Maria sich danach gesehnt, diesen Schritt zu machen. Sie hat ihn nicht getan, auch aus Angst vor dem Danach: Wo könnte sie hingehen und leben mit ihren drei Kindern? Wer würde sie unterstützen? Auf ihre Eltern zählt sie nicht. Für den Vater, aber auch für die Mutter ist eine Ehe da, um ausgehalten zu werden.

Im Krankenhaus von Rossano gilt Maria inzwischen als alte Bekannte. Immer wieder kommt sie mit Verletzungen vorbei. Und jedes Mal weigert sie sich von neuem, preiszugeben, wer sie so zugerichtet hat. Der Anlass, der letzte Schubs, den sie benötigt, ist ein Streit mit einer anderen Frau. »Sie hatte mir damals meine Sonnenbrille von Christian Dior aus meinem Auto gestohlen«, sagt Maria im Rückblick. »Sie hat die Brille dann heimlich bei einem gemeinsamen Freund versteckt, in dessen Haus in den Bergen. Anschließend hat sie Pasquale angerufen und behauptet, dass ich mit diesem Mann geschlafen hätte und meine Sonnenbrille dort noch liege. Pasquale rief mich an und fragte: ›Wo hast du deine Sonnenbrille?‹ Ich antwortete ihm, dass ich sie schon drei, vier Tage nicht mehr gesehen hätte. Darauf antwortete er: ›Ich habe deine Sonnenbrille und komme gerade nach Hause, um dich umzubringen.‹ – ›Warum?‹, fragte ich, und er: ›Weil deine Sonnenbrille bei Antonio war.‹«

In diesem Moment befinden sich zwei der Kinder bei einer Freundin und eines bei Marias Mutter. Damit, wird Maria klar, ist eine wichtige Voraussetzung für ihren Tod erfüllt. In der 'Ndrangheta ist es nämlich verpönt, dass Kinder von Mafiosi sehen, wie ihre Eltern umgebracht werden.

»Auch wenn mein Vater und meine Mutter sich im Grabe umdrehen, ich komme und erschieße dich«, hat Pasquale am Telefon noch hinzugefügt und sein Vorhaben dann in einem Satz begründet: »Du hast mich betrogen, und damit habe ich vor den Menschen mein Gesicht verloren!«

Die Kinder sind in Sicherheit, doch neben Maria steht während Pasquales Anruf Jenny, die neunjährige Tochter ihrer Freundin. »Ich habe zu Jenny gesagt, wir müssen fliehen, sonst bringt Pasquale mich um. Jenny wusste, dass Pasquale und ich sehr oft stritten. Ich habe sie am Arm genommen, und dann sind wir weggerannt. Ich dachte, diesmal bringt er mich wirklich um.«

Auf der Polizeistation stellt Maria fest, dass Martino Scialpi Dienst hat, ein Polizist, den sie schon seit Jahren kennt und dem sie vertraut. Ein Glücksfall. Martino bietet ihr auch sofort an, eine Anzeige aufzunehmen. Doch der Polizist gibt auch zu bedenken, dass er dann trotzdem nicht viel für Maria tun könne: »Wir können ihn ja nicht verhaften, weil er dich bedroht hat.« Er rät Maria, mit Jenny zu Jennys Mutter zu gehen und erst einmal dortzubleiben.

Sie hat die Wache noch nicht verlassen, als Pasquale sie anruft. Offenbar hat er inzwischen die Wohnung erreicht. Maria versucht, ihn gar nicht erst groß zu Wort kommen zu lassen. »Ich habe ihm schnell gesagt, dass ich ihn gerade anzeige, dass ich ihn nicht mehr sehen will und dass ich ihn verlasse. Daraufhin hat er sofort aufgelegt.«

Am Abend bestellen die Polizisten Pasquale ins Präsidium. Sie teilen ihm mit, einen richterlichen Beschluss zu bewirken. Dann dürfe er sich seiner Frau nicht mehr annähern. Pasquale ist außer sich. Er fährt noch am selben Abend in Richtung

Deutschland. Dort will er die Situation mit seinem Freund Enzo erörtern.

Maria lernt unterdessen Antonello Gentile kennen. Der ruhige, ein Jahr ältere Mann ist ihr schon länger ein Begriff. Einer von Antonellos beiden großen Brüdern wuchs im selben Viertel wie Pasquale auf, in Piragineti, jenem kleinen Dorf vier Kilometer östlich von Rossano Stazione, wo Maria zehn Jahre zuvor das Bierfest besucht hat.

Antonellos Vater ist früh gestorben. Er arbeitete als Förster und ging nach Feierabend ab und zu mit seinen Kollegen Pilze sammeln. 1992 erschien er nicht an der Haltestelle, wo ein Busfahrer die Männer stets abholte. Tags darauf fand man Antonellos Vater tot im Wald. Es hieß, er habe einen Herzinfarkt erlitten. Doch der Tote hatte auch eine Wunde am Kopf, die von einem Schlag stammen konnte. Es bestand der Verdacht auf Fremdeinwirkung, es gab jedoch keine Obduktion. Antonello war damals zwölf Jahre. Später erst sagte ihm ein Freund seines Vaters, dass sein Vater nicht in dem Wald gestorben sei. Man habe ihn dorthin geschafft.

Schon Antonellos beide ältere Brüder arbeiteten für Salvatore Morfò, wie bald auch Antonello selbst. Er hatte eine Ausbildung zum Bäcker gemacht und fand sich danach weiterhin frühmorgens zu Dienstbeginn pünktlich in der Backstube ein. Doch seine Mutter und die Brüder entschieden, auch der Jüngste habe der *'Ndrina* zu dienen. Und so begleitete Antonello seine Mutter regelmäßig in die Hafenstadt Bari, die mehr als zweihundert Kilometer von Rossano entfernt an der Adria liegt. Dort nahmen sie Kokainlieferungen in Empfang und brachten sie nach Rossano. Einmal weigerte sich Antonello, als Drogenkurier zu arbeiten. Da verpassten ihm Schläger eine Abreibung mit einer jener Metallstangen, die als Fitnesszubehör vertrieben und von vielen Schlägern der 'Ndrangheta eingesetzt werden.

Als Maria und Antonello im März 2007 am späten Morgen in einer Bar ins Gespräch kommen, weiß Antonello, dass Maria die

Beziehung zu Pasquale beendet hat. Er fragt, ob er abends mal vorbeikommen solle. Dann könne Maria erzählen.

Er bringt Gebäck mit, Maria kocht einen Espresso, sie setzen sich auf eine Couch und stellen fest, dass sie seit Jahren ähnliche Schicksale erleiden. Maria öffnet sich, erzählt auch, wie Pasquale sie geschlagen hat. Antonello hat ein offenes Ohr. Er sei selbst viel geschlagen worden, sagt er.

Ihre Erfahrungen verbinden die beiden. Ebenso wichtig ist Maria, dass Antonello offenbar Kinder mag. »Angela fühlte sich gut, wenn Antonello zu mir kam. Das war von Beginn an so.« Maria merkt, dass dieser weiche Mann nicht fähig wäre, eines der Kinder zu schlagen. Sie traut ihm. Manchmal holt Antonello nun die Kinder von Kindergarten und Schule ab. Geheim zu halten ist die Beziehung in Rossano ohnehin nicht, im Gegenteil: Die Nachricht dringt bis nach Deutschland.

Der richterliche Beschluss gegen Pasquale liegt längst vor, er darf sich Maria nicht annähern, sie nicht einmal anrufen. Doch jetzt greift er zum Telefon. Pasquale kündigt Maria an, was in der 'Ndrangheta eine *Azione* genannt wird. »Er sagte mir, die Polizei sei ihm völlig egal und er komme jetzt aus Deutschland nach Italien. Ich müsse sterben, weil die Leute ihn sonst nicht mehr respektierten.«

Ungewöhnlich erscheint Maria allerdings, dass Pasquale, der als 'Ndranghetista stets kühl und kompromisslos handelt, ihr die *Azione* ankündigt. Er hat sie geschlagen, jahrelang. Er hat Schrecken und Schmerzen über ihr Leben gelegt. Ist ihm nun der letzte Schritt zuzutrauen, mit einem Mord seine verloren geglaubte Ehre wiederherzustellen? Pasquale muss sich nicht anstrengen, um zu erfahren, wo seine Noch-Ehefrau untergekommen ist: Maria lebt bei einer Freundin in einem Block, der in Bahnhofsnähe und der Wohnung ihrer Mutter gegenüberliegt. Als er klingelt, trifft er nur die Freundin und ihre Kinder an. Er zwingt sie auf den Balkon und kassiert die Handys ein. Dann lässt er von innen die Rollos herunter. Danach wählt Pasquale die Nummer seiner Frau. Maria nimmt ab, sie sitzt gerade im

Auto und fährt Angela nach Hause. Er sagt ihr, er sei jetzt da und wolle die Kinder sehen. Maria überlegt kurz, was sie tun soll. Dann fährt sie los, zur Wohnung der Freundin.

Fragt man Maria heute, warum sie Pasquale nicht auswich, ihn sogar aufsuchte, bei all dem, was geschehen war, dann fragt sie zurück, wo sie denn sonst hätte hinfahren sollen. »In Rossano konnte ich mich nicht einfach zurückziehen.« Und sie nennt noch einen zweiten Grund für den bewussten Kontakt mit Pasquale. Die Polizei, sagt sie, habe ihr ja vorher klargemacht, dass sie nichts gegen ihren Ex in der Hand habe, wenn der nicht gewalttätig werde.

Es klingt absurd und geradezu makaber, aber offenbar denkt Maria in diesem Moment, sie müsse sich noch einmal angreifen lassen, um Pasquale wirklich loszuwerden.

Als sie die Wohnung der Freundin erreicht, parkt sie ihren blauen Alfa Romeo 164 vor dem Haus. Angela sitzt auf dem Rücksitz. Der Auftritt Pasquales hat bereits einige Schaulustige angezogen. Auch Nicola Acris Stadtteilchef Salvatore Aiello hat sich eingefunden.

Pasquale kommt aus dem Wohnblock heraus und rennt auf Maria zu. Zuerst versucht er, sie im Auto zu würgen. Aus ihrer Wohnung gegenüber kommt Marias Mutter gelaufen. Diesmal will sie nicht hinnehmen, was ihrer Tochter widerfährt. Mit aller Kraft versucht Marias Mutter, Pasquale wegzuziehen und ihre Tochter zu retten. Doch ihr Schwiegersohn ist nicht zu bändigen. Es gelingt ihm, Maria an den Haaren aus dem Auto zu zerren. Er schreit. Schläge treffen Maria. »Mit deinem Mann lege ich mich nicht an, der ist ein Irrer«, wird Salvatore Aiello später zu Maria sagen. Er beobachtet den Kampf, ohne einzugreifen.

Maria versucht zu entkommen, sie ringt um ihr Leben, doch Pasquales Schläge treffen sie hart. Er bricht ihr die Nase und die rechte Hüfte. Dann nähert sich ein Streifenwagen. Die Polizisten fordern Pasquale auf, Maria loszulassen; ihn festzunehmen trauen sie sich nicht. Erst als Verstärkung eintrifft, überwältigen sie Pasquale und legen ihm Handschellen an.

Marias Mann muss für sechs Monate ins Gefängnis. Er verlässt es im Spätherbst 2007 mit der strengen Auflage, Maria nicht mehr nahe zu kommen.

Eine der ersten Attacken Pasquales nach seiner Freilassung gilt dem Mann, den seine Mafiakumpane offenbar nicht mehr im Griff haben. Sonst nämlich hätte Antonello Gentile in Pasquales Logik nicht mit der Frau eines 'Ndranghetista anbändeln können.

Auch Pasquale verfügt über einen der mafiatypischen Metallschläger. Er liegt auf dem Beifahrersitz, als Pasquale im Auto Maria und Antonello verfolgt. Als Maria in Piragineti unter einer Brücke anhält, springt Pasquale aus seinem Wagen und zertrümmert mit dem Eisenschläger das Fenster der Beifahrertür. Antonello versucht zu fliehen, doch Pasquale nimmt eine große Fensterscherbe und rammt sie ihm in die Handinnenfläche.

Pasquale wirkt auf Maria hochfokussiert. Er konzentriert sich ganz auf Antonello, als säße Maria gar nicht mit im Wagen. Das heißt allerdings nicht, dass sich sein Rachebedürfnis auf den neuen Freund seiner Frau beschränkt.

# »Mein Bauch ist ein Grab«

## Mafiakooperationen am Bodensee

»Gute Vesper!«, wünschte der Mann, der am 20. Dezember 2009 das Hinterzimmer eines italienischen Restaurants in Singen betrat. Er war um die dreißig Jahre alt und wurde bereits erwartet. Dass deutsche Ermittler mithörten, als er sich mit Landsleuten in der Stadt im Süden Baden-Württembergs traf, ahnte er nicht. Salvatore F. ging davon aus, dass das feierliche Ritual im Sinne der 'Ndrangheta unbemerkt bleiben würde.

In der italienischen Ermittlungsakte wird die Zusammenkunft so wiedergegeben:

»Salvatore F.: Gute Vesper!

Männer: Gute Vesper!

Salvatore F.: Seid ihr bereit, diesen Ort zu taufen?

Männer: Ja!

Salvatore F.: Ich taufe ihn, wie unsere drei Ritter aus Spanien ihn getauft haben ... unsere drei Ritter, die von Spanien aus aufgebrochen sind, an Rom vorbei und in Rom ... nein, in Neapel gelandet sind und in Sizilien haltgemacht haben und dann in Kalabrien. Wenn sie ihn mit Eisen und Ketten getauft haben, dann taufe ich ihn mit Eisen und Ketten. Wenn sie ihn mit dunklen Verliesen und Strafgefängnissen getauft haben, taufe ich ihn mit dunklen Verliesen und Strafgefängnissen. Wenn sie ihn mit Rosen und Blumen getauft haben, taufe ich ihn mit Rosen und Blumen und behalte mir vor, (unverständlich) Spiegel und Nadeln und Ort, mit Worten der Demut wird dieser Ort getauft.

Salvatore F.: Gute Vesper!

Männer: Gute Vesper!

Salvatore F.: Seid ihr bereit, diese Gesellschaft zu bilden?

Männer: (murmeln zustimmend)

Salvatore F.: Mein Bauch ist ein Grab. Meine Brust ist eine Schaufel. Mit Worten der Demut ist diese Gesellschaft gegründet.«

Die Ermittler des Landeskriminalamts Baden-Württemberg hatten Mafiosi bei einer Taufe abgehört. Es ging nicht um ein Mitglied, das sich der Gesellschaft lebenslang verpflichtet – hier wurde feierlich ein Ort eingeweiht, an dem sich 'Ndranghetisti offenbar regelmäßig trafen. Die Formel, die Salvatore F. vortrug, bezog sich auf die drei Brüder Osso, Mastrosso und Carcagnosso. Sie haben der Legende nach die drei großen italienischen Mafiaorganisationen gegründet, die Cosa Nostra, die Camorra und die 'Ndrangheta.

Die Abhöraktion folgte einem Rechtshilfeersuchen, das italienische Ermittler 2009 nach Deutschland geschickt hatten. Sie formulierten die dringende Bitte, bestimmte Personen im Kreis Konstanz zu überwachen. Die kalabrische Mafia, so die Vermutung, habe unter anderem dort eine eigene Struktur aufgebaut und bereits einige *Locali* geschaffen.

Singen ist mit knapp 50.000 Einwohnern die zweitgrößte Stadt im Landkreis Konstanz. Ein großer Teil der 7000 Singener, die eingewandert sind, stammen aus Kalabrien. Das 'Ndrangheta-*Locale* Singen wurde von Bruno N. geführt, einem älteren Mann mit grauen Haaren und Schnauzbart. Die Männer, die im Hinterzimmer der Kneipe zusammensaßen, waren ihm unterstellt.

*Operazione »Crimine«* nannten die Staatsanwälte in Italien die Ermittlungen, die sich über Jahre hinzogen und auch nach Deutschland führten, die *Operazione »Crimine 2«* sollte noch hinzukommen wie auch die *Operazione »Rheinbrücke«*. Es sollte zu Festnahmen kommen, zu Prozessen und zu Ernüchterung: Die internationale Zusammenarbeit der Strafverfolger legt zwar die Strukturen der 'Ndrangheta in Deutschland offen, zeigt aber zugleich die begrenzten Möglichkeiten von Polizei und Staatsanwaltschaft auf. Die Akten der drei Operationen belegen daher den Erfolg und ebenso das Scheitern der Staaten im Kampf gegen das organisierte Verbrechen.

»Die durchgeführten Ermittlungen haben die Struktur der 'Ndrangheta erleuchtet. Diese hat ihr Hauptquartier in Kalabrien und aktive Verzweigungen sowohl in Norditalien (im Piemont, Ligurien, vor allem aber in der Lombardei) als auch im Ausland, in wichtigen europäischen Staaten wie Deutschland (Verzweigungen festgestellt in Singen, Rielasingen, Radolfzell, Ravensburg, Engen und Frankfurt) und der Schweiz (Frauenfeld und Zürich). Insbesondere an diesen Orten hat man dieselben Strukturen aufgebaut, die in Kalabrien gelten«, schrieben Ermittler in den Akten der *Operazione »Crimine«*, die 2010 zur Festnahme von mehr als dreihundert Menschen führte, darunter nicht nur 'Ndranghetisti, sondern auch Unternehmer, Politiker und sogar einige Carabinieri.

»Dieselben Strukturen«: In Singen bedeutete dies, dass Bruno N. nicht nur ein eigenes *Locale* anführte, sondern dass er auch der kalabrischen *Crimine* unterstand, der Führungsspitze der 'Ndrangheta. »Wer ist denn unser Referent da unten?«, fragte einer der Anwesenden in dem Hinterzimmer des Restaurants. »Don Mico Oppedisano«, antwortete ein anderer und fügte dann hinzu: »Er ist einer aus dem *Crimine*.« Tatsächlich war Domenico Oppedisano, genannt Don Mico, 2009 während der Wallfahrt zur Jungfrau von Polsi zum *Capo Crimine* ernannt worden, zum Anführer der kalabrischen Mafia.

Zwischen 2008 und 2010 reiste der Chef des Singener *Locale* mehrmals nach Kalabrien, um Domenico Oppedisano zu treffen. Er besprach mit ihm Geschäfte, fragte ihn um Rat, wenn es Schwierigkeiten gab. Schon durch den Teil der Kommunikation des obersten Chefs mit seinem Statthalter am Bodensee, den sie mithörten, wurde den Ermittlern klar, dass »eine wahre Nabelschnur« die ausländischen *Locali* mit Kalabrien verband.

»Die kriminellen Verzweigungen sind strikt von der 'Ndrangheta der Provinz Reggio Calabria abhängig, obwohl sie über eine gewisse Autonomie verfügen«, schreiben die Ermittler in den Akten von *»Crimine«*.

Der Mafioso N. aus Singen suchte Oppedisanos Ratschläge und dessen Zustimmung auch, als er mit einem ’Ndrangheta-*Locale* in Frauenfeld in Konflikt geriet. Frauenfeld liegt fünfzehn Kilometer südlich von Singen – in der Schweiz. Offenbar hatten die Mafiosi dies- und jenseits der Grenze lange gut harmoniert. Nun aber stritten sie darüber, wer das in wirtschaftlicher Hinsicht spannende Grenzgebiet kontrollieren solle. Die Auseinandersetzung rund 1500 Kilometer nördlich von Kalabrien hatte sogar die Ermittlungen der Staatsanwaltschaft Reggio Calabria ausgelöst.

Die ’Ndranghetisti aus Frauenfeld versuchten sich auszubreiten, was jene aus Singen nicht hinnehmen wollten. Der Singener Chef Bruno N. verwies auf seinen direkten Kontakt zur Mafiaspitze und leitete daraus die Legitimation ab, mit seinem *Locale* frei agieren zu können. Er wollte am Bodensee den Ton angeben – allein. »Ihr könnt ihm sagen, dass meine Gesellschaft schon seit sieben Jahren dem *Crimine* untergeordnet ist. Dort ist mein Name. Meine Gesellschaft ist offen, ich muss sie nicht öffnen. Sie müssen sich öffnen. Er soll doch den *Crimine* fragen.« Bruno N. fügte auch noch hinzu, ebenfalls an die Adresse des Bosses der ’Ndranghetisti aus Frauenfeld: »Ich habe ihm gesagt, dass er doch weiß, wo wir sind, wenn er kommen will.«

In einem Telefonat aus dem Jahr 2009 erstattete ihm ein Mafioso namens Raffaele N. offenbar Bericht aus Frauenfeld. »Ich habe mit ihm gesprochen«, erzählte Raffaele N. dem Singener Chef Bruno N. »Ich habe ihm gesagt, dass er es vergessen kann, hier in Singen herumzukommandieren. Er kann in der Schweiz kommandieren, wenn er will.«

Die Ermittler hörten etliche andere Gespräche, und sie erfuhren von weiteren ’Ndrangheta-Strukturen: Im kleinen Radolfzell direkt am Bodensee wirkte die Organisation ebenso wie in der Großstadt Frankfurt am Main. Immer wieder tauschten sich die Mafiosi am Telefon über den Streit der Singener mit ’Ndrangethisti aus Frauenfeld aus. Raffaele N. beklagt sich über die Schweizer: »Ntuoni erzählt rum, dass das *Locale* aus Rielasingen ihm unterstellt ist, dass Frankfurt ihm unterstellt ist und sogar Ravensburg.« Bruno N., der Chef der Singener, ist hingegen überzeugt, dass Frankfurt ein eigenständiges *Locale* sei, so habe man es ihm bei der Sammlung der oberen Führungsebenen der 'Ndrangheta bei der Wallfahrtskirche in Polsi erzählt: »Als wir bei der Madonna waren, hat man mir gesagt, dass Frankfurt so wie bei uns sei.«

»Die Ermittlungen haben die Existenz der Gesellschaft in Singen, Frankfurt und Radolfzell festgestellt. Dank des Austauschs von Informationen mit der deutschen Polizei konnte man ebenso feststellen, dass auch in Rielasingen, Ravensburg und Engen *Locali* bestehen«, stellten die italienischen Ermittler später fest. Und sie fahren fort: »Die *Locali* der 'Ndrangheta im Ausland verhalten sich ähnlich wie die in Kalabrien, sowohl was ihre Spitzenfiguren (*Capo Locale, Capo Società, Contabile*) angeht, als auch in ihren Ritualen.« Als Beweis wird ein Anruf beschrieben, den Ermittler des LKA Baden-Württemberg belauscht haben. Es geht darum, wie man einen Ort einweiht: »Zuerst muss man ihn taufen«, sagt ein unbekannter Mann. »Man tauft zuerst, dann gründet man es, und dann sammelt man die Worte, und dann löst man es aus«, sagt sein Kumpel.

Im März 2011 zeigte ihre Arbeit Wirkung: Sechs mutmaßliche 'Ndranghetisti wurden in Deutschland festgenommen, einer in Frankfurt, fünf in Baden-Württemberg. Das Oberlandesgericht Karlsruhe stimmte zu, die Männer »zur Verfolgung von Straftaten im Kontext der 'Ndrangheta« nach Italien auszuliefern. Zu den Verhafteten zählte auch Bruno N., der Boss von Singen. Sein Verfahren zog sich über Jahre hin.

Italienische Polizisten nahmen 2014 auch die Führung des Frauenfelder *Locale* fest, den Chef Antonio N. und seine rechte Hand Raffaele A. Die beiden waren aus der Schweiz angereist, um eine Hochzeit zu feiern. Jahrelang hatten sie unauffällig im Kanton Thurgau gelebt, gemeinsam mit ihren Frauen und Kindern. Auch ihnen kamen die Ermittler durch abgehörte Gespräche auf die Schliche. 2016 erhielten die Bosse aus der Schweiz ihre Urteile, die auch rechtskräftig wurden. Antonio N. bekam eine Haftstrafe von vierzehn Jahren, Raffaele A. erhielt zwei Jahre weniger.

In Frauenfeld soll die 'Ndrangheta seit mehr als vierzig Jahren aktiv sein. Ihre Mitglieder treffen sich in einem Boccia-Club im zehn Kilometer entfernten Dorf Wängi. 2014 filmte die Polizei eines der Treffen. Man sieht ein Dutzend Männer um einen Tisch sitzen. Boss Antonio N. segnet Raum und Mitglieder. Er spricht über Ehre, Würde und Tradition, bevor er vor den anderen Mitgliedern goldene Zeiten heraufbeschwört: »Es gibt Arbeit für alle. Erpressung, Kokain, Heroin. Zehn Kilo, zwanzig Kilo jeden Tag. Bring ich euch. Persönlich.« Das Video diente später im Strafverfahren als wichtiges Beweisstück.

Im Rahmen der Operation »Rheinbrücke«, die den Operationen »Crimine« und »Crimine 2« im Juli 2015 folgte, hatten italienische Ermittler einen Haftbefehl für acht mutmaßliche 'Ndrangheta-Mitglieder aus Baden-Württemberg erlassen. Sie wurden auch allesamt im Landkreis Konstanz festgenommen, laut Haftbefehl, »weil sie Teil der mafiaartigen Vereinigung 'Ndrangheta sind«. In dem Haftbefehl wurde sogar die Struktur der *Locali* im Südwesten Deutschlands geschildert: Antonio C., Domenico N., Achille P., Raffaele N., Domenico N., Salvatore C., Vittorio I. und Raffaele G. seien »Teil eines deutschen Zweiges der Vereinigung, und zwar der 'Ndrangheta-Vereinigung aus Rielasingen« gewesen, heißt es, und: Diese Vereinigung sei sogar klassisch organisiert, nämlich aufgeteilt in eine *Società Maggiore*, zu der die ältesten Mitglieder zählten, die vorher bereits Clans in Kalabrien angehört hatten, und in eine *Società Minore*. In der Akte sind die einzelnen Mitglieder und ihre Position aufgeführt und auch die Orte ihrer Vergehen angegeben: »Ihre Straftaten wurden in Polsi, in der Provinz Reggio Calabria, in Italien und im Ausland (insbesondere in der Schweiz und in Deutschland) begangen, von 2008 an bis heute.«

Verurteilt wurden allerdings bis heute längst nicht alle der Männer, die in dringendem Verdacht standen, Mitglied der Mafia zu sein. Sieben der acht Inhaftierten kamen wenige Monate nach ihrer Verhaftung wieder auf freien Fuß. Das Oberlandesgericht Karlsruhe erklärte die Auslieferung in ihrem Fall für unzulässig. Die möglichen Straftaten der Verhafteten, so lautete die Begründung, seien nach deutschem Recht länger als fünf Jahre her und damit verjährt.

Der Fall »Rheinbrücke« zeigt, dass die deutsche Gesetzgebung ungeeignet, zumindest nicht ausreichend ist, um die Mafia effektiv zu verfolgen. In Italien stellt schon die Mitgliedschaft in der Mafia eine Straftat dar. Deutschland verzichtete bisher auf ein solches Gesetz. Zwar kennt die deutsche Gesetzgebung den Straftatbestand der kriminellen Vereinigung, doch der allein reicht so gut wie nie aus, um ein Strafverfahren zu eröffnen.

Die deutsche Gesetzgebung unterscheidet sich noch in einem anderen wichtigen Punkt von der italienischen. Wird in Italien jemand als Mafioso verurteilt, so muss er selbst nachweisen, dass er sein Geld legal erworben hat. Kann er das nicht, wird sein Vermögen beschlagnahmt. In Deutschland ist es genau umgekehrt: Ermittler müssen den Beweis erbringen, dass das Vermögen mit Hilfe einer Straftat erzielt wurde. Das ist sehr kompliziert und gelingt nur in Ausnahmefällen. Im Koalitionsvertrag haben zwar CDU, CSU und SPD den Willen geäußert, die sogenannte Beweislastumkehr einzuführen, doch verabschiedet wurde sie erst einmal nicht. So müssen Verdächtige bis auf weiteres nicht selbst nachweisen, dass ihre Gewinne auf legale Art zustande gekommen sind. Im Alltag bedeutet das, dass deutsche Ermittler einen in Deutschland lebenden Mafioso selbst dann nicht behelligen dürfen, wenn sie von italienischen Kollegen Bescheid wissen, wer sich in Deutschland niedergelassen hat.

Es zeugt von einer Portion Ignoranz, dass die aktuelle Regelung eine Eigentümlichkeit der Mafia übersieht: Man gehört ihr grundsätzlich auf Lebenszeit an. Wer einem Clan beitritt, schwört Treue bis zum Tod. Wer aussteigt, muss die Rache der anderen fürchten und sich für immer verstecken. Der Kronzeuge Antonio Zagari hatte es schon einmal geschildert: »Es ist ganz unmöglich, die Bindung an die Vereinigung zu lösen. Sie kann nur durch den Tod des Mitgliedes, durch seinen Verrat oder durch den Boss der Bosse gelöst werden, falls dieser denkt, dass das Mitglied kein Ehrenmann mehr sei. Ich will betonen, dass es wirklich selten passiert, dass jemand, der bei der 'Ndrangheta austritt, weiterlebt. In seltenen Fällen – falls man sehr alt ist, sehr krank oder gravierende familiäre Probleme hat – kann man aus der ’Ndrangheta austreten und sich ins Privatleben zurückziehen, aber man bleibt trotzdem ein Leben lang zur Verfügung der Organisation.«

Deutschland ist allerdings nicht das einzige europäische Land, das sich mit einer Anti-Mafia-Gesetzgebung schwertut. Im März 2016 hatte die Schweizer Polizei fünfzehn Italiener in den Kantonen Thurgau, Zürich und Wallis verhaftet. Italienische Ermittler warfen ihnen vor, Mitglieder des Frauenfelder ’Ndrangheta-*Locale* zu sein. Zwölf der dreizehn mutmaßlichen ’Ndranghetisti waren bereits in den Wochen nach ihrer Festnahme auf Kaution entlassen worden, weil das schweizerische Bundesamt für Justiz kein großes Fluchtrisiko sah. Ob sie an Italien ausgeliefert werden, prüfte das Bundesamt für Justiz noch vor einigen Monaten. Nur in zwei Fällen stimmte das Bundesamt der Auslieferung an Italien zu, und zwar weil die zwei Männer 2014 in Abwesenheit wegen Mitgliedschaft in einer mafiösen Vereinigung zu Freiheitsstrafen von neun und sechs Jahren verurteilt worden waren.

Dabei ist die ’Ndrangheta schon seit langer Zeit in der Schweiz aktiv. In einem abgehörten Gespräch hatte einer der Verhafteten gesagt: »Unsere Gesellschaft existiert seit vierzig Jahren.«

» *Du bist verloren,*
*für dich ist es zu spät,*
*aber sorge wenigstens dafür,*
*dass deine Brüder da*
*nicht hineingeraten* «

## Treffen mit einem Killer

Der schlanke Mann ist Mitte, Ende vierzig und hat die Hände tief in den Taschen verborgen. Er geht die Straße entlang, dann durch herbstnasse Wiesen auf einen alten Campingplatz zu. Die Saison ist zu Ende, die Zelte sind abgebaut, die Anlage ist geschlossen. An einer Trinkhalle sind noch Preisschilder für Kaffee im Pappbecher und Flaschenbier befestigt, in Pappeln hängen schlaffe Deutschlandfahnen. Dormagen-Stürzelberg, Nordrhein-Westfalen, hinter den Bäumen zieht der Rhein eine seiner Schleifen. Wellen plätschern auf Kieselsteine. Ein Schiff fährt vorbei, flussaufwärts Richtung Köln.

Der Mann sagt, man solle ihn Marco Russo nennen. Er hat mindestens neun Menschen getötet und ist ein Auftragsmörder im Dienst der Mafia. Russo versteckt sich in Dormagen in einer kleinen Dachgeschosswohnung. Auffällig ist an ihm nichts, weder die Brille mit dünnem Metallrand noch der kahlrasierte Schädel, die helle Jeans oder der Anorak. Allenfalls strahlt er Kraft aus, nicht jene, die den Körper modelliert und in Fitnessstudios antrainiert wird, sondern diese zähe, schlanke Kraft, die man im Gesicht erkennt, an den sehnigen Wangen und an Händen mit strengdefinierten Muskeln bis in die einzelnen Fingerglieder hinauf. Marco Russo hat einen energischen Gang, bei dem die Schritte federn. Er lächelt. Und er tötet.

In Italien hat er seinen Freund aus Kindertagen erschossen, Vito

Provenzano. Russos Pate hatte es so befohlen. Russo ging in die Wohnung des Freundes, öffnete die Tür zum Schlafzimmer, blieb vor seinem Freund stehen, der auf dem Bett sitzend eine Show im Fernsehen ansah, sagte, dass es das jetzt war, hob die Waffe und drückte ab. Er schoss ihm ins Gesicht.

Danach ging Russo nach Hause, wusch sich die Hände, suchte den Markt auf, kaufte in einem chinesischen Lokal Hühnchen mit Nudeln, kehrte in seine Wohnung zurück, hockte sich auf den Boden vor seinen eigenen Fernseher, aß die Nudeln und das Hühnchen und sah sich selbst eine Show an. Russo hatte seinen Freund seit zwanzig Jahren gekannt. Sie hatten zusammen Juwelierläden überfallen, Menschen erpresst und in Bars Espressi getrunken. Sie hatten über Mädchen gesprochen, über ihre Eltern und über die Mafia.

Marco Russo sagt, das sei sein besonderes Talent. Völlig gefühllos zu sein. Töten zu können ohne Gewissensbisse.

Er lacht, als er das sagt. Russo steht jetzt am Rhein auf einer Wiese am Campingplatz, schaut auf das Wasser, die Hände immer noch in den Taschen. Es ist kalt. Die Nässe dringt durch die Lederschuhe.

Der Mafiakiller versteckt sich vor den Rächern seiner Opfer. Er wolle aussteigen, sagt er, Rache und Gegenrache, das sei doch ein Teufelskreis. Heute und bei einigen weiteren Treffen, die ebenfalls im Oktober 2015 stattfinden, will er über seine Jugend reden und auch darüber, wie er sich in Pforzheim versteckt hielt. Er will schildern, wie er seine Opfer ausgekundschaftet hat und was danach geschah. Lange handelte er auf den Befehl eines Paten, der nicht zur 'Ndrangheta aus Kalabrien, sondern zur Cosa Nostra zählte, der sizilianischen Mafia.

Marco Russo erinnert sich an einen Tag in seiner Kindheit. Es war in einer Apfelsinenplantage. Zusammen mit seiner Mutter, seinem Vater, seinen Geschwistern und seinem Onkel saß er auf einer rot-weißen Decke und machte Pause. Russo war vielleicht zehn Jahre alt. Er musste arbeiten in der Apfelsinenplantage, sie alle mussten dort arbeiten, wenn Ernte war. Der Vater und der Onkel rauchten. Marco Russo trank Wasser. Dann kam der Patron, der Besitzer der Plantage. Er fuhr in einem metallicblauen Mercedes 200 den staubigen Weg hoch. Die Familie verstummte, jeder senkte den Kopf. Der Patron fuhr vorbei, ohne anzuhalten.

Als der Staub auf dem Weg sich gerade wieder gelegt hatte, sagte Marco Russo: »Ich werde eines Tages auch so einen Wagen fahren. Und ich werde dann auch genauso verächtlich aus dem Fenster schauen.« Der Vater, die Mutter, der Onkel, die Geschwister, alle lachten. Russo aber meinte es ernst. Er wollte Geld. Er wollte Macht. Und er wollte Respekt.

Russos Heimatdorf liegt am Hang einer Bergkette mit einem weiten Blick auf das Meer. Das Haus der Eltern ist schmal, im Erdgeschoss eine Küche, die Treppe hinauf kleine, ärmliche Zimmer. Die Fassaden sind in leichten Pastelltönen gestrichen, die Fenster jedoch immer geschlossen. So kann niemand in die Häuser hineinsehen. Am Abend zieht es die Menschen auf den Platz. Die Alten stehen am Rand, die Jungen gehen die Straße hinauf, Mädchen und Jungs getrennt. Der Boden ist mit Marmor und Sandstein gepflastert.

Marco Russo erzählt von seinem ersten großen Diebstahl. Es war in der Schule, er war damals elf Jahre alt. Seine Lehrerin saß an ihrem Tisch vor der Klasse und beschimpfte ihn, er sei zu wild, zu laut und überhaupt ein Störenfried. Die Klasse war groß, dreißig Kinder vielleicht, hohe Fenster und viel Sonnenlicht. Als die große Pause begann, stürmten die Kinder aus dem Zimmer in den Hof. Nur der Schüler Marco Russo musste in der Klasse bleiben. Auf dem Pult der Lehrerin sah er ein Briefkuvert liegen. Russo wusste, dass darin das Gehalt der Lehrerin steckte. Es wurde einmal in der Woche in bar ausgezahlt.

Marco Russo nahm das Kuvert. Er schaute hinein und sah Lire, etliche Geldscheine, abgezählt und aufeinandergelegt, in seiner Erinnerung war es ein Vermögen und allemal genug Geld für Miete, Nahrung und Kleidung. Er rollte das Kuvert zusammen und schob es in das leere Metallbein seines Stuhls. Marco Russo lacht, als er die Begebenheit schildert. Nach der Pause kam die Lehrerin zurück in die Klasse. Bald fiel ihr auf, dass ihr Kuvert mit dem Gehalt weg war. Sie befahl den Kindern in der Klasse zu bleiben. Sie holte den Direktor der Schule. Er schrie die Kinder an. Marco Russo musste seine Taschen leeren und sich sogar ausziehen. Seine Freunde wurden gezwungen, all ihre Taschen und Beutel zu leeren. Aber niemand fand das Geld. Die Lehrerin weinte. Marco Russo sagt, es habe sich verzweifelt angehört, aber das habe ihm nichts ausgemacht. Die Lehrerin hatte ihn gedemütigt. Er hatte sie gestraft. Spät am Abend kletterte er über die Mauer in den Schulhof, zerschlug ein Fenster und holte sich das Gehalt der Lehrerin aus dem hohlen Stuhlbein.

Der Diebstahl im Klassenraum machte schnell die Runde. Auch die Mafiosi im Dorf hörten davon, sie lachten. Ein nervenstarkes Kerlchen, dachten sie wohl, ein Junge, der die Klappe halten kann – ein Talent. Sie fanden heraus, wer der Dieb war, sprachen ihn an und erlaubten ihm, Überfälle zu begehen. Einen Teil der Beute müsse er abgeben, dann sei alles in Ordnung. Bald darauf, als Jugendlicher, spezialisierte Marco Russo sich auf Kioske und Tabakhändler.

Er wurde härter, brutaler, gefährlicher, brach auch in Häuser ein. Russo suchte immer neue Reize, um eine Sucht zu befriedigen, die er in sich spürte. Es war die Sucht nach Reichtum, Macht und Anerkennung.

Eines Abends stoppte auf dem Dorfplatz ein bekannter Mafioso seinen Ferrari nicht weit von Russo. Der Fahrer winkte ihn heran. Das habe er bislang ja gut hinbekommen, sagte der Mann, aber jetzt sei es an der Zeit, etwas Wichtigeres zu erledigen. Ohne Fragen zu stellen. Im Nachbardorf grasten auf einer Weide ein paar Schafe, die müsse er abschlachten, direkt auf der Wiese mit einem Messer. Die Kadaver solle er liegen lassen, die Köpfe jedoch abtrennen und in die Büsche werfen. Russo stellte keine Fragen und erfüllte den Auftrag zwei Nächte später. Er dachte, es könnte ein Test sein, die Probe für etwas Größeres, Bedeutenderes. Der Mafioso mit dem Ferrari ließ sich tagelang nicht blicken. Russo trieb sich herum. Er wollte leicht aufzufinden sein.

Dann fuhr der Wagen tatsächlich wieder auf dem Platz vor. Der Mafioso stieg aus. Er lächelte und sagte: »Gut gemacht, Junge. Ich hab einen neuen Job für dich.« Russo sollte jetzt ein Haus anzünden.

Es war eine Bruchbude, eher ein Stall als ein Haus, doch darin wohnten Menschen. Der Mafioso gab ihm zehn Tage Zeit, den Auftrag zu erfüllen.

Marco Russo besorgte sich Benzin und goss es vor die Tür und die Fenster. Dann zückte er sein Feuerzeug. Das Haus war leer an diesem Abend, und weil niemand zum Löschen kam, schlugen die Flammen bald in den dunklen Himmel. Marco Russo stieg auf sein Moped und haute ab.

Er sitzt nun in seiner Wohnung in Dormagen, und während er sich erinnert, hat er das Gefühl, er spreche von einem anderen Jahrhundert. Das stimmt ja auch, es sind die späten achtziger und die frühen neunziger Jahre, in die Marco Russo in seiner Erzählung eintaucht. Sie spielt auf Sizilien, könnte sich so aber auch im Großraum Neapel bei der Camorra zugetragen haben oder irgendwo in Kalabrien im Reich der 'Ndrangheta. Jedenfalls, fährt Russo fort, hätten sich damals möglicherweise Schäfer um Weiden gestritten, genau wisse er das nicht, und erklärt habe es ihm damals wohl auch keiner. Die Mafia hatte sich entschlossen, einzugreifen. Sie wollte ein Zeichen setzen: Jetzt töte ich deine Schafe, das nächste Mal bist du selbst dran, glaubt Russo.

Er lernte in der folgenden Zeit die Struktur der Mafia kennen, die Soldaten, die Wachen, die Berater. Positionen, oft vererbt von Generation zu Generation. Er aber stieg aus eigener Kraft auf. Als er siebzehn war, beauftragten sie ihn mit einem besonderen Raub: Er müsse jemanden in seinem Haus überfallen. Sein Freund solle ihm dabei helfen.

Einen Bauunternehmer hatte die Mafia ausgesucht, in einem Nachbarort, dort sollten sie zuschlagen. Marco Russo und sein Kumpel fuhren mit dem Moped zu dessen Haus. Sie pirschten sich an, versteckten sich hinter einer Hecke und sahen schnell, dass der Bauunternehmer nicht da war. Sie zwängten sich durch die Büsche, brachen eine Tür auf und versteckten sich im Wohnzimmer. Ein Gewehr hatten sie mitgenommen.

Ein Sofa, eine Vitrine aus Glas, ein Tischchen, eine Vase: Der Hausherr schien nicht steinreich, aber durchaus wohlhabend zu sein. Sie warteten. Russo saß hinter dem Sofa, der Freund im Schatten eines Sessels. Ihre Sturzhelme ließen sie auf.

Schließlich hörten sie, dass ein Wagen über die Kieselsteine der Einfahrt fuhr. Marco Russo erinnert sich an einen Mittelklassewagen. Das Auto hielt vor der Tür, jemand stieg aus, dann fuhr das Auto wieder weg. Die Scheinwerferlichter huschten durch das Wohnzimmer. Ein Schlüssel wurde in das Schloss gesteckt, die Tür öffnete sich. Marco Russo hielt das Gewehr in der Hand, angespannt. Eine Frau trat in den Flur. Ihre Schuhe klackerten auf dem steinernen Fußboden. Sie schaltete das Licht an.

In diesem Moment trat Marco Russo vor. Er hielt ihr das Gewehr direkt vor den Oberkörper. Die Frau erstarrte. »Wo ist dein Mann? Wo ist das Geld?«, zischte Russo. Ihr Mann sei wieder weggefahren, sagte die Frau. Er habe noch einen Termin, komme erst sehr spät zurück.

Russo entschied zu warten. Er zwang die Frau auf das Sofa. Russo selbst und sein Freund standen zunächst unschlüssig herum. Dann setzten sie sich ebenfalls auf das Sofa. Die verängstigte Frau des Unternehmers nahmen sie in die Mitte. Immer wieder beschlug das Visier der Helme. Die Frau sagte nichts. Sie zitterte. Und sie weinte.

Russo wartete, Stunde um Stunde, doch das störte ihn nicht. Er fühlte Macht. Gegen Mitternacht wollte die Frau aufstehen. Russo gebot ihr, sitzen zu bleiben. Er wechselte sich nun mit seinem Komplizen ab, einer hockte neben der Frau, das Gewehr in der Hand, der andere rauchte. Schließlich kam der Wagen die Einfahrt hochgefahren und parkte. Eine Tür öffnete und schloss sich, erneut wurde ein Schlüssel in das Schloss gesteckt. Russo hielt sein Gewehr nun einen Zentimeter vor das Gesicht der Frau. Dann stand der Mann in der Tür und blickte die Jungs verdattert an. Er wollte nicht schreien oder konnte es nicht. »Wo hast du dein Geld versteckt«, brüllte Russo ihn an. Er hielt ihm die Waffe vor die Brust, zwang ihn, die Taschen leer zu machen. Der Bauunternehmer stammelte, er habe nichts. »Die Löhne«, schrie Russo. Der Unternehmer sagte, er habe gerade alles ausgezahlt an die Arbeiter. Russo ließ den Mann einen kleinen Safe im Wohnzimmer öffnen. Darin fanden sich nur ein paar Tausend Lire. Russo nahm sich das Geld. Dann fesselten er und sein Freund den Unternehmer und verschwanden in die Nacht. Sie waren enttäuscht und erschöpft, an die Leiden der Frau oder an die Angst des gefesselten Paares aber dachte Marco Russo keine Sekunde.

Sein größter Traum war damals ein richtiges Motorrad, eine Honda SNR 125, schnittig und in Rot und Schwarz, ein Rennbike, auf dem der Fahrer niedrig sitzt und das Mädchen hinter ihm seine Füße hoch auf den Rasten abstellt und sich mit geöffneten Beinen eng an den Rücken des Fahrers schmiegt. Russo fuhr noch eine Garelli, mit fünfzig Kubikzentimetern damals der schnellste Zweitakter. Er hatte die Maschine auf 110 Kilometer pro Stunde hochfrisiert.

Russo liebt immer noch Motorräder. Nun, in Deutschland, würde er sich gern eines kaufen. Aber im Moment hat er kein Geld. Er arbeitet in einer Pizzeria. Täglich findet er sich dort ein, geht in die Pizzastube, zieht sich eine Schürze an und beginnt den Teig auszurollen. Russo redet dann kaum. Er schaut auf den Teig und hört dem Radio zu. Er arbeitet langsam, vielleicht zu langsam. Immer wieder schaut der Boss der Pizzastube zu ihm rüber. Der Blick des Bosses sagt, er müsse mehr Dampf machen. Doch Russo lässt sich Zeit. Er streicht die Tomatensoße mit einem Löffel auf den Teig, streut Mozzarella drüber, backt Pizza für Pizza in einer deutschen Fußgängerzone.

Seine Wohnung in Dormagen ist kahl. In dem kleinen Wohnzimmerschrank steht kein Buch und in der Küche kaum mehr als eine einfache Filterkaffeemaschine, eine Flasche Olivenöl und eine angebrochene Flasche Rotwein. Im Kühlschrank liegen etwas abgepackter Käse, Auberginen, Tomaten und Möhren, auf dem Tisch drei Handys, jedes mit einer anderen Nummer. Marco Russo spricht in ein viertes Handy. Seine Stimme ist warm, lebendig, die Augen leuchten. Er redet mit einer Frau. Später sagt er, das sei seine Geliebte. Sie kommt aus seinem Dorf, die Frau, er kennt sie seit damals, seit seiner Jugend, heute ist sie verheiratet und hat Kinder. Aber das ändert für Marco Russo nichts. Es ist seine Liebe, seine Frau, zumindest im Moment. Marco Russo hatte eine andere Frau. Aber die hat er verlassen. Er mag nicht über sie reden, nur so viel: Sie habe nicht gemocht, was er getan habe.

Im Gespräch am Telefon fällt immer wieder der Name der Geliebten – Giulia. Russo kann nur mit ihr telefonieren, und das auch nicht jeden Tag, nur wenn sie sich freimachen kann und ihr Telefon mit nach draußen nimmt in den Hof oder auf den Platz hinter der Kirche. Seine Geliebte hat schwarze Haare, sie ist klein und schlank. Ihre Hände, sagt Russo, seien etwas Besonderes. Als er im Gefängnis saß wegen seiner Morde hat sie sich von ihm getrennt und ein neues Leben angefangen. Aber wenn er sie rufe, sagt er, sei sie für ihn da. Wenn er wolle, verlasse sie auch ihren Mann. Russo erinnert sich an eine Fahrt mit ihr, auf der Garelli, durch Serpentinen, runter zum Strand. Sie sind ins Wasser gegangen, langsam Hand in Hand. In der weiten Bucht war das Meer ganz flach. Sie sind geschwommen und haben sich dann in den Sand gelegt und von der Sonne trocknen lassen, wie gewöhnliche Jugendliche. Am Strand stand ein Gebäude aus Backstein, ein Lagerhaus der Fischer. Die Straße wurde von Akazien gesäumt. Da war er sechzehn. Russo sagt, diese Zeit sei die beste in seinem Leben gewesen.

Es brauchte keine Taufe, um der Mafia offiziell beizutreten. Indem er jeden Job annahm und zu erledigen versuchte, wuchs er in die Organisation hinein. Er überfiel Juweliere in den benachbarten Städten, brachte den ihm übergeordneten Mafiosi die Beute und feierte mit ihnen. Die Mädchen drehten sich um, wenn er mit seiner Garelli über den Dorfplatz fuhr. Jeder habe Respekt gehabt, sagt er, vor ihm, dem Jungen mit der hellen Haut und den kräftigen Schultern.

Er hatte auch schon eine Verbindung nach Deutschland damals, sein Vater hatte als junger Mann sein erstes Geld in Pforzheim verdient. Dort hatte der Vater auch nach seiner Rückkehr nach Sizilien noch einige Freunde und Bekannte. Er fuhr immer mal wieder in die Stadt am Nordrand des Schwarzwalds. Russo bekam mit, wen der Vater besuchte, wo er vorsprach, wo er etwas Geld verdiente. Bald wusste er, wem er in Pforzheim vertrauen konnte. Das sollte für ihn noch wichtig werden.

Sooft er es einrichten konnte, ging Marco Russo mit seinen Freunden auf die Jagd. Mit einem Kleinkalibergewehr schossen sie Vögel oder Hasen. Sinn und Zweck war nicht, etwas zu essen zu besorgen, sondern die Aktion selbst: die Beute aufzuspüren, ihr nachzusetzen, die Waffe zu heben, abzudrücken, zu sehen, wie das Projektil die Haut zerfetzte und Blut und Gedärme über die Wiese zerstoben. Spatzen ließ er liegen, Singvögel sammelte er auf. Hasen brachte er manchmal mit nach Hause.

Seine Mutter nahm ihn zur Seite und redete auf ihn ein, er solle doch wieder zur Schule gehen. Sein Vater wollte, dass er eine Lehre mache. Der Vater selbst fuhr inzwischen Lkw. Russo erinnert sich an ein Mittagessen seiner Familie. Alle saßen am Tisch, der Bruder, die Schwester, die Eltern, und dann kam er mit seinem Motorrad vorgefahren. Der Vater schrie ihn an, was das solle, dieses protzige Auftreten. Doch Russo lachte nur. Er merkte, dass die Mutter ihn stolz ansah. Er hatte es zu etwas gebracht. Er galt etwas, auch in seiner Familie. Die Mutter mochte auf ihn einreden, der Vater schreien, sie waren doch stolz auf ihren Sohn. Manchmal steckte er ihnen Geld zu. Dem Vater kaufte er sogar einen kleinen Laden.

Dann fasste ihn die Polizei. Marco Russo und sein Freund sollten eine Ölmühle überfallen. Der Mafiaboss ihres Ortes hatte ihnen gesagt, dort sei Geld zu holen. Mit zwei abgesägten Schrotflinten kamen sie zu dem Haus, doch davor stand eine Gruppe von Arbeitern. Es war heller Mittag, keine gute Zeit für einen Überfall. Keiner der Arbeiter bewegte sich. Russo brüllte den Chef der Mühle an, er solle das Geld rausrücken. Doch der weigerte sich. Er schüttelte einfach den Kopf, blieb wie angewurzelt stehen. Der Mann verspürte offenbar keine Angst vor den beiden jungen Burschen. Er war stämmig, auf den Handrücken wuchs schwarzes Haar. Marco

Russo wollte einem der Arbeiter sein Gewehr vor den Kopf halten, doch der Arbeiter schlug die Waffe zur Seite. In diesem Augenblick sprang der Inhaber der Mühle auf Marcos Freund zu und schlug ihm ins Gesicht. Nun griffen auch die anderen ein und verprügelten die beiden Jungs kräftig. Ein Schuss löste sich. Irgendwann kam die Polizei.

Marco Russo, noch minderjährig, wurde wegen Raubüberfall und versuchten Mordes zu ein paar Jahren Gefängnis verurteilt. Zuerst saß er in Jugendhaft und wechselte dann, als er achtzehn Jahre alt geworden war, in den Erwachsenenvollzug. Und ausgerechnet hier im Knast traf er auf seinen Paten.

Es war in der obersten Etage des Gefängnisses, dort, wo die Bosse und Mafiosi residierten. Als Russo in den Knast verlegt wurde, sagte der Pate gleich, man kenne ihn. Er komme auf keinen Fall zu den Ausländern nach unten oder zu den Dieben in die mittlere Etage. »Du bist wichtig für uns, also ziehst du zu uns«, befand der Pate.

In der obersten Etage musste Marco Russo für die Älteren arbeiten. Er schob Wache und bereitete Essen vor. Die Mafiosi nahmen ihn an. Sie hatten registriert, dass er die Klappe hielt und dass er Überfälle durchzog, dass er auch abdrückte, wenn es sein musste. Russo hatte als Räuber viel Geld gemacht und getan, was man ihm aufgetragen hatte. Er hatte niemals Fragen gestellt.

Sein Pate besaß ein Grundstück im Nachbardorf. Über dreihundert Männer hörten auf seinen Befehl, er war Boss der ganzen Region und bestimmte, was geschah. Der Pate erkannte in Russo etwas Besonderes, das er formen und weiter herausarbeiten wollte – eine Art freundlicher Gewissenlosigkeit. Russo schien die Fähigkeit zu besitzen, zu lächeln und zu töten. Der Pate sah in ihm einen Killer.

Die Ausbildung zum Mörder begann, nachdem Russo und dann auch sein Pate aus der Haft entlassen worden waren. Russo erhielt Unterschlupf in den Bergen – in einem Schafstall. Er wurde unruhig, als er von dem Versteck erfuhr. Der Stall gehörte dem Paten. Das bedeutete, dass nun möglicherweise Entscheidendes geschehen würde, etwas, das sein Leben verändern und nicht mehr rückgängig zu machen sein würde. Es war ein Nachmittag im Dezember, an dem es schon früh dunkel wurde. Russo zog sich einen frischen Pullover an, blaue Jeans mit Schlag und Turnschuhe. Auf dem Weg zum Unterschlupf holte er seinen Freund mit der Garelli ab.

Der Schafstall des Paten lag an einer abschüssigen Straße, man kann heute noch hinfahren. An einem Haus ohne Dach und mit eingefallenen Wänden biegt man in einen kurvigen Weg über Schotter und Schlaglöcher hinab in ein weites Tal. Der Straßenrand ist von Bambus überwuchert. Hinter einer Hecke findet sich Marco Russos einstiges Schlupfloch. Es verfügt über eine Wasserstelle, einige Eimer und blaue Fässer. Hier konnte niemand abhören, was gesprochen wurde, und niemand mitbekommen, wer kam oder ging.

Unter dem Vordach vor dem Schafstall standen damals Holzblöcke, die als Sitze dienten. Scherwerkzeug lag herum, neben Ketten, rostigen Metallschalen, Sägeblättern und Sicheln. Marco Russo und sein Kumpel ließen die Garelli in etwas Abstand stehen und näherten sich zu Fuß. Der Boss hantierte gerade mit einer Schere. Ein paar Männer standen am Tor und rauchten. Andere waren mit einem Fass zugange. Alles in allem trieben sich vielleicht ein Dutzend Leute herum.

Der Boss gab Russos Freund mit einer Kopfbewegung zu verstehen, dass er draußen warten solle, Russo nahm er mit in den Stall. Drinnen bot der Boss Marco eine Zigarette an und begann ihm zu erklären, worum es ging. »Du wirst einen Mann töten«, sagte er.

Marco Russo war überwältigt. Der Boss zog ihn ins Vertrauen, ihn, nicht die anderen Männer draußen, ihn, den Jungen, der gerade noch in Haft gesessen war. Er bekam jetzt eine Bewährungsprobe, einen Auftrag. Der Boss erklärte alles, was Russo wissen musste.

Der Mann, um den es ging, saß abends meistens in einer Bar an der Kirche im Nachbarort. Der Boss sagte, Marco solle dort mit seinem Freund hingehen, den Mann aus der Kneipe locken und in einer Nebenstraße erschießen. Er gab ihm eine Beretta 7,65 und dazu noch einen Revolver .38 für seinen Freund. Er sagte, sie sollten heute noch hinfahren und den Mann töten.

Marco Russo fragte nicht, warum der Mann sterben solle. Der Boss habe dann von irgendwelchen Drogengeschäften gesprochen, die der Mann ohne Erlaubnis gemacht habe. Vielleicht sei es aber auch um Streitigkeiten unter Schäfern gegangen. Marco Russo erinnert sich mit Akribie an sein Leben in der Mafia, an die Stationen in der Hierarchie, an die einzelnen Einsätze. Er hat die kleinsten Details behalten, Gerüche, Stimmungen, als hätte er Tagebuch geführt. Doch den Grund für seinen Mordauftrag weiß er nicht mehr.

»Der Typ heißt Pietro Interdonato«, sagte der Pate. Er zeigte Russo ein Foto. Russo ging aus dem Stall. Sein Gesicht glühte. Er winkte den Freund heran, gab ihm die Beretta 7,65 und trat die Garelli an. Brüllend jagten die beiden Jungs den Hang hinunter, auf das Dorf zu.

Es war dunkel geworden, als die Jagd begann. Marco Russo erkannte den Mann in der Bar sofort. Er war stattlich, groß, fast korpulent. Russo sprach ihn an, fragte, ob er mal mit rauskommen könne. Der Mann reagierte arglos. Er stand auf, bezahlte seinen Espresso und folgte Marco Russo auf den Platz. Dort trat sofort Marcos Freund hervor, hob die Waffe und drückte ab, einmal, noch mal. Kalk spritzte von der Wand, regnete über Marco Russo und seinen Freund. Der Mann aber fiel nicht. Er bückte sich, sprang zur Seite und rannte in eine Seitengasse. Russos Freund feuerte weiter, wieder in die Wand. Dann nahm er die Verfolgung auf.

Ein anderer Mann kam aus der Bar. Bevor er etwas sagen konnte, hob Russo seinen Revolver und hielt ihn dem Mann ins Gesicht. »Das hat nichts mit dir zu tun. Verschwinde!«, zischte Russo. Der Mann blieb stehen, dann ging er zurück in die Bar. Marco Russo hörte weitere Schüsse seines Freundes, dann einen gellenden Schrei. Jemand war getroffen worden. Der Freund kam angerannt, Marco Russo sprang auf die Garelli, der Kumpel saß auf. Sie hauten ab, aus dem Dorf hinaus, zurück in den Schafstall. Dort gaben sie die Waffen ab. Wieder im Dorf, ließ Marco Russo seinen Freund vom Motorrad runter und fuhr allein nach Hause. Er machte sich Ravioli aus der Dose warm und ging früh schlafen.

Am nächsten Morgen fuhr Marco Russo allein zum Schafstall

seines Paten, stolz. Er hatte den Auftrag ausgeführt, schnell und verlässlich, jetzt erwartete er die Anerkennung des Paten. Er stellte seine Garelli ab und sah den Paten im Schafstall mit einem Metallgeschirr hantieren. Russo näherte sich. Er sah die massige Statur des Paten, eines Mannes von etwa fünfzig Jahren, hohe Stirn, fast Halbglatze, das verbliebene Haar aber noch immer stark und schwarz zur Seite gekämmt. Die Hemdknöpfe konnten kaum den Stoff über der fleischigen Brust des Paten zusammenhalten.

Russo stand unsicher da, er wusste nicht, ob es an ihm war, ein Gespräch zu beginnen. Da allerdings warf der Pate das Metall zur Seite und brüllte los: »Wenn ich sage, jemand muss sterben, dann muss er sterben!« Russo schwieg, schaute auf seine Füße, die Hände in den Hosentaschen, die Schultern nach vorn gezogen. Er war plötzlich nicht mehr der coole, abgebrühte Mann, sondern ein kleiner Junge, dem die Rangordnung auf dem Schulhof erklärt wird. Der Pate tobte durch den Stall, stieß wütend eine Sense um. »Nichts ist okay, gar nichts.« Er wollte wissen, wie man einen fetten Mann aus drei Meter Entfernung verfehlen und ihn dann auch noch entkommen lassen könne. Warum sie ihn nicht von zwei Seiten angegriffen hätten, um jede Flucht auszuschließen, fragte der Pate den Mann, den er mit dem Mord beauftragt hatte, und ob er überhaupt mit einer Waffe umgehen könne? Der Pate sagte schließlich, er hätte dem fetten Pietro einfach ins Gesicht schießen können und fertig. Dann, als er seinem Ärger Luft gemacht hatte, zog er eine Rolle Bargeld aus der Tasche, zählte ein paar Scheine ab und warf sie vor Marco Russo auf den Boden. »Versteck dich ein paar Tage«, gebot ihm der Boss. »Ich sage dir Bescheid, wenn ich dich brauche.«

Die Polizei schrieb in ihren Bericht über den Anschlag, Pietro Interdonato sei entkommen. Allerdings sei eine unbeteiligte Frau in der Seitengasse angeschossen worden.

Marco Russo hat eine enge Beziehung zu Deutschland. Er erinnert sich an einen Urlaub mit seiner Geliebten. Sie besuchten den Zoo in Frankfurt, bei Regen. Fotos zeigen, wie sie Arm in Arm an den Giraffen vorbeischlenderten, Marco Russo hielt einen großen, aufgespannten Schirm. Er trug graue Pullover zu dieser Zeit, unter denen sich seine Muskeln spannten, dazu enge blaue Jeans und Goldketten um den Hals und das rechte Handgelenk. Sein Blick hatte etwas Flackerndes, Brutales, aber auch etwas Spontanes, Schalkhaftes, als könnte er jederzeit zuschlagen und einen Augenblick später loslachen.

Sie wohnten in der Wohnung eines Freundes seines Vaters in Pforzheim. Marco Russo hatte zu diesem Zeitpunkt neun Menschen getötet. Das ist zumindest die Zahl, die er zugibt. In Deutschland fühlte er sich vor seinen Verfolgern sicher, vor der Polizei, die ihn suchte, und vor den Rächern jener Männer, die er getötet hatte. Die Wohnung war klein, aber groß genug für ein Liebespaar. Der Freund seines Vaters betrieb ein Baugeschäft. Dort half Marco Russo von Zeit zu Zeit aus. Meist aber ging er in Bars und setzte sich zu den anderen Männern aus seiner Heimat. Hier kannte man ihn. Hier wusste man auch, was er getan hatte. Er musste niemandem etwas erklären. Marco Russo erinnert sich mit Stolz an diese Zeit, als die Menschen Respekt vor ihm hatten: »Ich habe mir die Predigt meines Paten sehr zu Herzen genommen. Wir waren in einem Krieg. Und wir haben gehorcht. Mir ist niemand mehr entkommen.«

Wenige Wochen nach dem gescheiterten Anschlag ließ der Pate Marco Russo wieder zu sich kommen. Der nächste Auftrag stand an, und diesmal wollte der Boss ihn begleiten.

Der Pate kümmerte sich in der Gegend um alles, um Pferderennen und um Drogenhandel, um Erpressungen und Waffen, um alles, was illegal war und schnelles Geld versprach. Er erklärte Russo das System. In einer Straße dealten ein paar Jungs mit Kokain. Sie mussten den Stoff bei ihrem Straßenboss kaufen. Der Straßenboss erwarb den Stoff bei einem höheren Mitglied der Mafia. So flossen die Gewinne nach oben. Und jeder kriegte etwas ab. Das Bargeld fiel in solchen Mengen an, dass es fast schon ein Problem war, es aufzubewahren. Russo erinnert sich, dass der Pate Bargeld in der Nähe des Schafstalls vergrub.

Jeder versuchte, die Kontrolle über sein eigenes Dorf zu wahren. Dabei mussten Allianzen mit Bossen aus den Nachbardörfern eingegangen werden. Manchmal fingen Bosse an, in den Gegenden der anderen zu wildern. Sie machten sich gegenseitig Märkte und Menschen abspenstig und zwangen anderen ihren Willen auf. Russo vergleicht das alles mit einem Schachspiel: Bauern rücken vor, um den eigenen König zu schützen. Läufer schlagen unerwartet aus der Ferne zu. Türme überwinden lange Strecken, um die strategischen Ziele ihrer Feldherren zu verfolgen.

Der Boss wollte einen Mann im Nachbardorf umbringen, vielleicht weil der bei einem Pferderennen etwas falsch gemacht hatte. So genau weiß Russo das nicht mehr. Klar war, dass sie den Mann aus dem Nachbardorf töten würden – jetzt. Der Mann hieß Rumone. Sie nannten ihn Rumone, den Fettsack.

Es war früher Abend, Marco Russo stand mit anderen Männern vor dem Schafstall seines Paten. Sie rauchten, hektisch zogen sie an ihren Zigaretten. Der Boss verteilte die Waffen. Marco Russo bekam wieder die Beretta 7,65. Außer ihm und dem Boss waren noch zwei andere Männer dabei. Der Freund von Marco Russo und einer der anderen erhielten ebenfalls Berettas. Der Boss selbst nahm eine abgesägte Schrotflinte. Insgesamt bestand die Killertruppe an diesem Abend aus sechs Leuten. Zwei von ihnen verfolgten Rumone als Späher in einem Lancia. Rumone fuhr an diesem Tag von Palermo aus los, das wussten sie bereits. Nun mussten die beiden Späher sich nur noch melden.

Tatsächlich ging bald ein Anruf ein. Der Boss nahm ab, hörte zu und legte auf. »Wir haben den Fettsack endlich«, verkündete er vor dem Schafstall. »Ab, los! In die Wagen!«

Russo stieg mit dem Boss und dessen Bruder in einen Fiat Uno. Die anderen beiden setzten sich in einen Autobianchi Y10. Es war bereits dunkel, Scheinwerferkegel flammten auf, dann rollten Autos hintereinander los, bogen auf die Straße zum Tal.

Rumone hatte eine Affäre mit einer jungen Frau, das wussten die Mafiosi. Eigentlich wollten ihn die Späher auf dem Rückweg von der Frau an einer Tankstelle abpassen. Die Waffen dafür hatten sie im Wagen. Ein Mord an der Tankstelle ist einfach. Die Killer können eng neben den Wagen ihres Opfers fahren und mit dem eigenen

Auto die Tür blockieren. Das Opfer kann dann nur an der Beifahrerseite entkommen. Von dort aus muss der Killer das Feuer eröffnen. Allerdings hatten die Späher Rumone aus irgendeinem Grund an der Tankstelle verpasst. Sie waren ihm deshalb weiter gefolgt und hatten gesehen, wie er in einer Bar an der Landstraße einkehrte.

Russo fuhr nun mit seinem Boss ohne große Umwege direkt zu dem Restaurant. Er selbst saß am Steuer. Diese Position ist besonders gefährlich, weil die Männer hinterm Steuer immer zuerst erschossen werden. Auf dem Beifahrersitz lud sein Boss die abgesägte Schrotflinte. Weitere Patronen steckte er sich in die Hosentasche. Sie sprachen nicht viel im Auto. Stattdessen steckten sie sich eine Zigarette nach der anderen an.

Nach einigen Kilometern bog man auf den Parkplatz vor der Bar ein. Neonlicht tauchte die weiße Jesusstatue neben dem Eingang in ein fahles Licht. Vor der Statue lagen Rosen. Russos Freund blieb mit einem weiteren Mann im Auto sitzen. Die beiden Späher standen an der Straße.

Russo stieg aus, der Pate ebenfalls, zusammen schritten sie direkt auf die Bar zu. Rechter Hand lag ein großer, offener Raum. Hinter dem Tresen standen Schnapsflaschen und eine klotzige Kaffeemaschine, links niedrige Tische mit Rohrstühlen. An den Tischen saß niemand. Rumone stand mit einigen anderen am Tresen. Er drehte ihnen den Rücken zu. Russo hob seine Waffe und schoss. Doch der Schuss ging an Rumone vorbei.

Rumone allerdings flüchtete jetzt nicht etwa, im Gegenteil: Er sprang auf Russo zu. Mit seinem großen, massigen Körper warf er Russo zu Boden. Der bekam kaum Luft. Rumone griff Russos Hals und versuchte zuzudrücken. Russo schoss noch mal, zwei Kugeln schlugen in Rumones Bauch ein. Der Getroffene stöhnte. Aber die Hände an Russos Hals ließen nicht locker. Russo spürte Rumones Blut über sich laufen, es floss aus dessen Mund in sein Gesicht. Dann sah er, wie der Boss herantrat, in der Hand die abgesägte Schrotflinte. Wie eine Mistgabel ins Stroh, so stach der Pate nun dem kämpfenden Rumone das Gewehr in die Seite, mit einer solchen Wucht, dass sich der Lauf der Flinte tief in den Körper bohrte.

Dann drückte der Boss ab, zweimal. Rumones Bauch explodierte. Heißes Blut spritzte überallhin. Körperfleisch wurde in Klumpen zerfetzt, Teile von Gedärmen traten hervor. Russo dachte zuerst, er sei selbst getroffen worden. Er wälzte Rumones Kadaver von sich und stand auf. Der Boss hatte das Lokal schon verlassen. Russo folgte ihm, sprang in den Fiat und fuhr los. Auf einem abgelegenen Feldweg verbrannten sie später das Auto und ihre Klamotten.

Gemeinsam mit seinem Boss einen Menschen zu töten sei etwas ganz Besonderes, sagt Marco Russo »Wenn du mit dem Boss und seinen Brüdern morden gehst, dann entsteht ein Blutpakt. Wir sind nicht losgezogen, um irgendwo einzubrechen, wir wollten einen Menschen töten. Dadurch entsteht eine sehr tiefe Verbindung. Mein Boss und seine Brüder waren keine Fremden für mich. Sie fühlten sich wie Familie an. Mitglieder der Mafia waren wie meine Brüder. Von klein auf haben sie mich begleitet, waren für mich da und haben sich um mich gesorgt. In meiner ersten Zeit im Gefängnis hat sich mein Boss um mich gekümmert. Er hat mir den Anwalt bezahlt und mir Sachen zum Anziehen geschickt. Auch wenn er mich später dann verraten hat und mich beseitigen wollte, er war mein Familienoberhaupt. Solange ich für meinen Boss nützlich war, so lange konnte ich mich in der Familie sicher und wichtig fühlen. Als es ihm notwendig erschien, hat er allerdings nicht einen Moment gezögert, mich zu verraten. Da kam die gemeinsame Erfahrung dann wieder zurück: Wenn du mit dem Boss und seinen Brüdern morden gehst und so ein Geheimnis teilst, versuchen sie, dich anschließend loszuwerden, damit das Geheimnis auch geheim bleibt.«

Nachdem sie ihn gefasst haben, hat Marco Russo gegen seinen Boss ausgesagt. Zuerst wollte er schweigen. Doch dann berichteten ihm die Polizisten zu seinen Morden immer mehr Details. Sie wussten von einer Schießerei an einer Tankstelle in den Bergen, wo er zusammen mit seinem Boss einem Jockey in den Hintern geschossen hatte, damit der sich nicht mehr bewegen konnte, danach in den Bauch und dann ins Gesicht. Solche Einzelheiten konnten die Polizisten nur vom Paten haben. Marco Russo sagt, er habe irgendwann verstanden, dass sein Boss ihn verkauft habe, um als Kronzeuge schneller wieder aus dem Knast zu kommen. Im Moment dieser Erkenntnis sei auch er zum Verräter geworden und habe umfassend ausgesagt. Russo sitzt in Dormagen in einer klassischen Pommesbude, die neben Fritten Currywurst, Frikadellen, Schaschlik, Kartoffel- und Gurkensalat anbietet. Auf den Tischen stehen Plastikaschenbecher. Keine Pasta, kein Gemüse, keine Sonne – Russo sieht etwas verloren aus. Sein Telefon schweigt auch schon den ganzen Tag. Giulia, seine Geliebte, hat sich nicht gemeldet.

Russo versucht, ein ruhiges, unauffälliges Leben zu führen. Er sucht sich Jobs auf Baustellen oder in Pizzerien. Manchmal arbeitet er dort drei Wochen am Stück. Danach wird es aber schwer. Russo kann das Kribbeln nicht vergessen. »Wenn du tötest, ist es so, als wärst du auf Droge. Das Gefühl ist sehr mächtig.«

In seiner Wohnung hat Russo sich eine Stange für Klimmzüge angebracht. Er hängt sich daran und zieht sich hoch, immer wieder. Dutzende Male. Dazwischen macht er kleine Pausen, stellt sich ans Fenster und raucht. Die Asche klopft er in einen Blumentopf.

Seine Mutter wusste, dass er ein Krimineller ist. Er hatte ja keinen Job und trotzdem schicke Motorräder. Nach der Garelli fuhr er eine Yamaha, dann eine Suzuki. Seine Mutter hat nie nachgefragt. Ihr war ohnehin klar, dass der Sohn sein Geld nicht legal verdiente. Er hatte als Kind schon geklaut. Aber sie wusste nicht, dass ihr Sohn für die Mafia Menschen umbrachte.

Dass Marco Russo zu den Mafiosi zählte, blieb auch seinem Vater nicht verborgen. Von ihm hörte Russo deshalb, als er in den Jugendknast musste: »Du bist verloren, für dich ist es zu spät, aber sorge wenigstens dafür, dass deine Brüder da nicht hineingeraten.« Der Sohn gab dem Vater das Versprechen. Beide Brüder gingen nach Deutschland. Russo sagt heute, sein älterer Bruder und auch seine Schwester hätten mit der Mafia nichts zu tun. Sein kleiner Bruder hingegen käme ein wenig nach ihm.

Als Marco Russo gefasst wurde, tobte in seiner Region gerade ein Krieg zwischen verschiedenen Mafiagruppen. Es ging um die

Herrschaft über den Heroin- und Kokainhandel, um Glücksspiel und Waffenhandel. Es ging um die Herrschaft über das Land. Russo hatte sich inzwischen einigen Ruhm zusammengeschossen. Er war jetzt selbst Boss, Boss einer Killertruppe. Sieben Leute unterstanden ihm, außerdem drei Helfer und sein Hund, ein Mischling mit viel Schäferhund drin.

Der Hund reichte Russo bis zu den Knien. Er nahm das Tier so oft wie möglich mit. Früher hatte der Hund seinem Freund Vito Provenzano gehört. Doch ab dem Tag, als Russo Vito Provenzano auf dessen Bett erschoss, blieb der Hund bei ihm. Meist ließ er ihn auf dem Rücksitz des Autos zurück, das er gerade geklaut hatte. Der Hund bewachte dann den Wagen und passte auf, dass niemand dem Fahrzeug eine Bombe unterschob, während Russo einen Espresso trinken ging. Russo liebte diesen Hund. Ab und zu streichelte er ihn auch.

Russo sagte seinen Männern, sie seien im Krieg. Gemeinsam mit ihnen tauchte er ab und führte eine Zeitlang ein Leben im Untergrund. Keiner durfte die Gruppe jetzt verlassen. Die Versorgung stellten Mittelsmänner sicher, sie brachten Brote, Sandwiches, Salami, Pasta und Getränke. Das Essen wurde an vorher vereinbarten Stellen abgelegt und von Russos Leuten abgeholt.

Es war ein karges, ein reduziertes Leben. Russo und seine Killergruppe besuchten keine Restaurants mehr. Sie trafen ihre Frauen nicht mehr, ihre Eltern und Geschwister, auch nicht ihre Geliebten. Sie hausten in Hütten auf Feldern, wechselten die Unterkunft, so oft es ging. Eher selten begaben sie sich in größere Städte, und dann meist, um sich neue Autos zu klauen. Fotos zeigen Russo extrem schlank und sehnig.

An Sex dachte keiner mehr von ihnen. Die Gruppe kochte in ihrem jeweiligen Versteck, spielte Karten, reinigte ihre Waffen und wartete auf neue Befehle des Paten. Nur um zu töten, kamen sie für kurze Zeit wieder zurück in die Städte und Dörfer. Dann schlugen sie zu und verschwanden wieder. Manchmal töteten sie zwei Menschen binnen weniger Stunden, das war effektiv und ersparte ihnen einen Wechsel des Unterschlupfs.

Sie hatten jetzt nur noch ein Thema: den Krieg. Sie begriffen ihn als absolute, als alles entscheidende Schlacht, die ihre ganze Existenz betraf. Wie konnte man den Gegner schwächen, ihm Wunden zufügen, wie mächtige Menschen brechen, ihre Verteidigung aufreißen, die Leibwächter zerschmettern, um dann die Bosse der Feinde zu erschießen? Dieser Krieg aus dem Untergrund heraus zehrte an ihren Nerven. Der Gegner war nicht klar zu erkennen.

Sie waren wie tollwütige Hunde. Solange sie den großen Bossen nutzten, durften sie leben und die Feinde der Bosse angreifen. Aber wurden sie diesen gefährlich, konnten sie selbst Opfer des Krieges werden. Das war den meisten von ihnen durchaus bewusst.

Marco Russo fuhr mit zweien seiner Männer über eine Landstraße. Sie hatten gerade Sandwiches für die nächsten Tage geholt und befanden sich in einem alten Fiat, den sie zwei Tage zuvor geklaut hatten. Es war ein extrem schlechter Wagen, das Blech klapperte, und ob Beleuchtung und Blinker einwandfrei funktionierten, war nicht ganz klar. Plötzlich allerdings wurde vor ihnen auf der Straße eine Kelle hochgehalten. Der Befehl war unzweideutig, sie sollten anhalten. Eine Gruppe von Zivilpolizisten, wobei Russo sich nicht sicher war, ob es wirklich Polizisten waren oder Killer einer verfeindeten Bande. Russo jedenfalls schoss – sofort. Die Polizisten erwiderten das Feuer und trafen auch die Reifen des alten Autos. Russo und seinen Leuten blieb nichts anderes übrig, als wegzulaufen. Auf der Flucht schlugen sie sich durch ein Bambusfeld. Wenige Minuten später hörten sie einen Polizei-Hubschrauber, er kreiste über dem Feld. Sie legten sich flach auf den Boden, bewegten sich nicht mehr und harrten aus. Es fing an zu regnen, sie lagen weiter still. Irgendwann drehte der Hubschrauber ab. Sie blieben danach noch etwa drei Stunden lang liegen. Dann erst standen sie auf, begannen zu laufen und kamen nach zwanzig Kilometern zu Fuß bei ihrem Unterschlupf an.

Marco Russo sagt, er habe sich in jener Zeit wie ein Frontsoldat im Zweiten Weltkrieg gefühlt oder auch wie ein Widerstandskämpfer. Alles konnte Gefahr bedeuten, jede Person, die auftauchte, jedes Geräusch, das nicht sofort zuzuordnen war. So gut wie nie schlief er aus. Aber er nahm auch keine Drogen, trank kaum Alkohol. Allenfalls einen Joint rauchte er manchmal. Wer nicht mehr in der Lage ist, schnell zu reagieren, stirbt in diesem Krieg, das war seine Überzeugung. Seine Männer und er mussten einen klaren Kopf bewahren.

Sie hatten sich in der Feldhütte eines Onkels verborgen, der Frühling hatte gerade angefangen, die Tage wurden langsam heiß und trocken. Die Hütte bestand aus mehreren Zimmern, ein kleines Häuschen, von dem aus das Umland komplett einzusehen war. Auf dem Boden hatten sie Matratzen ausgebreitet, um darauf zu schlafen. Russo stand ein Bett zur Verfügung. Sie fühlten sich sicher. Der Einzige, der ihr Versteck kannte, war der Pate.

In der Nacht schlug der Hund an. Russo sprang auf, griff sich eine Beretta. Nebenan bewegten sich auch seine Männer leise an die Fenster. Ihr Atmen war klar zu hören. Sie hockten vor den Fensterbänken und versuchten, in die Dunkelheit zu spähen. Doch sie konnten keine Bewegung ausmachen. Der Hund bellte noch ein paarmal, beruhigte sich dann aber wieder. Die Männer setzten sich auf ihre Matratzen, lehnten sich an die Wand, spielten mit den Waffen in ihren Händen. Einer steckte sich eine Zigarette an. Ein anderer legte sich hin. Es konnte ein Reh draußen gewesen sein oder ein Wildschwein, vielleicht auch nur ein Hase.

Am nächsten Abend explodierte eine Bombe. Sie zerstörte die Hütte komplett. Russo und seine Gruppe blieben unverletzt. Sie waren nicht da. Früh am Morgen waren sie ausgerückt, um einen Menschen zu töten. Als sie zurückkamen, fanden sie die Hütte ohne Dach und mit teilweise eingestürzten Wänden vor. Der Hund lag noch dort, wo zuvor der Schlafraum von Marco Russo gewesen war, äußerlich unversehrt. Es sah aus, als würde er schlafen. Doch die Druckwelle der Detonation hatte seine inneren Organe zerfetzt.

Sie versuchten fortan, sich noch vorsichtiger zu verhalten. Der Kampf um die Macht war ein Kampf auf Leben und Tod und die Explosion der Beweis, dass sie sich den Krieg nicht bloß einbildeten. Die verfeindete Bande trachtete ihnen nach dem Leben, die Polizei nach der Freiheit, so sahen es Russo und seine Leute.

Im Mai 1991 fuhr Marco Russo zusammen mit einem engen Freund am Ufer eines Sees entlang, auf einer Suzuki GSX 600, einer extrem schnellen und zugleich noch recht wendigen Maschine. Sie brüllte nicht so laut wie eine Garelli, doch wenn Russo ihren Gashahn aufzog, sprang sie regelrecht nach vorne wie eine Raubkatze auf ihre Beute.

Russo und sein Begleiter hielten an und warteten, etwa eine Stunde lang. Dann erschien ein Helfer und brachte ihnen Brote, belegt mit Wurst. »Passt auf euch auf«, sagte der Helfer, »es gibt heute hier viele Straßenblockaden. Benutzt nur Nebenstraßen und Feldwege.«

Marco Russo und sein Begleiter mussten zurück zu ihrem damaligen Unterschlupf. Sie kannten sich einigermaßen gut aus in der Gegend. Zuerst fuhren sie durch Wälder und an einer Weinkelterei vorbei, dann zwischen Bambusfeldern hindurch und an einem Sumpfgebiet entlang. Schließlich mussten sie doch auf eine größere Straße einbiegen. Russo beschleunigte das Motorrad. Wenn sie schon nicht verdeckt unterwegs waren, dann wenigstens zügig.

Die Straßensperre tauchte plötzlich auf, sie war von weitem nicht zu erkennen gewesen. Polizisten und Militärs hatten die gesamte Fahrbahn blockiert. Sie warteten mit erhobenen Waffen. Russo ging vom Gas. Er ließ das Motorrad rollen, dann bremste er ab. Als er aber fast bei den Polizisten war, drehte er den Gashahn ruckartig auf. Das Vorderrad der Suzuki hob an und schlug wieder auf den Boden. Russo bog jetzt urplötzlich nach rechts in einen kleinen, unbefestigten Weg ab. Er krallte sich am Lenker fest, sein Mitfahrer umschlang Russos Bauch. Neben ihnen verwischten Bambusfelder zu einer grünen Wand. Zwei Kilometer weiter würde der Weg wieder auf eine größere Straße einbiegen, die in weiten Kurven hinab in ein Dorf und weiter bis ans Meer führte. Über diese Straße wollte Russo entkommen. Doch die Polizei folgte ihm in einem Wagen.

Sie hörten die Sirenen. Und sie bemerkten rasch, dass der Fahrer das Polizeiauto schnell und offenkundig nicht ohne Risiko steuerte. In einer Kurve warf Russo seine Pistole weg, kurze Zeit später tat sein Freund dasselbe. Sie waren seit Monaten zum ersten Mal unbewaffnet.

Der Feldweg endete, sie röhrten über die Straße. Das Polizeiauto blieb ihnen dicht auf den Fersen. Es war ein Fiat, der jetzt mit Staub und Dreck überzogen war. Der Fahrer hatte die Scheibenwischer angestellt. Wenn Russo sich ein kleines Stückchen umdrehte, konnte er aus dem Augenwinkel weiter entfernt noch mehr Blaulichter erkennen. Er gab Gas.

Doch der Polizeiwagen ließ sich nicht abschütteln. Sein Freund warf nun einzelne Brote auf den Fiat. Manche Wurstscheiben flogen auf die Windschutzscheibe des Autos. Das sollte den Beamten dazu bringen, abzubremsen. Aber der Fahrer hielt Anschluss.

Ein Polizist ließ das Fenster der Beifahrertür herunter und eröffnete das Feuer. Der Freund warf die letzten Brote.

Marco Russo riss sich den Helm vom Kopf, um besser sehen zu können. Sie näherten sich dem Dorf, fuhren um eine Kurve. Die Polizei schloss auf. Weil Russos Beifahrer nicht zurückgeschossen hatte, konnten die Beamten davon ausgehen, dass die beiden Mafiosi unbewaffnet waren. Sie näherten sich dem Motorrad bis auf wenige Meter, schienen es rammen zu wollen, ließen sich dann wieder zurückfallen. Es fielen weitere Schüsse. Russo spürte, wie der Helm seines Freundes auf seinen Rücken prallte. Die Hände seines Begleiters ließen los und hingen kraftlos nach unten. Russo gab noch einmal Gas, eine neue Kurve, die bei starkem Gefälle direkt in das Dorf führte. In dem Moment rutschte der Freund vom Motorrad. Russo verlor das Gleichgewicht und knallte gegen eine Mauer.

Die Polizei blieb stehen. Es fielen noch ein, zwei Schüsse. Durch Zufall wurde Russo nicht getroffen. Er sah, wie sich um seinen Freund herum eine Blutlache bildete.

Russo rappelte sich auf, versuchte zu rennen, taumelte aber nur einige Meter weit. Die Polizisten brüllten: »Stehen bleiben!« Dann brach Russo zusammen. Sie hatten ihn.

Marco Russo steht am Rhein und erinnert sich an den Freund, der hinter ihm auf dem Motorrad getroffen wurde und ihm als Schutzschild gegen die Kugeln der Polizei diente. Sie kannten sich seit ihrer Jugend. Es war der Freund, mit dem er einst den Bauunternehmer überfallen hatte. Russo sieht, wie die Tanker an der Dormagener Rheinschleife hinauffahren. Sein Freund, erzählt er, lebte noch zehn Jahre. Zuerst habe er wochenlang im Koma gelegen. Zwei Kugeln hatten seine Wade zerfetzt, drei den Rücken, eine war in der Wirbelsäule eingeschlagen. Die Kugel im Kopf hatte den größten Schaden angerichtet. Er konnte nicht einmal mehr sprechen. »Er war eine lebende Leiche«, sagt Russo.

Russo selbst wurde nach seiner Festnahme auf eine Wache gebracht. In den Gerichtsakten steht, dass insgesamt 55 Kugeln auf ihn und seinen Freund abgefeuert worden sind. In den Akten steht auch, dass sie bewaffnet gewesen seien. Russo kam zunächst in Isolationshaft. Es dauerte nicht lange, da wurde auch der Rest seiner Killergruppe verhaftet.

Russo sagt, Schuldgefühle habe er eigentlich nie gehabt. Die Opfer seien für ihn Ziele gewesen, Objekte, die aus dem Weg geräumt werden mussten. Meist kannte er nicht mal ihren Namen, er tötete anhand eines Fotos. Niemals fragte er nach dem Motiv der Mafia. »Der Boss hat befohlen, und wir haben ihm gehorcht«, sagt er. Für jeden Mord erhielt Russo umgerechnet etwa 2500 Euro.

Zwei Jahre saß er in Untersuchungshaft, dann kam er plötzlich frei. Ein Richter hatte versäumt, die Fristen zur Eröffnung des Prozesses einzuhalten. Marco Russo erhielt die Auflage, sich in einem Dorf in der Nähe der Stadt Trapani in Sizilien zu melden. Ansonsten galt er als freier Mann, auch wenn die Polizei wusste, dass er etliche Menschen getötet hatte.

Russo stieg in einen Zug nach Rom, von da aus fuhr er weiter nach Mailand und – mit einem Auto mit deutschem Kennzeichen – über Frankreich nach Deutschland. Unterwegs gab ihm ein Bekannter einen Personalausweis mit falscher Identität.

Die Flucht war nicht von langer Hand geplant, doch Russo wusste, wo er sich verstecken konnte. In Pforzheim lebten ja immer noch die Freunde seines Vaters. Und sie halfen nun dem Sohn. Einer der Männer war Goldschmied. Er nahm Marco Russo in seine Wohnung auf und gab ihm Arbeit.

Die Wohnung war kahl, eine Heiligenfigur an der Wand, kaum Bilder. Im Wohnzimmer stand ein schweres Sofa mit einem niedrigen Tisch davor, auf dem ein Aschenbecher meistens überquoll. Die Betten und Schränke waren aus hellem Furnierholz, die Laken dick. In Kommoden stapelten sich Teller und anderes Geschirr. Der Goldschmied hatte sich von seiner Frau getrennt und lebte seitdem allein in seiner Wohnung im Zentrum Pforzheims. Russo schlief mit ihm zusammen in einem Bett. Bis morgens um neun Uhr allerdings musste er die Wohnung verlassen haben. Dann nämlich kam eine Haushaltshilfe, die nicht denken sollte, der Goldschmied könnte schwul sein.

Der Goldschmied besaß auch noch eine Baufirma. Manchmal schickte er Russo auf Baustellen in Krankenhäuser und Wohnanlagen. Überall traf Russo Italiener. Die meisten arbeiteten schwarz. Wenn er arbeitete, verdiente er eine Menge und der Goldschmied noch mehr. Russo erinnert sich, dass der Goldschmied in fast jeder Schublade seiner Wohnung Bargeld, Gold und Edelsteine versteckt hatte.

Nach ein paar Monaten hat Marco Russo keine Lust mehr, bei dem Goldschmied zu wohnen. Es war ihm zu langweilig. Ein anderer Freund seines Vaters besorgte ihm einen Job in einer Pizzeria, auf dem Land, aber nicht allzu weit von Pforzheim entfernt. Russo bezog eine kleine Dachwohnung direkt über der Pizzeria. Der Besitzer des Lokals wusste nicht, wer sein neuer Mieter und Mitarbeiter war, hatte aber mitbekommen, dass viele Italiener ihn unterstützten. Dass Russo Mafioso war, ahnte er wohl nur.

Russo lebte sich langsam ein. Die Freunde seines Vaters deckten ihn. In den Bars, wo sie verkehrten, wurde er bevorzugt behandelt. Sein echter Name tauchte nirgendwo auf. Er war nicht beim Einwohnermeldeamt registriert und auch nicht beim Sozialamt gemeldet. Marco Russo war ein Schattenmensch, der sich Gaspare nennen ließ. Er arbeitete schwarz und verhielt sich ruhig. Mit einem kroatischen Ehepaar, das ebenfalls schwarz arbeitete, freundete er sich an. Sie gingen zusammen essen und besuchten Kneipen. Zu Deutschen hatte er keinen Kontakt.

Nach einigen Monaten ließ er seine Freundin nachkommen, seine Geliebte, Giulia. Sie reiste mit dem Bus aus Italien an. Marco Russo holte sie vom Busbahnhof ab und brachte sie in eine Wohnung, die er gerade bezogen hatte und die ein wenig größer und heller als die Bleibe über der Pizzeria war. Er hatte auch neue Möbel beschafft. In Italien hatte inzwischen in Abwesenheit des Angeklagten Russo der Prozess begonnen. Es war ziemlich klar, dass Russo »lebenslänglich« bekommen würde.

Er wollte jetzt mit Giulia weiter in die USA, nach New York. Die notwendigen falschen Papiere beschaffte sich Russo über einen Verwandten. Er erhitzte die Folie des Passes über dem Foto mit einem Föhn, löste sie vorsichtig und klebte ein neues Foto hinein.

Russo lernte auch andere Mafiosi kennen in Baden-Württemberg, Leute, die Jahre zuvor aus Italien gekommen waren. Sie hatten in Pizzerien angefangen oder als Importeure von Käse und Olivenöl. Jetzt besaßen sie Immobilien im Millionenwert.

Das letzte Essen mit seiner Freundin Giulia fand im Zentrum von Pforzheim statt. Sie waren eingeladen bei einer bekannten Familie. In die Wohnung, die im ersten Stock eines Altbaus lag und über eine schmale Treppe zu erreichen war, brachte Russo auch noch einen Verwandten und dessen Frau mit. Bei Pasta, Fleischröllchen in Tomatensoße und gedünstetem Gemüse versammelte sich eine fröhliche Runde. Der Gastgeber, ein dicker alter Mann mit einem schwarzen Schnurrbart, saß im offenen Hemd am Tisch und schenkte eifrig Wein nach. Nur Russo lehnte ab, er trank weiterhin wenig Alkohol.

Als aus Richtung der Wohnungstür plötzlich Schreie zu hören waren, verstand Russo zuerst nicht, was vor sich ging. Er hörte Schläge gegen die Tür. Dann krachte es, und die Tür flog aus den Angeln. Polizisten mit gezogenen Waffen stürmten in die Wohnung, sie trugen Helme und grüne Schutzanzüge. Sie brüllten: »Polizia, Polizei!« Der Gastgeber erhob sich, doch bevor er etwas sagen konnte, schmetterten die Beamten ihn zu Boden. Sie packten seine Handgelenke, drehten sie auf den Rücken, rissen die Arme hoch.

Die Frauen fingen an zu kreischen. Russo aber blieb ruhig am

Tisch sitzen. Er hatte verstanden, dass es zu Ende war. An der Stimme hatte er einen Carabiniere aus seinem Heimatdorf erkannt. Es war ein stämmiger Mann mit einem Walrossbart und markantem Anker-Tattoo auf dem Unterarm. Der Polizist zeigte auf Marco Russo. Die deutschen Kollegen zogen Russo von seinem Stuhl, packten seine Hände, verdrehten sie auf den Rücken und drängten ihn aus dem Raum, schoben ihn die Treppe hinunter und warfen ihn auf der Straße auf den Boden. Sie zogen seine Hände weit auseinander. Der Carabiniere stellte sich zwei Schritte vor ihm hin und sah Russo ins Gesicht. Russo fluchte. »Ich komme raus und kriege dich«, zischte er auf Italienisch. »Du bist tot. Du bist so was von scheißtot.«

Beim Prozess entschloss Russo sich zu reden. Er gesteht seine Straftaten und sagt über seinen Paten aus. Die *Omertà*, das Schweigegelübde der Mafia, gebe es doch nur im Film, sagt Russo heute. Ihm war damals klar, dass sein Boss reden würde, um früher aus der Haft entlassen zu werden. Warum sollte dann er, der Killer, für immer schweigen und im Kerker verrotten? Russo enthüllte etliche Morde. Als Kronzeuge lag seine Strafe unter »lebenslänglich«.

Nach seiner Entlassung zweiundzwanzig Jahre später lebte er in Norditalien. Dann zog es ihn aber wieder in den Süden. Und dort, im Süden, spürte er Hass. Da war der Hass der Verwandten seiner Opfer. Und da war der Hass der überlebenden Mafiosi, jener Menschen also, die sich von Russo verraten fühlten.

Marco Russo besorgte sich eine Beretta 7,65. Er nahm sie immer mit, ganz gleich, wohin er ging, die Waffe steckte in seinem Hosenbund. Er kaufte sich ein neues Motorrad, wieder eine Suzuki, das Nachfolgemodell jener Maschine, auf der sein Kumpel angeschossen worden war.

Er fuhr auf der Suzuki an den Strand in der Nähe seines Dorfes. Er ging schwimmen. Am Strand dachte er über ein Leben mit Giulia nach und mit einem Kind, das Papa zu ihm sagen würde. Doch so weit kam es nicht. Männer einer Mafiabande schnappten sich Russos Bruder und verprügelten ihn. Sie wollten wissen, wo Russo sich aufhalte. Russo floh nach Deutschland.

Hier lebt er nun, verborgen, in immer anderen, immer fremden Städten. Er war in Stuttgart und München, in Pforzheim und Dormagen. Am Ende der Gespräche stand er auf dem Kölner Hauptbahnhof, neben sich einen Rollkoffer. Er war 48 Jahre alt und wusste noch nicht, wo er hingehen würde.

Den Job in der Pizzeria in der Nähe von Dormagen hatte er da gerade aufgegeben. Sein Chef wollte, dass er sich beeile. Marco Russo arbeitete aber in seinem eigenen Rhythmus. Langsam und bedächtig rollte er den Teig aus, strich die Tomatensoße darüber und krümelte den Käse obenauf. Der Chef in der Pizzeria schrie ihn an. Da drehte Marco Russo sich um, packte den Chef am Kragen, drückte ihn an die Wand und setzte ihm ein Messer, das er gerade in der Hand hielt, an die Kehle. »Sprich so nie wieder mit mir«, sagte er in ruhigem Ton. Dann verließ er die Pizzeria.

*Da kamen Ärzte*
*und Bankdirektoren und*
*natürlich Unternehmer*

## Maria zwischen Gut und Böse

In Rossano hat sich Salvatore Morfò gut mit seinem Schicksal arrangiert, in der Hierarchie der *'Ndrina* nur noch Platz zwei zu besetzen. Aus dem Gefängnis heraus hält er seine Leute am Laufen. Morfò sorgt dafür, dass er immer wieder in Krankenhäuser eingeliefert wird – dort sind die Haftbedingungen deutlich komfortabler. Allein 2004 gelingt ihm das viermal. Sein Trick: Er nimmt in extremem Maße ab. Abgehörte Gespräche zwischen ihm und seinen Söhnen im Gefängnis zeigen, dass er sich dafür mit Abführmitteln versorgen ließ. Von Oktober 2004 an steht er immer wieder unter Hausarrest in Piragineti. Dort kann er Befehle erteilen, Leute empfangen und allen das Gefühl vermitteln, dass er präsent ist und sich kümmert.

Sein Kontrahent Nicola Acri hingegen muss in diesen Jahren erfahren, dass sich die Fahndungsbemühungen der Polizei intensivieren, je länger er an der Spitze der *'Ndrina* steht. Im Sommer 2007 muss er flüchten. Er wird verdächtigt, einen Mord in Auftrag gegeben zu haben.

Langsam rollt am 2. August 2007 ein Streifenwagen die Contrada Valanello hinab. Es ist Mitternacht. Die Beamten nähern sich dem Haus von Salvatore Aiello, das hier, wenige Hundert Meter vom Meer entfernt, in Alleinlage nah an den Feldern liegt. Die Polizei vermutet in dem Anwesen zu dieser Stunde wichtige Vertreter der Rossano-*'Ndrina*. Sie plant einen Zugriff.

Die Mafiosi scheinen allerdings gut unterrichtet oder generell vorsichtig zu sein. Vor der Tür haben sie zwei ihrer Leute postiert, deren kriminelle Karriere die Ermittler später festhalten. Vorbestraft wegen Gewalt und Widerstand gegen die Staatsgewalt, wegen Beleidigung, Bedrohung, illegalen Waffenbesitzes und Diebstahl ist der eine. Der andere ist nur wegen Gewalt und Widerstands gegen die Staatsgewalt aufgefallen. Es sind zwei sogenannte kleine Fische. Sie halten Wache.

Als die beiden Männer erkennen, dass der Streifenwagen anhält, tun sie ihre Pflicht. »*Piove*«, schreit der eine ins Haus hinein, »es regnet.«

Kurz erkennen die Polizisten den Hausherrn Salvatore Aiello, außerdem Martino Pugliese, der in der *'Ndrina*-Hierarchie unter Salvatore Aiello firmiert. Die beiden sind Vertraute Nicola Acris. Doch die Beamten erkennen auch noch Nicola Acri selbst.

Alle drei 'Ndranghetisti rennen los, in das Dunkel der Felder. Doch Pugliese können die Polizisten einholen. Sie nehmen ihn fest und durchsuchen ihn. Wenige Minuten später erscheint überraschend auch der Hausherr Salvatore Aiello. Er hat seine Flucht abgebrochen und schreit einen der Polizisten nun wütend an: »Ich breche dir den Hals, du Miststück! Du sollst dich nicht trauen, zu meinem Haus zu kommen. Ich werde zu deinem Haus kommen und dir zeigen, was dann passiert. Ich lege mich mit deinen Kindern an.« Die Polizei verhaftet Salvatore Aiello dennoch wegen Bedrohung und Widerstands gegen die Staatsgewalt. Vor den Augen seiner Frau nehmen sie ihn mit. Gekommen sind sie jedoch nicht wegen des Stadtteilchefs der *'Ndrina*. Sie wollen Nicola Acri.

Sie fahren zu dessen Wohnung und suchen auch allerlei andere Orte ab, an denen Acri sich aufzuhalten pflegt. Doch der hat erkannt, dass die Polizei es ernst meint. Dass er in der Nacht durch die Felder getürmt ist, kann ihm niemand vorwerfen. Am nächsten Tag verstößt er gegen die Auflage, sich wie jeden Freitag zwischen 17 und 18 Uhr bei der Polizei in Rossano zu melden.

Nicola Acri erscheint nicht. Damit gilt er als flüchtig. Drei Jahre lang lässt sich Nicola Acri nicht mehr blicken. Den Ermittlern entgeht jedoch nicht, dass dessen Männer sich immer mal wieder nach Norditalien in die Region Emilia-Romagna aufmachen. Die Polizei fahndet deshalb landesweit nach Nicola Acri. Dass er sich in der Nähe Rossanos versteckt, hält sie für unwahrscheinlich.

Hinweise ergeben sich aus Mitschnitten von Handygesprächen. Nicola Acri selbst hat seine Nummer zwar gewechselt, aber die Überwachung einiger 'Ndranghetista in Rossano bringt die Ermittler auf seine Spur. Martino Pugliese etwa reist nach Rimini und schaltet dort stundenlang sein Handy aus. Wenn er mit seiner Frau kommuniziert, sendet er nur knappe Nachrichten. Die entscheidenden Hinweise liefert den Fahndern schließlich ein Mafioso namens Marco Morabito, der für Nicola Acri in Rossano ein Unternehmen betreibt, das mit Kaffee handelt. Auch Marco Morabito benutzt eine kurzfristig freigeschaltete Telefonnummer, die man ihm aber zuordnen kann. Auf dieser Nummer gehen, so steht es in der Ermittlungsakte, im Oktober 2010 zwei Anrufe aus dem Norden ein:

»22.10.2010, 22.12 Uhr, eingehender Anruf von einer Telefonzelle in Comacchio (Emilia-Romagna); 23.10.2010, 10.25 Uhr, eingehender Anruf von einer Telefonzelle des Einkaufszentrums ESP in Ravenna«.

Zwei Tage nach dem zweiten Anruf hören die Ermittler ein Gespräch ab, das Nicola Acris Schwager und seine Schwiegermutter in Rossano führen. Die Schwiegermutter berichtet darin von einem Treffen des Marco Morabito mit der Familie Acri in Bologna. Die Schwiegermutter scheint zu wissen, dass sie besser geschwiegen hätte. Sie sagt ihrem Sohn: »Wenn du das auch nur einem halben Menschen sagst …«

Am 12. November 2010 registrieren die Ermittler auf einer der überwachten Nummern zwei Anrufe aus jener Telefonzelle im Einkaufszentrum ESP in Ravenna, den ersten um 19.23 Uhr, den zweiten um 19.27 Uhr. Nun müssen sie nur noch die Bilder auswerten, die die Überwachungskameras in dem Einkaufszentrum zu jener Zeit aufgezeichnet haben.

Tatsächlich ist dort eine junge Familie gut erkennbar festgehalten. Nicola Acri, Chef der Rossano-*'Ndrina* und seit drei Jahren im Untergrund, schiebt in einem Einkaufswagen seinen jüngeren, etwa einjährigen Sohn über den beigefarbenen Marmorboden. Der Kleine trägt eine Mütze. Acris Frau hat sich bei ihrem Mann untergehakt, an ihrer Rechten läuft der ältere der beiden Jungs. Das Familienfoto beweist, dass Nicola Acri sich in Ravenna aufhält, einer Hafenstadt an der Adriaküste, rund sechzig Kilometer nördlich von Rimini und achtzig Kilometer östlich von Bologna, der Hauptstadt der Region Emilia-Romagna.

Nur eine Woche nach den Anrufen aus dem Einkaufszentrum in Ravenna fällt den Fahndern in einem Dorf zwanzig Kilometer nördlich von Ravenna der Ford Focus von Filippo Tripodi auf, eines mutmaßlich anderen Mitglieds der Rossano-*'Ndrina*. Das Auto parkt im Garten eines Hauses. Tags darauf lenken geortete Mobiltelefone das Interesse der Ermittler nach Bologna. »Um 14.35 Uhr«, so steht es in der Akte, »konnten die Carabinieri den silbernen Ford Focus von Filippo Tripodi auf der Viale Pasteur lokalisieren. Einige Minuten später wurde ein Mann gesehen, der dem untergetauchten Boss sehr ähnlich sah. Als die Ermittler ihn als Nicola Acri erkannten, wurde die Festnahme rasch organisiert.«

Um 15.45 Uhr klicken in einer Siedlung in der Nähe des Flughafens Bologna die Handschellen. Verhaftet werden gemeinsam mit Nicola Acri ein sechsundvierzigjähriger und ein achtundzwanzigjähriger Kalabrese.

Die Fahnder verlieren keine Zeit, schicken sofort Kollegen in Nicola Acris Haus in Comacchio, jenem Badeort zwanzig Kilometer nördlich von Ravenna, in dem Acri bereits eine Telefonzelle genutzt hatte. Hier hat der Mafiaboss sich niedergelassen, wenige Hundert Meter vom Strand entfernt. Die Hausdurchsuchung im Beisein seiner Frau und der beiden Kinder fördert Bargeld in Höhe von 11.000 Euro zutage. Beschlagnahmt werden außerdem ein Laptop, ein Vodafone Internet Key und eine Nikon-Kamera mit Geburtstagsfotos der beiden Jungs, die im Monat zuvor drei und eins geworden sind.

Der Mietvertrag des Hauses ist nicht von Nicola Acri, sondern von einem neunundvierzigjährigen Mann aus einem Dorf bei Bologna unterzeichnet. Auch in dessen Wohnung rücken wenig später Polizisten an – und werden fündig: Sie können ein Waffenlager ausheben. In der Akte sind die beschlagnahmten Gegenstände aufgelistet:

- Makarow-Pistole, Kaliber 9 mm, aus Tschechien
- Pistole CZ 75 aus Tschechien
- Beretta-Pistole M35, Kaliber .22
- Pistole CZ 83, Kaliber 7,65
- Astra-Revolver, Kaliber .38
- Magazin für eine semiautomatische Pistole
- 351 Patronen
- 273 Gramm Schießpulver
- 1445 Gramm Plastiksprengstoff
- 13 Sprengkapseln
- 2,96 Meter Zündschnur

Zu Hause in Rossano verstecken die 'Ndranghetista ihre Waffen gewöhnlich in Röhren, die sie anschließend vergraben. Doch hier, in der Emilia-Romagna, haben sie offenbar nicht mit einer Razzia gerechnet und sogar Utensilien für Sprengstoffanschläge in der Wohnung aufbewahrt. Zu dem Waffenlager haben die Ermittler gleich unter der Liste von Fundstücken notiert: »Es ist wichtig, die Verbindung dieser Waffen mit Tschechien zu betonen, wegen der Zeit auf der Flucht, die Acri Nicola in diesem Staat verbracht hat.«

Der Mann, der es drei Jahre lang auf den Chef der *'Ndrina* Morfò-Acri abgesehen hatte, spricht im Rückblick gelassen über den damaligen Fahndungserfolg. Staatsanwalt Vincenzo Luberto, selbst Kalabrese und seit etlichen Jahren mit der 'Ndrangheta der ionischen Küste betraut, hat es sich eigentlich abgewöhnt, mit Journalisten über seine Arbeit zu reden. Zu viel Folklore, zu viele Nebensächlichkeiten, über die berichtet wird, sagt er. Um die Mafia zu bekämpfen, glaubt er, dürfe man sich als Ermittler nicht mit den Festnahmen einflussreicher Bosse begnügen. Es gehe auch bei der Mafia am Ende immer um den Weg des Geldes.

»Wir sind ziemlich sicher, dass Nicola Acri sich damals zum Teil in Tschechien versteckt hat«, sagt Luberto in seiner Wohnung in Castrovillari. »Er handelte mit Waffen, die wir dann beschlagnahmt haben, darunter Sprengstoff und tschechische Pistolen. Vermutlich plante er, damit Geldautomaten und Banken zu überfallen. Acri hielt auch Kontakt zu einem anderen wichtigen Mann, der auf der Flucht lebte, zu Andrea Tripodi.«

Der Staatsanwalt bezeichnet Nicola Acri als einen Mafioso, der Menschen »mit unglaublicher Präzision« umgebracht habe. »Er war wichtig als Mörder, zudem aber auch unternehmerisch sehr aktiv. Es gelang ihm, seinen Kaffee in ganz Italien zu verkaufen. Wir müssen uns von dem Gedanken lösen, dass die 'Ndrangheta ein Gebiet mit Hilfe von Erpressungsgeldern kontrolliert. Sie durchdringt die Gesellschaft. Die Wirtschaft kann nicht mehr frei agieren, wenn Unternehmer mit solchen Lieferanten oder Subunternehmern zusammenarbeiten müssen, die von der 'Ndrangheta bestimmt sind.«

An jenem Abend im August 2007, als die Polizisten Nicola Acri in Rossano in die Flucht treiben, sitzt Marias Mann Pasquale Rizzo schon einige Monate im Gefängnis. Maria führt eine Beziehung mit Antonello. Aber die Verbindung zur 'Ndrangheta ist damit nicht gelöst. Im Gegenteil.

Am Tag nach Pasquales Angriff auf Maria vor dem Haus der Freundin hat Salvatore Aiello sie besucht. Sie solle das nächste Mal zu ihm kommen, wenn sie Hilfe brauche, hat der Stadtteilchef ihr gesagt. Dann ist er wieder gegangen.

Maria braucht Geld und entschließt sich, Schecks von der Bank zu holen. Noch bevor sie den ersten Scheck eingelöst hat, taucht Salvatore Aiello wieder bei ihr auf. Diesmal spricht er keine Empfehlung aus. »Du musst uns die Schecks geben. Sonst verbieten wir allen Menschen, dir die Schecks zu wechseln.« Maria händigt ihm die Schecks umgehend aus.

Salvatore Aiello verabschiedet sich mit einer Botschaft. »Dein Ehemann ist ein Freund von Freunden«, sagt er noch. »Lass uns gemeinsam essen, denn wenn du alleine isst, platzt dir der Bauch.« Maria fasst das als Drohung auf, mit der er sie auffordert, künftig für die *'Ndrina* zu arbeiten.

»Von irgendetwas musste ich ja leben«, sagt Maria im Rückblick. »Die *'Ndrina* hat nicht mehr für mich gezahlt. Eigentlich hätten sie das getan, als Pasquale in den Knast ging, aber ich hatte ihn ja verlassen. Als junge Frau hatte ich nun zwei Möglichkeiten. Ich konnte mich prostituieren. Oder ich konnte für sie arbeiten.«

Die Arbeit beginnt in einem kleinen Restaurant, das einer Bekannten von Salvatore Aiellos Frau gehört. Fast jeden Tag meldet sich diese. »Komm vorbei und hol die Flasche Milch«, sagt sie ins Telefon. Mit Milch meint sie Prostituierte – Maria wird von der 'Ndrangheta als Fahrdienst eingesetzt. Einst hat auch Pasquale diesen Job gemacht. Er holte eingewanderte Albanerinnen ab, brachte sie zu Freiern und kassierte anschließend für die Mafia ab.

Die Frauen, die im Restaurant auf Maria warten, wechseln täglich. Insgesamt sind es sechs. Sie stammen aus Rossano oder aus Corigliano. Marias Aufgabe ist es, jeweils eine von ihnen zu einem Geschäftsmann nach Cariati zu bringen. 35 Kilometer macht das, ein Stück die Küste runter in Richtung Cirò Marina. Manchmal wartet Maria dann vor Ort, manchmal fährt sie zwischendurch wieder nach Rossano.

Der Geschäftsmann ist kein 'Ndranghetista, aber er kooperiert. Er schafft die Kunden heran und stellt ein Haus zur Verfügung. Dort warten in der Regel sieben bis acht Männer. Nach- und miteinander machen sie sich über die Frau her, die Maria im Auftrag der 'Ndrangheta herbringt.

»Der Geschäftsmann hieß Renato, und die Kunden waren

reiche Leute«, sagt Maria. »Einige Frauen haben mir auf der Rückfahrt erzählt, was sie erlebt haben. Da kamen Ärzte und Bankdirektoren und natürlich Unternehmer. Sieben oder acht schliefen mit der gleichen Frau. Pervers ist das, meiner Meinung nach waren die krank im Kopf. Das Ganze ging meist ungefähr drei Stunden.«

Jeder der Kunden zahlt etwa hundertfünfzig Euro. Renato sammelt die Scheine, steckt sie in ein Kuvert und übergibt es später Maria. Manche Freier schauen anschließend noch in seinem Geschäft vorbei und kaufen ihm etwas ab. Sie sind dann meist gut gelaunt, und Renato versteht es, aus dieser Stimmung Umsatz zu machen.

Manchmal händigt Maria der Restaurantbesitzerin in Rossano einen Umschlag mit tausend Euro aus. Hundert Euro davon bekommt die Frau. Den Rest behält die Mafia.

»Das Ganze war schlimm und ekelhaft, ich schäme mich bis heute, dass ich da mitgemacht habe«, sagt Maria. »Diese Frauen waren fünfundzwanzig oder achtundzwanzig Jahre alt, eine war fünfzig, alles Hausfrauen. Im Auto haben sie manchmal erzählt, wie es ihnen in dem Haus von Renato ergangen ist. Darüber hinaus haben wir uns aber nicht einander geöffnet. Ich kannte ihre Geschichte nicht und sie auch nicht meine. Nur eine der Frauen hat immer von sich und ihrem Leben gesprochen, Berna nannte sie sich, das war aber nicht ihr echter Name. Sie prostituierte sich, weil sie unbedingt Geld für ihren Vater brauchte. Der hatte Krebs, und die Familie konnte die Behandlung anders nicht bezahlen.«

Einmal, erinnert sich Maria, habe sie den Geschäftsmann auf das ganze Geschäft angesprochen. »Die Frauen seien eben blöd, wenn sie bei so etwas mitmachten, fand er und sagte ansonsten nur, ihn interessiere das alles nicht, solange sie ihm Geld einbringen würden.«

Doch Maria kommen selbst moralische Bedenken bei diesem Job für die Mafia. »Die *'Ndrina* lässt mir keine andere Wahl, und wenn ich die Frauen nicht fahre, tut es eben ein anderer.« Mit solchen Sätzen kann sie ihr Gewissen halbwegs beruhigen. Und da ist auch noch eine andere Sache, die ihr etwas Erleichterung verschafft in diesen Monaten. Maria will alles, was sie mit der *'Ndrina* erlebt, der Polizei berichten. Sie hat sich entschlossen, so nennt sie es selbst, zu kooperieren. Als sie die Prostituierten zu dem Geschäftsmann nach Cariati fährt, steht sie bereits in regelmäßigem Kontakt zur Polizei.

Zuerst spricht sie über die Schecks, die sie Salvatore Aiello überlassen musste. Dann schildert sie, was Pasquale ihr angetan hat. 2008 erzählt sie, was sie über Salvatore Aiello weiß und über andere 'Ndranghetisti aus Rossano und Umgebung. Die Kooperation läuft auch noch weiter, als sich Maria Anfang 2008 entscheidet, nicht mehr für den Stadtteilchef tätig zu sein.

Gegen die Mafia auszusagen ist heikel, wenn man weiterhin im Herrschaftsgebiet der Mafia lebt und sogar für sie arbeitet. Rossano ist eine Kleinstadt, in der viele Augen viel sehen. Es wird beobachtet und weitererzählt, die Führungsebene will stets über alles und jeden Bescheid wissen. Einfach auf die Wache in Rossano kann Maria deshalb nicht spazieren. In der Regel erhält sie Anrufe und die Bitte, sich an einem bestimmten Tag im Präsidium einer bestimmten Stadt einzufinden. Die Frequenz ist hoch, manchmal sagt Maria mehrmals die Woche aus. Die Gespräche dauern von vormittags bis zuweilen spätabends. Die Carabinieri schreiben mit. Ab und zu stößt ein Staatsanwalt hinzu.

Die Treffen umweht die Aura des Geheimen. Wenn Maria selbst bei der Polizei anruft, meldet sie sich als Simona. Sie bekommt mit, dass die Polizisten sich auch untereinander misstrauen. Das liegt daran, dass die 'Ndrangheta die Polizeistationen systematisch infiltriert. Der italienische Staat reagiert auf die engen Bande, die die Kriminellen immer wieder mit Beamten vor Ort schließen: Er schickt Kollegen aus Norditalien nach Kalabrien und hofft, dass diese sich nicht mit den Mafiosi einlassen. Der *Tenente* Tocchini, der für Maria über die Jahre zur Vertrauensperson wird, stammt aus der Toskana.

Heute füllen Marias Aussagen Hunderte Seiten. Nachzulesen

ist in den Abschriften auch, dass sie für die 'Ndrangheta nicht nur als Chauffeurin Prostituierter tätig war. Bis ins Jahr 2008 hinein setzte Salvatore Aiello Maria auch als Drogenkurierin ein.

Auch hier ist es die Restaurantbesitzerin, von der sie Aufträge erhält. »Geh ins ›Jolly‹«, sagt Giulia oft. Das »Jolly« ist eine Bar, die an einem Kreisverkehr nicht weit vom Krankenhaus entfernt liegt und vierundzwanzig Stunden geöffnet hat. Es bezeichnet sich selbst als Cornetteria und backt auch nachtsüber Cornetti, croissantähnliche Hörnchen. Die Tische sind gepflegt, an der Wand findet sich nur ein einziger Spielautomat. Das »Jolly« ist keine Spelunke, sondern eine Vermittlerbar. Hier hinterlässt man Nachrichten und bekommt später Antwort. Will etwa ein Mafioso niederen Ranges Salvatore Aiello sprechen, hinterlässt er sein Begehren im »Jolly«. Aiello, der nur hundert Meter entfernt unauffällig in einem Wohnblock lebt, lässt ihm dann eine Antwort zukommen.

Wenn Giulia Maria ins »Jolly« schickt, wartet dort jemand aus der *'Ndrina* mit einer konkreten Anweisung. Die erhält sie niemals fernmündlich. Die Angst, abgehört zu werden, ist allgegenwärtig in der *'Ndrina*. Wer Salvatore Aiello zu Hause aufsucht, muss bei Betreten der Wohnung das Handy ausschalten und sowohl den Akku als auch die SIM-Karte herausnehmen.

Zweimal pro Woche übernimmt Maria Drogenfahrten, auch mal am Wochenende. Die Bezahlung richtet sich allerdings nicht nach Leistung. Die Frau aus dem Restaurant und Salvatore Aiello stecken ihr eher unregelmäßig Geldscheine zu. »Das ist nicht ungewöhnlich in der 'Ndrangheta«, erklärt Maria. »Wenn sie Geld haben, bezahlen sie dich, wenn nicht, eben nicht. Du arbeitest ja nach ihrer Logik nicht nur, um dafür mit Geld bezahlt zu werden. Mit deiner Arbeit erwirbst du dir auch den Status, ihnen anzugehören. Ich hatte pro Monat zwischen tausend und zweitausend Euro. Davon konnte ich einkaufen und tanken und Sachen für die Kinder kaufen. Das reichte, und darum ging es mir ja: Ich wollte meine Kinder und mich über Wasser halten und gleichzeitig keine von ihnen werden.«

Salvatore Aiellos Gewährsleute schicken Maria mal auf kurze und mal auf längere Touren. Eine Art Dienstwagen hat der Stadtteilchef ihr besorgen lassen, einen grünen Lancia Y10 mit den Kennzeichen der toskanischen Stadt Arezzo. Maria muss nach Cosenza, nach Cariati, aber auch nach Pizzo Calabro, das mehr als zwei Stunden entfernt am Tyrrhenischen Meer liegt. Meistens gibt sie ihr Auto bei irgendeinem Kontaktmann ab, der es in seine Garage fährt, die Tür ausbaut und Kokain darin versteckt. Manchmal geht es von dort auch noch zu zweit weiter zu einem Dritten. Die Logik der Strecken, sagt Maria, habe sie nie verstanden.

In Rossano-Paese wird sie die Lieferung meist bei einem langen, dünnen Typen namens Simone wieder los. Er baut die Autotür aus und holt die Pakete, die sie in der *'Ndrina* als *Panini* bezeichnen, als Brötchen, heraus. Simone unterzieht den Stoff auch einem ersten Qualitätstest, indem er ihn mit der Spitze eines Fingers zum Mund führt und daran schmeckt.

Maria absolviert die Touren zwar ohne Führerschein, aber in bestem Einvernehmen mit der Polizei. Bei einigen Fahrten lässt sie sich sogar verwanzen. Ein winziges Mikrophon steckt dann in ihrer Halskette, ein weiteres in ihrem BH.

Maria wirkt als ein kleines Rad in einem Laufwerk, das das Kokain aus Südamerika, wo die Kokapflanzen angebaut werden, zu den Konsumenten in Europa schafft. Die 'Ndrangheta stieg in dieses Geschäft in den 1970er Jahren ein. Sie hatte in jener Zeit reiche Menschen oder deren Angehörige entführt, etwa den Enkel des amerikanischen Ölmillionärs Paul Getty, hatte Lösegeld erpresst und sich so ein Startkapital für den Drogenhandel verschafft. Von einem Engagement in diesem illegalen Wirtschaftszweig versprach die Mafia sich hohe und vor allem regelmäßige Gewinne. Sie täuschte sich nicht. Laut einer Einschätzung von Ermittlern aus dem Jahr 2008, die nie aktualisiert wurde, beschafft der Kokainhandel 66 Prozent der Gesamteinnahmen der 'Ndrangheta, die bei rund 44 Milliarden Euro liegen.

Antwerpen, Rotterdam und vor allem Hamburg sind die

großen Häfen, in denen das geschmuggelte weiße Pulver ankommt, Ermittler sprechen von der »Nordroute«. Die 'Ndrangheta nutzt darüber hinaus aber auch die sogenannte Westroute, auf der die Drogen über Spanien und Portugal nach Kalabrien gelangen. »Wir arbeiten wie eine Handelsfirma«, erklärte 2011 ein hochrangiger Drogenhändler der 'Ndrangheta in Deutschland dem »Spiegel«-Journalisten Andreas Ulrich. »Wir kaufen die Ware, lassen sie verpacken, wir beauftragen Speditionen für den Transport und zahlen den Zoll.« Der Mafioso spielte auf korrupte Zöllner an, die sich von der 'Ndrangheta mit Hilfe der Spediteure schmieren lassen. »Die Spediteure kennen sich aus in den Häfen.«

In Italien war der wichtigste Umschlagplatz für Kokain lange der große Containerhafen der Kleinstadt Gioia Tauro, der an der westlichen, der tyrrhenischen Küste liegt. Dem »Spiegel«-Reporter Ulrich schilderte ein kalabrischer Kokainhändler namens Vincenzo, wie er für die 'Ndrangheta agiert. Das Prinzip des Drogenimports sei ziemlich simpel. Er warte, bis genug Bestellungen der verschiedenen 'Ndrangheta-Clans eingegangen seien. Zwei- bis dreihundert Kilogramm, lieber aber gleich fünfhundert bis tausend Kilo bestelle er. Dann fliege einer seiner Leute nach Südamerika, und er selbst schicke das Geld. »Offiziell zahlen wir Rechnungen für Möbel oder Maschinen«, sagte Vincenzo, die Buchhaltung müsse schließlich sauber bleiben. Manchmal tarne er das Drogengeld auch als Spende für ein Hilfsprojekt. Auf Wunsch der Produzenten begleiche er die Rechnungen auch schon mal mit Waffen.

Es wird verpackt und verschafft, ausgepackt, portioniert, gestreckt und über verschiedene Kuriere zum Konsumenten geliefert, in der Regel störungsfrei. »Die Kette ist lückenlos, die Transportwege sind verlässlich«, erklärte Vincenzo. Schlagen die Zollbeamten doch einmal zu und beschlagnahmen eine Ladung Kokain, »dann war das Schmiergeld zu niedrig«.

Die Mafia arbeitet bei der illegalen Einführung mit verschiedenen Methoden. Manchmal lässt sie das Kokain schlicht in Taschen verpacken, die dann in einem Container versteckt werden. Wird die Ladung gelöscht, wartet ein Mann der 'Ndrangheta direkt am Hafen, nimmt die Taschen aus dem Container und fährt zügig weg. Ermittler nennen das die »Rip-off-Methode«.

Ein anderer Weg ist, das Kokain unter Obst und Gemüse zu verstecken, unter Produkten also, die verderblich sind und deshalb in der Regel schnell den Zoll passieren. Manchmal bauen die Schmuggler auch Kokaintaschen in Holzmöbel ein. In solchen Fällen werden die Drogen samt Container weitertransportiert. Die italienischen Zöllner erzählen, dass die ,Ndranghetisti manchmal sogar anonyme Hinweise auf kleinere Rauschgiftlieferungen geben, damit die große Ladung, die in einem anderen Container versteckt ist, den Zoll passiert.

Im Containerhafen von Gioia Tauro gelingt es dem Zoll allerdings zunehmend öfter, illegale Kokainimporte zu entdecken. Die 'Ndrangheta weicht deshalb nach Norden aus. Der Staatsanwalt Nicola Gratteri bezeichnet die Regionen Trentino-Südtirol, Lombardei, Emilia-Romagna und Venetien als »Drogenkolonien« der 'Ndrangheta.

Spektakuläre Funde untermauern seine Einschätzung. Ende 2015 gab die italienische Anti-Mafia-Kommission bekannt, im Hafen von Venedig seien neun Personen festgenommen und insgesamt hundertdreißig Kilo Kokain sichergestellt worden. Die Schmuggler wurden der 'Ndrangheta zugeordnet und stammten aus dem kalabrischen Ort Africo, wohnten aber in der Nähe von Venedig.

Das beschlagnahmte Rauschgift hatten Spediteure in Obstkisten versteckt und nach Ankunft in Venedig erst einmal in zwei unscheinbaren Gebäuden zwischengelagert. Von hier aus verkauften sie Kokain in Einzelportionen an Drogenhändler in der Lombardei und in Venetien weiter. Als die drei Männer festgenommen wurden, lagerten sie gerade neunzig Kisten voll Maniok ein – auf den ersten Blick. Tatsächlich waren die Gewächse teilweise aus Plastik und mit Kokain gefüllt.

Antonello, ihr neuer Freund, begleitet Maria ab und zu beim Drogenschmuggel. Er selbst arbeitet immer wieder für die Mafia, seine beiden Brüder lassen ihn nicht von der Angel. Als an einem Sonntag um 13.30 Uhr die zwei Mafiosi mit Antonello in einen größeren Kiosk eindringen und dort fünfhundert Stangen Zigaretten und das Geld aus dem Spielautomaten erbeuten, kommt ihnen Carmelo Mancuso auf die Schliche. Der 'Ndranghetista, der unter Nicola Acri einen mittleren Rang bekleidet, sucht mit einigen kräftigen Typen einen von Antonellos Brüdern in dessen Wohnung in Piragineti auf. Mancuso fragt, wer den Kiosk ausgeraubt habe. Bald kennt er die Antwort.

»Ihr könnt von Glück sagen, dass wir euch nicht in die Beine schießen«, erwidert Carmelo Mancuso und verspricht, dass beim nächsten Mal genau das passieren werde. Dann lässt er seine Leute einen von Antonellos Brüdern verprügeln. Die geklauten Zigaretten muss der Gezüchtigte aus dem Versteck holen und Mancuso aushändigen.

Maria zieht ein paar Monate nach Beginn ihrer Beziehung mit Antonello zusammen. Sie finden eine Wohnung in Rossano-Paese, die aber auf die Dauer zu klein sein wird. Denn im Herbst 2007 ist Maria zum vierten Mal schwanger. Erstmals wird nicht Pasquale der Vater sein, sondern ein Mensch, den sie liebt.

Vorher aber, im Spätsommer 2007, muss sie erledigen, was sie selbst »einen schrecklichen Schritt in meinem Leben« nennt. Die '*Ndrina* braucht Autos. Sie hat sich schon einen Gebrauchtwagenhändler herausgesucht und mit ihm gesprochen. Der Mann heißt Alberto Russo, er betreibt sein Geschäft in Cariati. Der Deal scheint auf dem besten Weg zu sein, doch dann weigert sich Russo plötzlich.

Die 'Ndranghetisti bieten ihm Geld, der Händler aber winkt ab. Sie überlegen, ob sie ihm eine der Hausfrauen schicken können, vielleicht auch mehrere. Doch diese Idee birgt das Risiko, dass es Mitwisser gibt. Andererseits wissen sie, dass Don Alberto, wie sie den Autohändler nennen, sich gern mit Sex überreden lässt. Die Mafiosi brauchen eine Frau, der sie vertrauen.

Maria weiß sofort, dass sie nicht nein sagen wird, als Salvatore Aiello sie anspricht. Sie hält sich und ihre Kinder mit dem Geld über Wasser, das sie bei der *'Ndrina* verdient. Sich zu weigern dürfte zur Folge haben, dass sie die Jobs als Fahrerin und Drogenkurierin verliert.

Sie ist sechsundzwanzig Jahre alt, der Autohändler, schätzt sie, tief in den Fünfzigern. Sie kennt ihn, weil sie einmal anwesend war, als Salvatore Aiello sich mit ihm traf. »Du musst mit Alberto Russo schlafen«, so drückt sich Salvatore Aiello aus. Es ist elf Uhr morgens. Am Nachmittag, um 17.30 Uhr, duscht sie, zieht Jeans und T-Shirt an, trinkt einen Kaffee und steigt in ihr Auto. Es sind drei Stunden bis Cariati.

Sie weint, während sie fährt, weil sie ein Leben führt, in dem sie gezwungen ist, solche Dinge zu tun. Der Trauer folgt die Wut und der Impuls, einfach umzukehren. Sie ruft eine Freundin an, sagt ihr, sie kehre jetzt einfach um. Doch die Freundin appelliert an Marias Vernunft. »Wie willst du deine Familie ernähren?«, fragt sie und versucht, ihr Mut zu machen. »Glaub mir, du bist nicht die Einzige. Ich weiß, wovon ich rede.« Maria sagt, sie habe Angst, dass der Typ ihr etwas antue. »Das kann er nicht«, beruhigt die Freundin sie. »Der weiß doch, dass Salvatore dich geschickt hat.«

Maria fährt weiter. Sie hört neapolitanische Musik und dreht den Lautstärkeregler weit auf.

Russo erwartet sie in einem Restaurant. Maria erinnert sich, dass das Gespräch schwer anlief. Der Autohändler fragt Maria, woher sie komme und was sie mache für Salvatore. Maria antwortet ihm einsilbig und nicht mit der Wahrheit. Alberto Russo ist fast schon genervt. »Du weißt aber schon, warum du hier bist, oder?«, fragt er. Maria nickt.

Mit seinem schwarzen Geländewagen, die Sitze sind aus weißem Leder, fährt er Maria in ein dreistöckiges Luxushotel. Offenbar hat er bereits eingecheckt, den Zimmerschlüssel nämlich zieht er aus der Tasche.

Es dauert eine Stunde. Der Autohändler zieht sich danach

schnell an und legt fünfhundert Euro auf den Nachttisch. Dann verlässt er das Zimmer und wartet unten im Auto. Er muss sie noch zu ihrem Wagen bringen. Als sie dort ankommen, steigt Maria grußlos aus dem SUV.

»Zwei Tage später habe ich Francesco die Playstation 2 gekauft. Das ist das Einzige, an das ich mich gern erinnere. Über die Sache selbst kann ich nicht sprechen. Ich weiß nicht, wie Prostituierte behandelt werden, aber ich glaube, er hat mich wie eine Prostituierte behandelt. Es war unvorstellbar ekelhaft. Ich fühlte mich beschmutzt. Später, zu Hause unter der Dusche, habe ich mir die Haut so sehr gerieben, dass ich geblutet habe.«

Maria erreicht Rossano gegen 1.30 Uhr. Kurz vor der Ankunft ruft sie Antonello an, mit dem sie zu diesem Zeitpunkt noch nicht zusammenwohnt. Sie sagt ihm, sie könne nicht schlafen und ob er auf einen Kaffee ins »Jolly« komme. »Ich habe ihm gesagt, mir geht es schlecht, ich will dieses Leben nicht mehr, ich will hier weg. Er hat verstanden, dass etwas mit mir nicht okay war. Aber er wusste nicht, was. Ich habe es nicht geschafft, ihm zu erzählen, was passiert war.«

Dieses Leben fühlt sich für Maria falsch, perspektivlos und im Moment auch absurd an. Einerseits ist sie ökonomisch abhängig von den Aufträgen der *'Ndrina*. Andererseits horcht sie die Mafiosi für die Polizei aus. Immer wieder führen Marias Hinweise zu Festnahmen, die Polizei erwischt unter anderem zwei Schwäger von Nicola Acri mit großen Drogenmengen. Maria arbeitet also erfolgreich als verdeckte Ermittlerin, erhält dafür aber keine Bezahlung. Und Schutz bietet ihr die Polizei auch nicht. Pasquale nämlich, davon geht Maria aus, sinnt immer noch auf Rache.

Im Dezember 2007 ist Maria im vierten Monat ihrer Schwangerschaft und lebt zusammen mit Antonello in einer Parterre-Wohnung direkt am Strand. Die Straße heißt Momena. Sie besteht vor allem aus Ferienhäusern und ist im Winter nahezu ausgestorben. Bis nach Rossano Stazione sind es vier Kilometer.

Maria ist allein und hat gerade die Treppe geputzt, die Haustür steht noch offen. Es ist Vormittag, sie hantiert in der Küche, als sie plötzlich Pasquale hinter sich bemerkt. Er trägt Jeans und ein T-Shirt und hält in der Hand eine 2,5-Liter-Flasche Kloreiniger der Marke ACE.

Sie will fliehen, doch Pasquale packt sie. Maria schreit um Hilfe, doch niemand hört sie. Pasquale kippt den Kloreiniger in einen Behälter im Spülbecken.

»Er stand hinter mir, hielt mich fest und versuchte mit dem Gewicht seines Oberkörpers, mein Gesicht in dieses Zeug zu drücken. Dabei schrie er mich an, was mir einfiele und dass ich sofort abtreiben müsse. Ich habe die Lippen aneinandergepresst und mit aller Kraft versucht, meinen Kopf vom Becken fernzuhalten.« Pasquale ist größer, schwerer und kräftiger. Und er ist offenbar entschlossen zu tun, was seine Ehre wiederherstellen soll, diesmal nicht öffentlich mitten in Rossano, sondern ohne Zuschauer und Zeugen.

Unablässig drückt er ihren Hinterkopf runter in Richtung Becken. Maria presst ihr Kinn an die Brust, um ihr Gesicht zu schützen. Ein Teil der Haare taucht bereits ein, auch der obere Teil der Stirn. Maria spürt ein scharfes Brennen auf der Haut.

»Ich habe ihn dann mit einem Tritt am Bein erwischt und wohl so fest getroffen, dass er mich losgelassen hat. Da bin ich sofort raus auf die Straße gerannt. Ich bin dünn, aber die Angst zu sterben hat mir diese Kraft gegeben. Der Tritt muss ihm ja weh getan haben, sonst hätte er mich nicht losgelassen.«

Die Gartentür ist verschlossen; als Maria sie öffnet, hat Pasquale sie bereits eingeholt. Er hat sich einen dicken Stock gegriffen, der zum Verfeuern vor dem Kamin lag. Dreimal schlägt er zu. Einmal kann Maria ausweichen, zwei Hiebe wehrt sie mit dem rechten Arm ab. So gelingt es ihr, ihren Bauch zu schützen. Über die Strandstraße läuft sie in die Nachbarsiedlung zur nächsten Polizeistation. »Verdammte Schlampe«, hört Maria Pasquale hinter ihr herrufen.

Maria ist außer sich. Im Spiegel bemerkt sie, dass sich der Haaransatz oberhalb der Stirn gelblich eingefärbt hat. Die Polizei ruft eine Freundin von Maria an, die kommt und Maria ins Krankenhaus bringt. Der Arm schmerzt gewaltig, scheint aber nicht gebrochen zu sein. Maria bekommt einen Verband und Creme für die Stelle ihres Kopfes, die in den Kloreiniger getaucht wurde. Oberhalb der Stirn am Haaransatz ist ein Streifen, man kann ihn bis heute erkennen, weil dort keine Haare wachsen. Die Chemikalie hat die Haarwurzeln zerstört.

In der *'Ndrina* spricht sich der Vorfall schnell herum. Man weiß auch, dass Maria der Polizei alles genau geschildert hat. Das Vertrauen in sie schwindet. Und weil ihre Schwangerschaft fortschreitet, ist sie als Fahrerin bald ohnehin nicht mehr einsetzbar. Der Stadtteilchef Salvatore Aiello schickt seinen Fahrer Vittorio Angeli. Der teilt Maria mit, dass sie Rossano zu verlassen habe. Wenn sie bleibe, werde man ihr beide Beine brechen.

*»Würde ein Mafioso etwa auf dem Bau arbeiten?«*

## Besuch bei einem Drogenhändler in Solingen

Solingen-Ohligs zwischen Wuppertal und Köln, ein Lokal in Bahnhofnähe, am Fenster hängt ein großes Plakat: »Heute geschlossen«. Vor der Tür stehen fünf Italiener. Sie rauchen und plaudern. Ihre Hosen sind voller Gipsflecken, die Knie abgescheuert, die Finger dreckig. Zwei der Männer halten Flirt-Limonade-Flaschen in den Händen. Sie wirken wie ein Bauarbeitertrupp, der Pause macht. Einer der Männer trägt eine grüne Wollmütze, er ist wohl der Boss. Nachdem er eine Zigarette weggeschnipst hat, schickt er zwei der Männer mit wenigen Worten los, um Baumaterial zu holen. Die beiden nicken und machen sich auf den Weg.

Zwei Journalisten, darunter einer der Autoren dieses Buches, nähern sich der Eingangstür des Lokals. Sie ist verschlossen. Auf ein Klopfen, erst vorsichtig, dann kräftig, öffnet niemand.

»Wir suchen Matteo B.«, fragen die Reporter die drei verbliebenen Arbeiter. »Wissen Sie vielleicht, wo der ist?«

»Nein«, antwortet der Mann mit der grünen Wollmütze. Er ist dicker als die anderen und wirkt kräftig, kurzer Hals, breiter Nacken. Unter seinem dreckigen Arbeitspullover verschwindet eine goldene, schwere Kette. »Wer soll das sein?«

Matteo B. betreibt das Lokal, inoffiziell, eingetragen ist sein Sohn, und den Pachtvertrag für die Immobilie unterschrieb seine Frau. Durch das Fenster kann man die Baustelle sehen: Das Lokal wird von Grund auf renoviert.

Matteo B. wurde in Italien wegen Drogenhandel zu dreiundzwanzig Jahren Haft verurteilt. Aber er hält sich nicht in Italien auf. Der Mann soll sich in Solingen versteckt halten. Das Urteil ist noch nicht rechtskräftig, weil sein Anwalt Revision eingelegt hat. B. lebt deshalb noch auf freiem Fuß.

Es gibt Leute, die das stört. Einer von ihnen ist Roberto Scarpinato, ein Staatsanwalt aus Palermo, der sich dem Kampf gegen die Mafia verschrieben hat. Als die Journalisten ihn getroffen und mit ihm über die Mafia in Deutschland gesprochen hatten, sagte er: »Können Sie wissen, ob ich nicht vielleicht auch ein Mafioso bin? Nein! Weil ich nicht schieße, weil ich nicht töte? Die Mafiosi von heute treten als Unternehmer auf.« Roberto Scarpinato weiß, in welchem Land die Mafia sich ausbreitet: »In Italien gilt für Mafiosi: Hier investiere ich nicht. In Deutschland: Da investiere ich.« In Deutschland sei das Leben leichter, die Behörden seien naiv, und selbst wenn ein Mitglied der Mafia gefasst werde – dessen Vermögen bleibe unangetastet.

Mit dem noch nicht rechtskräftig verurteilten Drogenhändler Matteo B. belegte der Staatsanwalt Scarpinato seine These. Matteo B. kontrolliere in Deutschland und Italien ein Netz von Firmen und Strohleuten, um seinen Drogenhandel zu verschleiern. Die deutschen Behörden hätten es nicht geschafft, durchgängige Abhörmaßnahmen gegen Matteo B. in Gang zu setzen, im Gegenteil: Die deutsche Polizei habe die Ermittlungen sogar gestoppt.

In Italien war Matteo B. vorher festgenommen worden, nach zweijährigen Abhörmaßnahmen und als einer von fünfzig Verdächtigen. Er war der Hauptbeschuldigte. Matteo B. wurde zwar keine direkte Mitgliedschaft in der Mafia vorgeworfen. Aber seine Nähe zu Mafiamitgliedern konnten die Ermittler aufzeigen.

Das Organigramm rund um Matteo B. liest sich wie ein Who's Who der sizilianischen Mafia. Wichtige Personen der Cosa Nostra tauchen in unterschiedlichen Verwandtschaftsgraden auf. Der Patenonkel von Matteo B. gilt als einer der Köpfe der sizilianischen Mafia. Auch zum in diesem Buch porträtierten Auftragsmörder besteht über diesen Patenonkel eine Verbindung. Im direkten Umfeld von Matteo B. sind etliche Personen zu finden, die illegal mit Waffen handelten, die Drogen verschoben und Schutzgeld erpressten.

Auffällig war, dass immer wieder Namen von Personen auftauchten, die in Deutschland gemeldet waren. Dabei handelte es sich oft um Strohleute, die Tarnfirmen in Matteo B.s Umfeld führten. Diese kleinen Unternehmen sollten die Geldflüsse aus dem Drogenhandel verschleiern. Die Männer rund um Matteo B. haben Baufirmen, Pizzadienste und Autovermietungen. Immer wieder meldeten sie Gewerbe an und wieder ab. Im Mittelpunkt des Firmengeflechts stand eine Firma für Lichttechnik aus einer Stadt bei Düsseldorf, die angeblich Lampen verkaufte. Tatsächlich war dieses Unternehmen nur dazu da, den Transport des Kokains und die Erlöse aus dessen Verkauf zu verschleiern.

Die Männer vor der Tür des Solinger Lokals zünden sich nun Zigaretten an. Der stämmige Italiener mit der grünen Wollmütze reicht Feuer. »Was wollt ihr von Matteo?«

»Wir wollen uns mit ihm unterhalten. Wir haben einige Fragen.«

»Was für Fragen?«

»Wir sind Reporter und wollten mit ihm über die Drogensache sprechen. Ob da was dran ist. Wissen Sie, wann Matteo zurückkommt?«

Der Mann mit der Wollmütze schüttelt den Kopf. »Das kann ich nicht sagen.«

»Na gut, dann warten wir hier auf ihn.«

Tatsächlich sieht es so aus, als könnten Mafiosi in Deutschland ihren Geschäften weitgehend ungestört nachgehen. Allein die Abteilung des Mafiajägers Roberto Scarpinato in Palermo hat zwischen 2006 und 2010 über drei Milliarden Euro beschlagnahmt. Aus einem internen Bericht des Bundeskriminalamtes (BKA) geht hervor, wie viel Geld im Jahr 2012 in Deutschland im Zusammenhang mit Mafiaermittlungen beschlagnahmt wurde: 88.000 Euro. Die Mafia legt ihr illegal beschafftes Geld lieber in Deutschland an. Scarpinato sagt: »Die Mafia will, dass die Deutschen denken, die Mafia existiert in ihrem Land nicht.«

Dass sich Matteo B. trotz der italienischen Strafverfolgung immer noch frei in Solingen und ganz Deutschland bewegen kann, liegt allerdings an der italienischen Justiz. Die arbeitet im Fall B. alles andere als zügig. Der Weg durch die Instanzen, den der Verurteilte antrat, dauert und dauert. Ein Haftbefehl gegen ihn liegt einstweilen nicht vor.

Der Mann mit der Wollmütze sieht nun die Männer mit Säcken voller Zement von ihrem Wagen zurückkehren. Er gibt ihnen zu verstehen, die Säcke abzustellen. Dann wendet er sich an die Journalisten. »Wenn Sie wollen, können Sie drinnen warten.«

»Kennen Sie Matteo B.?«

»Ja, wir arbeiten für ihn.«

»Könnten Sie ihn vielleicht anrufen und Bescheid sagen, dass wir hier auf ihn warten?«

»Sicher, gleich.«

Dann schließt der Mann mit der Wollmütze die Tür auf.

Von innen betrachtet, erscheint das Lokal noch größer. Offenbar sind nur noch wenige Restarbeiten zu erledigen. Die Wiedereröffnung scheint unmittelbar bevorzustehen.

Der Mann mit der Wollmütze folgt den Journalisten in das Lokal. Dann aber dreht er sich um und schließt die Tür ab. Er baut sich vor den Journalisten auf und wirkt jetzt plötzlich sehr präsent und nicht mehr so unbeteiligt wie draußen vor der Tür. »Was wollt ihr von Matteo B.?«, fragt er.

»Sind Sie Matteo B.?«

»Ja, und jetzt müsst ihr euch für eure Verleumdungen rechtfertigen.«

Über den Fall Matteo B. hat die Presse in Italien nicht sehr ausführlich berichtet, kurz nur, als bei der Razzia fünfzig Menschen aus Matteo B.s Umfeld verhaftet wurden. In Deutschland war nichts darüber zu lesen.

Matteo B. fängt an zu brüllen. Alle Vorwürfe seien erfunden. Die Reporter müssten jetzt seinem Anwalt gestehen, dass sie Mist erzählt hätten. Er werde absolut zu Unrecht an den Pranger gestellt. »Ich habe noch nie etwas Kriminelles gemacht. Ich habe keine Drogen gehandelt. Ich hab noch nicht mal an einem Joint gezogen.«

»Wir haben uns das Verfahren nicht ausgedacht. Wir beziehen uns auf Unterlagen, die in Italien der Justiz vorliegen. Wir würden gern wissen, was Sie dazu sagen.«

Matteo B. wählt eine Nummer auf seinem Handy. Er legt wieder auf, wählt erneut, flucht auf Italienisch. B. ist jetzt erkennbar unsicher.

»Dürfen wir Sie interviewen? Wir können auch eine Kamera mitlaufen lassen.«

Matteo B. schaut sich erschreckt um, ob vielleicht schon eine Kamera laufe. »Ich habe nichts Böses gemacht. Ich bin nur ein einfacher Mann, der sich sein Geld hart verdienen muss. Würde ein Mafioso etwa auf dem Bau arbeiten?«

Allerdings. Immer wieder wird bei Ermittlungen festgestellt, dass Mitglieder der Mafia in Deutschland offiziell ehrenhafte Berufe ausüben. Sie backen Pizza, betreiben Restaurants, arbeiten auf Baustellen. Oft sind sie selbständig, leben in bescheidenen Häusern. Ihr Reichtum ist selten zu sehen. Ermittler gehen davon aus, dass die legalen Beschäftigungen zur Tarnung ausgeübt werden. Die großen Besitztümer fallen erst bei ausgedehnten Finanzermittlungen auf – wenn das bei Strohleuten geparkte Kapital zurückverfolgt wird und zutage tritt, dass wertvolle Immobilien im Besitz von scheinbar mittellosen Hilfsarbeitern sind.

Matteo B. kratzt sich am Kopf: »Okay, ich will mit Ihnen reden. Damit Sie verstehen, was ich mache. Ich bin ein armer Mann. Ich lebe mit meiner Familie in Deutschland. Ich will mit Italien nichts mehr zu tun haben. Dort wird man nur schlechtgemacht. Hier in Deutschland will ich ein sauberes Leben haben.« Er sei nicht mit dem Gesetz im Konflikt. Er helfe nur seinem Sohn, eine Bar zu betreiben. Handlangerdienste mache er, mehr nicht.

Matteo B. geht zur Tür, schließt sie auf, ruft einen der Arbeiter, die draußen warten. »Geh einen Kaffee holen!« Er dreht sich um. »Wollen Sie auch einen? Bring drei Kaffee, aber den echten!« B. scheint sich nun entschieden zu haben, er will nicht wüten oder gar einschüchtern, sondern mit seiner Geschichte überzeugen.

Fünf Minuten später kommt der Arbeiter zurück mit einem kleinen Tablett, darauf drei Espressi in Plastikbechern und ein Glas mit Zucker. Matteo B. nimmt sich einen Becher, schaufelt viel Zucker hinein. Der Kaffee ist stark, so stark wie in Sizilien.

»Die Gerichte und die Justiz in Italien verdrehen alles«, fährt Matteo B. fort. »Wenn sie dort am Telefon abhören, dass einer eine halbe Wurst bestellt, sagen sie, das sei ein Codewort für Kokain. Aber es ist in Wirklichkeit auch nur eine halbe Wurst. Und wenn ich über ein großes weißes Auto rede, dann ist das ein weißes Auto und keine Drogenlieferung.«

In den Abhörunterlagen zum Fall Matteo B. sind viele dieser angeblichen Codewörter aufgelistet, ebenso in etlichen anderen Ermittlungen, bei denen die Telefone der Mafiosi abgehört werden. Nach Einschätzung der Ermittler sind diese Worte genau das: Codewörter. Wozu würde man auch sonst jemanden in einen Verschlag im Keller schicken, um ein großes weißes Auto zu suchen?

Die beschlagnahmten Besitzungen von Matteo B. gehen jedenfalls weit über das hinaus, was sich ein Hilfsarbeiter in der Regel leisten kann: Ihm gehören etliche Häuser, Villen, Wohnungen und Felder rund um die sizilianische Stadt Partinico, außerdem Autos und ein Vermögen, das auf unterschiedlichen Bankkonten liegt.

»Ist das auch Quatsch, dass Sie so viel besitzen?«

»Alles nur ein Missverständnis«, antwortet Matteo B., ein »Fehler im System«, ein »Racheakt missgünstiger Menschen«, die ihn angeschwärzt hätten, weil sie ihm sein Leben nicht gönnen würden. Matteo B. trinkt seinen Kaffee aus und lacht. Er wirkt nicht unzufrieden mit dem Verlauf des Gesprächs. Die Journalisten dürfen wieder gehen.

In Italien wurde das Urteil gegen Matteo B. in letzter Instanz bestätigt. Unmittelbar danach tauchte er unter. Bis heute ist er unauffindbar.

» *Der Warenverkauf wird verschleiert, der Schwarzeinkauf dem Kunden ermöglicht, damit dieser unversteuerte Erlöse generieren kann.* «

## Die Agrarmafia in Deutschland

Es begann mit einem anonymen Hinweis. Der Lebensmittelhändler Carmelo C. aus Bingen am Rhein, stand in dem Brief an die Steuerfahndung, hinterziehe massiv Steuern. In seinen ständig wechselnden Filialen werde Schmuggelgut umgeschlagen und Geld gewaschen.

Die Beamten nahmen das Schreiben ernst, und bald fielen ihnen etliche Einrichtungen auf, für die der Italiener Carmelo C. tätig war, unauffällige Betriebe wie ein Getränkedepot im Erdgeschoss eines zweigeschossigen Wohnhauses in einem Nachbarort. Bei der Kontrolle der Eigentumsverhältnisse dieser Firmen tauchte ein Name mehrfach auf: Carmine P. aus Crotone, einer Stadt am Ionischen Meer, einige Kilometer südlich von Cirò gelegen, dem Sitz des 'Ndrangheta-Clans Farao. Carmine P. war bereits in einem anderen Ermittlungsverfahren wegen Betrugs gefasst worden, zusammen mit dem berüchtigten 'Ndrangheta-Mann Francesco A., der seinen Wohnsitz in Münster hat und ebenfalls aus Crotone stammt. In Crotone agiert vor allem der Clan Grande-Aracri, der im Raum Cutro entstand und in den vergangenen Jahren auch in Deutschland zunehmend aktiv ist, immer mal wieder auch mit dem Farao-Clan.

Ermittler suchen in solchen Fällen nach weiteren Verbindungen zwischen den Verdächtigen, und bei Carmelo C. aus Bingen und Francesco A. aus Münster wurden sie fündig. Ein Transporter der Münsteraner Firma von Francesco A. wurde vor dem Getränkedepot nahe Bingen, wo Carmelo C. arbeitete, gesichtet. Auch registrierten die Ermittler telefonische Kontakte von Carmelo C. zum Weinhändler Mario B. Der lebt in Frankfurt am Main und gilt ebenfalls als Mitglied der 'Ndrangheta. Die Polizei ermittelte weiter.

Sie stieß auf ein Netz weiterer Personen, auf Verfahren in Italien, auf Lieferungen aus Paraguay. Die Spuren führten nach Rostock, erneut nach Münster und schließlich nach Mainz. Mühsam ließ sich das Geschäftsmodell der Bande mit immer neuen Firmen und Ladenlokalen entschlüsseln. Im Kern ging es um breitangelegten Umsatzsteuerbetrug.

Sie kauften Lebensmittel über fingierte Rechnungen ein und wurden diese dann als sogenannten Schwarzeinkauf bei vertrauensvollen oder unter Druck gesetzten Gastronomen verbilligt los. Das Geschäft funktioniert einfach: Die Bande bezahlte die Rechnungen für die Lebensmittellieferungen meist erst gar nicht. Die auf der Rechnung als Besteller stehenden Firmen ließen sie pleitegehen. Versicherungen erstatteten dem Verkäufer den Verlust – und die Bande hatte Waren, ohne dafür Geld gezahlt zu haben. Im nächsten Schritt wurden diese Waren für einen Spottpreis weiterverkauft, ohne Umsatzsteuer zu zahlen.

Damit die Hintermänner nicht aufflogen, installierte die Bande immer neue Strohleute für die Firmen, die pleitegehen konnten. Die Strohleute meldeten das Gewerbe als Großhandel beim Finanzamt an und bekamen so eine Umsatzsteueridentifikationsnummer. Wenn das Finanzamt Fragen stellte, verschwand der Strohmann spurlos, wahrscheinlich ging er nach Kalabrien. Zurück blieb eine ruinierte Firmenhülle – und der Staat sowie ein paar Versicherungen, die in die Röhre schauten. Die Hintermänner führten ihr Geschäft unterdessen mit neuen Strohmännern und neuen Firmen weiter.

Was wie ein einfacher Deal aussieht, entwickelte die 'Ndrangheta ständig weiter, schreiben Ermittler vom Landeskriminalamt Rheinland-Pfalz in einem Bericht. Die Mafiosi machen sich die Globalisierung zunutze: Sie kaufen die Ware in Italien, Olivenöl etwa, Schinken, Käse, Salami und Weine, transportieren sie dann nach Deutschland. Dort geben sie an, die Lebensmittel etwa nach Spanien oder Dänemark weiterzuverkaufen und beschaffen sich so saubere Exportpapiere vom Zoll. Mit diesen können sich die Banden die Umsatzsteuern vom Staat erstatten lassen. Doch anstatt die Waren tatsächlich zu exportieren, setzen die Banden die Produkte aus Italien an der Steuer vorbei in Deutschland ab. Der Gewinn fließt direkt in ihre Taschen. Die Umsätze aus Geschäften dieser Art liegen in Europa nach Schätzungen der Ermittler bei zwölf Milliarden Euro.

Ihre Absatzmärkte schafft sich die Mafia in diesem schmutzigen Geschäft oft selbst. Nach Schätzungen des BKA kontrollierte die Mafia schon im Jahr 2010 allein in Deutschland rund 300 Restaurants. In dem Kreisverkehr des Handels waren die Männer aus dem Fall des LKA Mainz ein fester Bestandteil, Carmelo C. aus Bingen, Mario B. aus Frankfurt und Francesco A. aus Münster. Vor allem der Mann aus Westfalen hat sich in den vergangenen Jahren einen Namen in der illegalen Szene rund um die 'Ndrangheta gemacht. Francesco A. kontrolliert nach Erkenntnissen der Ermittler ein kleines Immobilienimperium und ständig wechselnde Unternehmen. Diese handelten demnach nicht nur mit Lebensmitteln. Schon 2002 gab es Hinweise darauf, dass A. in einen Drogenschmuggel verwickelt war. Holzkohle aus Paraguay wurde als Tarnfracht auf ein Containerschiff verladen. Unter der Kohle fand sich Kokain. Die Drogen wurden im Hafen in Hamburg gelöscht, das Tarngut wurde über Firmen von Francesco A. entsorgt.

Später wurde der Vorgang konkreter. Bei einer geplatzten Anlandung von 130 Kilogramm Kokain stießen Ermittler wieder auf Francesco A., diesmal in abgehörten Telefongesprächen. Wieder war ein Kohlefrachter aus Südamerika in Richtung Deutschland unterwegs. Bei einer Razzia fanden die Beamten Kokain mit einem Reinheitsgrad von bis zu 89,2 Prozent. Der Handelswert des Rauschgifts betrug rund zehn Millionen Euro. Ermittler vermuteten, dass Francesco A. vor allem für die Geldwäsche der illegalen Deals zuständig war. Er sollte dafür sorgen, das schmutzige Drogengeld über seine Lebensmittelgeschäfte zu legalen Gewinnen zu machen. Ermittler verhafteten Francesco A. schließlich, lieferten ihn nach Italien aus, und dort saß A. einige Zeit in Haft, ging dann in den Hausarrest und tauchte kurze Zeit später wieder in Deutschland auf. Der »Spiegel« berichtete über den »Paten von Münster« im Herbst 2016.

Sein Haus dort ist rot geklinkert und weitgehend unauffällig. Seit 2001 lebt er darin, den Kredit gewährte ihm die Sparkasse. Vor der Tür steht ein Hollandrad mit Einkaufskorb. Verurteilt wurde Francesco A. bis heute nur wegen kleinerer Delikte, Sozialbetrug, Verstöße gegen Buchhaltungsregeln, Falschdeklarierung von Lebensmitteln. In einem Fall sagte ein Zeuge aus, Francesco A. habe gefälschten Lavazza-Kaffee verkaufen wollen. In einem anderen ging es um umdeklarierten Wodka.

Fünfmal hat allein die Staatsanwaltschaft in Münster gegen Francesco A. ermittelt. Er saß in Nürnberg mehrere Monate in Untersuchungshaft und wurde kürzlich verurteilt, allerdings nicht rechtskräftig. Vor allem italienische Ermittler strengten immer wieder Verfahren gegen ihn an. Doch am Ende fehlten meist die Beweise, die nicht mehr in Zweifel gezogen werden können. In Turin sprachen ihn italienische Richter frei – die Indizien für die Mitgliedschaft in der 'Ndrangheta reichten ihnen nicht. Die Staatsanwälte legten Berufung ein, der Prozess geht demnächst in die zweite Instanz.

Rossano – Fellbach
1700 Kilometer

## Auch in Deutschland ist Maria nicht sicher

Es waren klare Worte, die Salvatore Aiellos Fahrer an Maria gerichtet hat. Die *'Ndrina* hat sie zur unerwünschten Person erklärt.

Und die Mafiosi drohen nicht nur. In den Akten der Ermittler sind etliche Anzeigen von Anschlägen und Einschüchterungsversuchen aufgelistet:

»– Am 16.9.2007 steckten Unbekannte den Ford Fiesta mit deutschem Kennzeichen WN-OV-618 an, der sich im Besitz von Marias Mutter befand.
– Am 10.11.2007 meldet Antonello Gentile, der Lebensgefährte von Maria, dass vier stadtbekannte Mafiosi ihn bedroht und verlangt hätten, dass er die Beziehung zu Maria beende.
– Am 23.1.2008 zeigte Maria Giordano bei den Carabinieri von Rossano an, dass zwei Handlanger der *'Ndrina* sie bedroht hatten und von ihr wollten, dass sie ihre Aussagen zurückziehe.
– Am 24.1.2008 steckten Unbekannte den Renault Clio mit dem Kennzeichen CS-475209, im Besitz der Mutter Angela, benutzt aber von Maria Giordano, in Brand.
– Am 04.2.2008 wurde in der Wohnung von Maria Giordano auf dem Viale Mediterraneo eingebrochen.
– Am 13.5.2008 zeigte Maria Giordano Salvatore Aiello und ei-

nen seiner Gefolgsleute an, weil sie sie bedroht und gewollt hätten, dass sie ihre Aussagen zurückziehe.

- Am 20.5.2008 steckten Unbekannte das Haus von Maria Giordano in Rossano in Brand. Nach dem Brand entschied sich Giordano dazu, nach Castrovillari zu ziehen. Aber das änderte nichts. Maria Giordano meldete einen Einbruch in ihrer Wohnung in Castrovillari auf der Via Battipiede 35.
- Am 27.9.2008 steckten Unbekannte den grünen Fiat Uno mit dem Kennzeichen CS-517522, im Besitz von Marias Mutter, in Brand.
- Am 24.11.2008 steckten Unbekannte den Fiat Tipo mit dem Kennzeichen AR-440086 von Angela in Brand.
- Am 12.3.2009 steckten Unbekannte den Fiat Panda mit dem Kennzeichen CS-422442 von Angela in Brand.
- Am 23.12.2009 steckten Unbekannte den grünen Fiat Punto mit deutschem Kennzeichen WN-XQ-894 von Angela in Brand.«

Im Februar 2008 nimmt die Polizei Salvatore Aiello fest und auch Salvatore Giordano. Giordano ist die rechte Hand von Andrea Tripodi, dem der zu diesem Zeitpunkt flüchtige Nicola Acri die Altstadt von Rossano anvertraut hat. Gleichzeitig ist Giordano der Cousin Salvatore Aiellos. Maria beschreibt ihn als gutaussehenden Mann mit stets ernstem Gesicht: »Wenn man ihn ansieht, weiß man, dass man sich bei ihm keine Scherze erlauben kann. Salvatore Aiello macht manchmal Witze, Giordano nie. Er spricht auch wenig.«

Giordano und Aiello kommen in Untersuchungshaft, weil Maria umfangreich gegen sie ausgesagt hat. Im Gefängnis treffen sie auf Pasquale, der wegen seines Angriffs auf Maria hinter Gittern ist. Bald bekommt Maria Post von Pasquale. Er schreibt, er habe Salvatore Aiello und Salvatore Giordano gebeten, Maria die *Azione* nicht vor seinen Kindern zu machen. Das also ist die Botschaft aus dem Gefängnis: Sie werden dich töten, aber nicht vor den Kindern.

Im April kommt Marias viertes Kind Isabella zur Welt. Einen Monat später wird der erste Anschlag auf die Wohnung von Marias Mutter in Rossano Stazione verübt. Dort, im fünften Stock, ist Maria inzwischen gemeinsam mit Antonello untergekommen. »Meine Mutter war mit meinen drei älteren Kindern unterwegs. Ich hatte Isabella gerade ihr Fläschchen gegeben und sie in die Wiege gelegt. Nun wollte ich die Flasche in die Küche bringen und sah plötzlich so ein rotes Licht. Die Tür brannte, lichterloh. Ich bin ins Badezimmer gerannt, habe zwei Eimer mit Wasser gefüllt und versucht, die Flammen zu löschen. Doch das machte keinen Sinn. Das weiße Sofa neben der Tür hatte auch schon Feuer gefangen. Ich habe Isabella in eine Decke gewickelt und wollte die Feuerwehr rufen, aber das hatten schon Nachbarn getan. Die Nachbarin, die unter meiner Mutter wohnte, stand im Treppenhaus und schrie mich an: ›Gib mir das Kind, gib mir das Kind!‹ Ich habe es ihr dann in absoluter Panik irgendwie durch die Flammen zugeworfen. Heute wird mir fast schlecht bei dem Gedanken, die Decke hätte ja Feuer fangen können. Die Nachbarn haben dann mit den Feuerlöschern aus ihren Wohnungen den Brand gelöscht, gemeinsam mit den Polizisten, die ziemlich schnell eintrafen.«

Maria ist sich sicher, dass dieser Anschlag ausreicht, um sie in das staatliche Zeugenschutzprogramm aufzunehmen. Doch die Polizisten machen ihr keine Hoffnung: Sie belaste nur die kleinen Fische, für einen Platz im Zeugenschutzprogramm müsse sie gegen die Großen aussagen. Das mag der Wahrheit entsprechen. Gleichzeitig aber üben die Beamten so Druck auf Maria aus, weiter mit ihnen zu kooperieren.

Sie zieht mit den Kindern in eine Art Notaufnahme in Castrovillari, einem fünfzig Kilometer entfernten Städtchen im Landesinneren. Das Haus hat drei Etagen und wird zu dieser Zeit nur von einer Bulgarin bewohnt. Antonello darf trotzdem nicht bleiben, da die Einrichtung Frauen und ihren Kindern vorbehalten ist. Um seiner Familie beizustehen, mietet er ein Zimmer in Castrovillari.

Es dauert nur wenige Wochen bis zum nächsten Angriff. Während der Nacht wird Maria wach und nimmt einen penetranten Geruch wahr: Jemand hat brennbare Flüssigkeit in das Zimmer gekippt. Als Maria von dem Geruch wach wird, der sie an brennende Autoreifen erinnert, raucht es schon. Sie verlassen die Unterkunft sofort und reisen per Bus nach Rossano zurück.

Nachdem dort auch noch das Auto ihrer Mutter, das Maria benutzt, angesteckt worden ist, ringt sich Maria dazu durch, mit Antonello und den Kindern nach Deutschland zu fliehen. Am 6. November bringen Polizisten sie zum Busbahnhof in Sibari. Das Gepäck besteht aus drei schwarzen und einem großen violetten Koffer sowie aus Angelas Rollstuhl. Die einfache Fahrt kostet 88 Euro. Der Bus hält vorher auch in Rossano, aber von Sibari aus, denkt Maria, kann man der *'Ndrina* unauffälliger entkommen.

Es besteht tatsächlich eine Direktverbindung zwischen den beiden Welten, die Maria in ihrem Leben bisher kennengelernt hat, zwischen Rossano an der Nordostküste Kalabriens und dem Rems-Murr-Kreis westlich von Stuttgart, wo ein paar Kilometer von Fellbach entfernt auch Winnenden liegt. Seit Jahrzehnten nutzen emigrierte Kalabresen den Transfer in ihre alte Heimat und zurück. Auch Marias Vater legte die Strecke schon öfter mit dem Bus zurück. An der Haltestelle gleich neben dem Bahnhof von Rossano hat jemand ein gelbes Schild angebracht, das Richtung Norden zeigt. Darauf steht: »Rossano – Fellbach 1700 Kilometer«.

Der Bus wirkt auf Maria modern und groß, und tatsächlich fasst er siebzig Personen. Bekannte können Maria und Antonello nicht ausmachen, weder an der Haltestelle in Sibari noch drinnen auf den Sitzen. Sie finden einen Platz kurz vor der letzten Reihe. Maria nimmt ihr Baby auf den Schoß. Sie schaut aus dem Fenster und weint, stundenlang. Auf dem Bordfernseher laufen italienische Komödien.

Fellbach, Baden-Württemberg, mehr als vierzigtausend Einwohner, ein S-Bahn-Anschluss. Weinberge. Ein Bürgermeister der CDU, mit 71 Prozent der Stimmen gewählt. Und Wohnort von fast dreitausend Menschen italienischer, meistens kalabresischer, Abstammung. Viele von ihnen leben schon lange in der Stadt. Nach einer Woche in der Wohnung ihres Vaters bei Winnenden zieht Maria mit ihrer Familie in die Vordere Straße 31 im Fellbacher Zentrum. In der ersten Etage des Altbaus mieten sie eine Wohnung mit drei Zimmern, Küche, Bad.

Im März 2009 meldet sich Pasquale. Er hat sich Marias neue Nummer besorgt, wahrscheinlich bei ihren Eltern, und teilt Maria per SMS mit, dass sie Fellbach verlassen müsse. Maria antwortet nicht, deshalb ruft Pasquale sie an. Er sei auf Bewährung aus dem Gefängnis entlassen und gerade in Ludwigsburg. Damit verstößt er gegen die Bewährungsauflagen, die verlangen, dass Pasquale sich täglich von acht Uhr abends bis acht Uhr morgens in Rossano aufhält.

Pasquale fühlt sich sicher. Er lässt durchblicken, dass er das Auto von Marias Mutter in Rossano angesteckt hat. Und er sagt in kalabresischem Dialekt, dass er Maria »u sfregiu« machen müsse, den »Kratzer«. So solle sie bei jedem Blick in den Spiegel an ihn denken, solange sie lebe.

*U sfregiu i puttane,* der »Kratzer der Schlampen« – in der Sprache der 'Ndrangheta ist damit eine mit einem Messer oder mit Säure beigebrachte Verletzung gemeint, die Zuhälter ihren Prostituierten zufügen. Maria, getrennt zwar, offiziell aber noch mit Pasquale verheiratet, ist mit Antonello liiert. Damit ist sie nach der Logik von Männern wie Pasquale eine Prostituierte und hat *u sfregiu* verdient.

Pasquales Worte machen Maria Angst. Es ist elf Uhr abends, aber sie ruft trotzdem ihre Rechtsanwältin in Italien an. Emanuela Capparelli wohnt in einem kleinen Ort in den Bergen, rund eine Stunde Autofahrt von Rossano entfernt. Sie hat sich auf Kronzeugen spezialisiert und arbeitet eng mit der Staatsanwaltschaft zusammen. »Beeil dich mit der Knieoperation für Angela und komm dann sofort nach Italien«, empfiehlt sie Maria. »In Deutschland kann ich dir nicht helfen.« Doch Maria bleibt.

Im Mai ist Pasquale wieder da, diesmal persönlich. Er klingelt. Maria öffnet nicht. Sie schickt Antonello und die Kinder ins Schlafzimmer. »Bleibt hier, und lass die Kinder auf keinen Fall ans Fenster kommen«, schärft sie ihrem Lebensgefährten ein. Sie tippt die Nummer der Polizei in Antonellos Handy und erklärt ihm, was er der Polizei notfalls auf Deutsch sagen soll. Dann geht Maria in das Zimmer, das zur Straße liegt, öffnet es und spricht vom ersten Stock aus mit Pasquale.

»Komm runter, ich tue dir nichts an«, sagt er. »Wir müssen sprechen, weil du nach Italien gehst.«

Maria bleibt am Fenster. Dass sie eine Reise nach Kalabrien plant, stimmt. Sie ist als Zeugin geladen in einem Prozess gegen drei 'Ndranghetisti aus Rossano. Ihnen wird vorgeworfen, am 12. Januar 2007 Luciano Converso umgebracht zu haben, den langjährigen Buchhalter der *'Ndrina*. Converso bewohnte eine Strandvilla in der Siedlung Momena. Genau davor starb er, in seinem Auto sitzend und im Begriff loszufahren. Den Zweiundvierzigjährigen trafen fünf Patronen aus einer halbautomatischen Pistole mit dem Kaliber 9x21, die ersten vier am Arm und an der Schulter. Der letzte Schuss, der den Kopf traf, war tödlich.

Die drei Angeklagten wurden später des Mordes schuldig gesprochen und zu lebenslanger Haft verurteilt. Sie gingen jedoch in Berufung. Nachdem eine wichtige Zeugin plötzlich nicht mehr zu ihrer ursprünglichen Aussage stand und ein anderer Zeuge während des Prozesses starb, kamen die Angeklagten frei. Das nächstinstanzliche Gericht bestätigte den Freispruch 2013.

Maria ist jedoch für den ersten Prozess am Geschworenengericht in Cosenza geladen. Deswegen hat die *'Ndrina* ihr Pasquale geschickt. »Ich bringe dir eine Botschaft von unten«, sagt er. »Du darfst nicht aussagen, sonst bist du ein totes Weib. Ich sage dir das aus ganzem Herzen. Ich hätte dir bereits die *Azione* machen müssen. Ich habe es nicht gemacht. Nun hängt alles von dir ab.«

»Das muss ich mir überlegen«, antwortet Maria. Pasquale dreht sich um und geht weg.

## Maria kommt ins Zeugenschutzprogramm

Pasquale hat sie eingeschüchtert, doch Maria fährt im Mai 2009 trotzdem nach Italien, gemeinsam mit und im Auto ihrer Mutter. Der Vater bleibt in Winnenden. Er soll sich, weil er ja Deutsch spricht, im Notfall um Antonello und die Kinder kümmern. Aber diesen Gedanken behält Maria für sich. Genauso wenig verrät sie ihrer Mutter, dass sie als Kronzeugin gegen die 'Ndrangheta aussagen wird. Dass Maria bei der Polizei längst alles ausgesagt hat, was sie über ihren Mann und all die anderen Mafiosi weiß, ahnt ihre Mutter nicht einmal. Sie denkt, es gehe in dem Prozess, zu dem ihre Tochter geladen wurde, nur um Pasquales Gewalttage.

Oft war es Pasquale selbst, der ihr von den Taten und Geschäften der *'Ndrina* erzählte. So erfuhr Maria auch vom Mord an dem 'Ndrangheta-Buchhalter Luciano Converso. Der habe laut Pasquale aussteigen wollen, außerdem habe Geld in der Kasse gefehlt.

Sie kommen abends in Rossano an und parken im Hof der Polizeistation, melden sich bei den Carabinieri und verbringen die Nacht in der Wohnung der Mutter. Am nächsten Morgen holen Beamte sie ab und bringen sie im Streifenwagen in die Provinzhauptstadt Cosenza. Im Gerichtssaal sieht Maria zuerst einen der Angeklagten, dem vorgeworfen wird, Luciano Converso vor dessen Villa am Strand umgebracht zu haben.

Seinen ranghöheren Bruder haben Polizisten im Gerichtssaal hinter Gitter gesperrt. Er geht in seinem Käfig auf und ab. Im Saal entdeckt Maria dann auch mehrere Angehörige seiner Familie Aiello. Und sie nimmt, ein Fehler, kurz direkten Blickkontakt mit dem Angeklagten auf. Es ist nur ein Blick, doch der Mann nutzt ihn. Es ist nur eine Geste. Aber für Maria ist die Botschaft klar: Sie soll schweigen. Maria schießen umgehend Horrorszenarien durch den Kopf. Die Brüder haben Verwandtschaft in einem Nachbarort von Fellbach. Die könnte hier direkt aus dem Gerichtssaal den Befehl erhalten, jemanden zu Antonello und den Kindern zu schicken.

Das ist der letzte Gedanke, an den sie sich erinnert, als sie in einem Krankenhaus wieder zu Bewusstsein kommt. »Giordano ist im Hörsaal ohnmächtig geworden (...) und wurde im Krankenwagen zur Notaufnahme gefahren. Dort diagnostizierten die Ärzte eine durch Stress bedingte Synkope«, ein Kreislaufkollaps, heißt es in den Akten der *Operazione »Stop«*.

Die Carabinieri wollen die Zeugin allerdings zurück zur Verhandlung bringen. Doch Maria weigert sich. Das Ganze erscheint ihr plötzlich zu leichtsinnig. Sie fordert von den Beamten staatlichen Schutz für sich und ihre Familie. Wenn sie in einem Mordprozess gegen die 'Ndranghetista aussage, reiche es nicht, nicht mehr in Rossano zu leben. Da können ihr die Carabinieri nicht widersprechen. Die 'Ndrangheta ist tatsächlich überall – und erst recht in Baden-Württemberg gegenwärtig. Ohne auszusagen fährt sie nach Fellbach zurück.

Ein paar Wochen später meldet sich ihre Anwältin Emanuela Capparelli am Telefon. Sie ruft vom Büro des Staatsanwalts Vincenzo Luberto an. Marias Rechtsbeistand und der Strafverfolger haben einige Neuigkeiten für Maria. »Ich habe Rom gebeten, dich ins Zeugenschutzprogramm aufzunehmen. Dann kannst du vor Gericht alles sagen, was du weißt. Du weißt so viel.«

In diesem Moment, sagt Maria im Rückblick, habe sie die Hoffnung gehabt, dass ihr Leben endlich anders werden könnte.

Was es aber für den eigenen Alltag bedeutet, als Kronzeuge vor Gericht gegen die 'Ndrangheta auszusagen und ansonsten unerkannt an unbekanntem Ort zu leben, vermag sie in diesem Moment nicht einzuschätzen.

Sie verlässt Fellbach mit Antonello und den Kindern, fährt erneut nach Rossano, zieht kurz in die Wohnung ihrer Mutter und mietet dann eine Wohnung in Mirto Crosia an, einer Stadt östlich von Rossano. Antonello findet einige Monate lang Arbeit als Bäcker. Maria beginnt, Ermittlern und dem Staatsanwalt Luberto selbst weitere Fragen und Nachfragen zu alldem zu beantworten, was sie in mehr als einem Jahrzehnt vom Wirken der 'Ndrangheta mitbekommen hat.

Dass Maria unterdessen selbst vom Gericht in Rossano zu mehreren Monaten Gefängnis verurteilt wird, weil man ihr Mitgliedschaft in einer kriminellen Vereinigung nachweisen kann, bleibt für Maria folgenlos: Die Vollstreckung der Haftstrafe, es sind fünf Monate und zehn Tage, wird ausgesetzt.

Der *'Ndrina* bleibt Marias erneute Ankunft natürlich nicht verborgen. Sie reagiert, wie Ermittler festhalten, auf ihre Weise:

»Am 23.12.2009 steckten Unbekannte den grünen Fiat Punto mit dem deutschen Kennzeichen WN-XQ894 im Besitz von Marias Mutter in Brand.

Am 12.8.2010 beschädigten Unbekannte die Autotür des blauen Ford Escort mit Kennzeichen BP927NS, benutzt von Maria Giordano. Sie kritzelten ein Kreuz auf die Tür.«

Maria wird mit dem Tod bedroht, doch die Sommerferien müssen erst noch enden. Dann, im September 2010, hält der Staat Wort und nimmt Maria und Antonello, der ebenfalls umfangreich ausgesagt hat, ins offizielle Zeugenschutzprogramm auf. Maria ist erleichtert, dass es nun endlich losgeht. Doch bald schon zeigen sich die Schwierigkeiten.

Gemeinsam mit den vier Kindern bringt man sie in einem Hotel in Amantea unter. In dem Badeort an der kalabresischen Westküste trennen Maria nun ein Gebirgszug und 130 Kilometer von der *'Ndrina*. Die großen Strandhotels haben sich geleert, in einem von ihnen, der Vier-Sterne-Anlage »La Principessa«, ziehen zwei Erwachsene und vier Kinder ein.

Es ist noch warm, das Meer rauscht, das Hotel hat ein schönes Schwimmbad und übernimmt die Verpflegung. Und doch verbirgt sich hinter dem Leben im Luxushotel bald ein trister Alltag. Die Kinder dürfen nicht in die Schule gehen, weil Maria offiziell noch nicht im Zeugenschutzprogramm aufgenommen ist und deshalb niemand weiß, wie lange sie bleiben wird. Maria hat kein Geld und soll auch keins verdienen. Und in der Zeugenschutzstelle in Rom bekommt Maria niemanden ans Telefon.

Nach zwei Monaten entschließt sie sich, ihr Leben im Zeugenschutz abzubrechen. Mit Antonello und den Kindern geht sie zurück nach Rossano, wo die Kinder wieder zur Schule gehen können. Gleich nach ihrer Ankunft wendet sich Maria an die Polizisten vor Ort. Unter solchen Bedingungen, teilt sie mit, sei nicht mit ihr zu rechnen in den großen Prozessen. Sie werde dann eben all ihre Aussagen zurückziehen.

Maria ist inzwischen zum zweiten Mal schwanger von Antonello. Und in Rossano kann sie erst einmal, wie sie sagt, ein »einigermaßen ruhiges Leben« führen. Die Polizei bemüht sich, Präsenz zu zeigen, fährt verstärkt Streife vor ihrer Wohnung.

Nach einigen Wochen haben die Beamten im staatlichen Zeugenschutzprogramm eine neue Bleibe für Maria gefunden, diesmal nicht am Strand und auch nicht in Kalabrien, sondern 700 Kilometer entfernt in Mittelitalien. In Jesi, ein 40.000-Einwohner-Ort, der über eine Städtepartnerschaft ausgerechnet Waiblingen verbunden ist, der Nachbarstadt von Fellbach und Winnenden, soll Maria Ruhe und Schutz finden. Doch die Ernüchterung stellt sich schon nach der ersten Nacht im Hotel ein: Ein Mitarbeiter des Zeugenschutzprogramms teilt Maria mit, dass es unmöglich sei, eine Wohnung für sie und ihre Familie anzumieten. Dafür, so lautet sein Argument, hätte sie vor Gericht aussagen müssen. Der Beamte hat auch noch eine zweite, für Maria ebenso schlechte Nachricht. Ihre Kinder könnten in

Jesi zwar zur Schule gehen, jedoch erst nach dem Sommerferien. Bis dahin sind es noch acht Monate.

Zwei Zimmer stehen ihnen in dem Hotel in Jesi zu, das sonst vor allem mit Chinesen belegt ist. Es ist so kalt, dass es schneit, meistens bleiben sie deshalb auf den Zimmern, schauen Fernsehen und versuchen, sich zumindest ein Stückchen Zuversicht zu bewahren. Aus dem Süden meldet sich Marias Anwältin Emanuela Capparelli. Der ganze Fall sei in Rom besprochen worden, hat sie in Erfahrung gebracht, und nun komme Maria in das »richtige« Zeugenschutzprogramm.

»Ich wusste nicht, was das richtige Zeugenschutzprogramm sein sollte, aber immerhin klang das, als werde es besser«, sagt Maria im Rückblick. »In Jesi haben wir es jedenfalls nicht lange ausgehalten. Und Angela brauchte dringend Krankengymnastik.« Maria selbst ist inzwischen hochschwanger.

Am 1. März 2011 fährt sie zurück nach Kalabrien. Eine andere Möglichkeit sieht sie nicht, und in Rossano steht ihr wenigstens die Wohnung der Mutter zur Verfügung und damit ein Ort, an dem sie Ruhe zu finden hofft nach der Entbindung. Außerdem, denkt Maria, hat die Polizei sich zuletzt ja gut gekümmert.

Am Ende des Monats merkt Maria, dass es schnell gehen kann. Die Wehen werden stärker und stärker. Sie erreicht das Krankenhaus, betritt den Kreißsaal – und erschrickt. Eine der diensthabenden Hebammen ist eine Verwandte des Stadtteilchefs der *'Ndrina*. Maria ruft ihre Anwältin an, die kurz entschlossen ins Krankenhaus kommt und auch gleich einen Polizisten mitbringt.

Vor den Schmerzen der Geburt selbst hat Maria keine Angst. Nur vor der Hebamme. Und als reiche das nicht, liegt im Nachbarbett auch noch die Schwester des 'Ndranghetista Salvatore Giordano. »Als Emanuele geboren wurde, verlief alles wirklich schnell und ohne jede Komplikation. Aber es war trotzdem unglaublich«, erinnert sich Maria. Sie hat keine ihrer fünf Geburten so präsent wie jene. »Während ich ihn zur Welt brachte, sagte ich der Hebamme, sie solle sich vorsehen und keine Fehler machen. Ich drohte ihr geradezu, weil ich so eine wahnsinnige Angst hatte. Ich war ihr ja jetzt komplett ausgeliefert. Auch meine Anwältin sagte ihr, sie solle vorsichtig sein. Im Krankenhaus bin ich nur eine Nacht geblieben.«

Sie merken, dass sie unerwünscht sind im Einflussgebiet der *'Ndrina*. Antonello, der Arbeit sucht, findet nicht den kleinsten Aushilfsjob. Nach Emanueles Geburt versuchen sie auch, eine größere Wohnung anzumieten. Das ist keine Schwierigkeit in Rossano – wenn man nicht mit der Polizei kooperiert. Im Juni sind sie froh, dass eine Mitarbeiterin der Caritas ihren Mann überredet, sie als Mieter zu akzeptieren. Die neue Bleibe liegt in Piragineti, dem Dorf bei Rossano, in dem Antonello, aber auch Pasquale aufgewachsen ist.

Manche Köpfe der *'Ndrina* sind inzwischen verhaftet. Im Auftrag von Nicola Acri hatte sich nach dessen Flucht 2007 Andrea Tripodi um den Drogenhandel gekümmert. Doch Tripodi musste im Mai 2010 in den Untergrund gehen. Wie Telefonüberwachungen zeigen, erteilte er aber aus seinen Verstecken heraus weiterhin Anweisungen zur Zusammenarbeit mit den berüchtigten »Zingari«, der Abbruzzsese-Familie aus Cassano. Im Februar 2011 ging Tripodi der Polizei in einem Städtchen nahe Mailand ins Netz.

Salvatore Morfò wiederum führt sein Leben zwischen Haft, Hausarrest, Krankenhaus und Gerichtssaal fort. Im Mai 2010 wird er freigelassen, im November erneut verhaftet, im Dezember wiederum aus dem Gefängnis entlassen. Bevor die Polizei ihn im Juni 2011 erneut festnimmt, diesmal wegen des Verdachts auf »kriminelle Vereinigung mit dem Zweck, Drogen zu handeln«, und bevor er in zwei sizilianischen Gefängnissen in Syrakus und Palermo einsitzt – vorher sorgt Salvatore Morfò dafür, dass seine Familie künftig direkten Zugriff auf politische Entscheidungen hat.

Der Staatsanwalt Luberto verfolgte im Rahmen der *Operazione »Santa Tecla«* einen anderen Fall, der in einer Nachbarstadt Rossanos spielt. Im Sommer 2010 wurden dort 67 Menschen verhaftet, darunter auch zwei Geschwister der Bürgermeisterin. Gegen die Bürgermeisterin selbst wurde ebenfalls ermittelt.

Diesen Eindruck erweckten zumindest Prozesse gegen den Rossaneser Stadtrat Ivan Nicoletti, Lokalpolitiker der Berlusconi-Partei Il Popolo della Libertà, PDL, die sich heute wieder Forza Italia nennt. Nicoletti wurde festgenommen und unter Hausarrest gestellt, weil Gespräche von Mafiosi der Rossano-*'Ndrina* abgehört und ausgewertet wurden. Aus den Telefonaten ging den Ermittlern zufolge hervor, dass die 'Ndrangheta im großen Stil Stimmen für Nicoletti erpresste. Doch nach Jahren der juristischen Auseinandersetzung konnte er sich im August 2014 im Revisionsprozess in Catanzaro über einen Freispruch freuen. Die abgehörten Gespräche seien falsch interpretiert worden, hatten Nicolettis Anwälte argumentiert. Die Richter in zweiter Instanz folgten ihnen.

In den Akten ist ein Dialog zwischen Staatsanwalt Luberto und einem Kronzeugen zu lesen, der sich umfassend geäußert hat.

Luberto: »Was habt ihr für diese Frau gemacht?«

C.: »Wir zwangen die Leute, [sie] zu wählen.«

Luberto: »Wer hat an diesem Treffen teilgenommen?«

C.: »Ich, Maurizio B., Carmine A. und Franco S..«

Luberto: »Und dann habt ihr angefangen, Stimmen zu sammeln?«

C. »Ja, wir haben uns auch ein zweites Mal getroffen.«

Luberto: »Und was habt ihr entschieden?«

C.: »Dass die Menschen [sie] wählen sollten. Und dass alle andere Menschen, die auf der Liste standen, egal ob sie Stadträte oder Bürgermeister werden wollten, Erpressungsgelder an Maurizio B. zahlen sollten.«

Luberto: »Was denn für Erpressungsgelder, wofür sollten die sein?«

C.: »Um ihre Wahlplakate aufzuhängen.«

Diese Beispiele zeigen, dass die 'Ndrangheta die Lokalpolitik in vielen Orten Kalabriens infiltriert haben dürfte. Die Mafia ist stark, der Staat schwach. Wenn man den Bürgermeister von Rossano trifft, bekommt man nicht das Gefühl, es ändere sich daran bald etwas.

Stefano Mascaro, Mitte 50, ein Lieferant von Zitrusfrüchten, trat sein Amt im Sommer 2016 an. Die Probleme seiner Kommune sprudeln schnell aus ihm heraus. Es sind nur andere, als man annehmen würde. Früher, sagt Mascaro, habe Rossano viel vom Input der Rückkehrer profitiert. Kalabresen, die in den 1960er Jahren nach Deutschland gegangen seien, hätten über die Jahre in der Heimat ihr Haus gebaut und wären dann auch wieder hergezogen. Diese Entwicklung sei größtenteils gestoppt. »Die Kinder dieser Leute sind Deutsche oder auch Franzosen oder Belgier geworden, sie kommen nicht jeden Sommer, sondern nur alle paar Jahre zu uns, wenn ein Cousin heiratet oder ein anderes großes Familienfest stattfindet.« Ansonsten profitieren sie von den Strukturen, die die Generation ihrer Eltern im Ausland aufgebaut hat. Dort sind sie in gut funktionierende Gemeinden hineingeboren worden. Wenn 500 Kalabreser zusammenkommen, dann ist das für alle wie zu Hause, auch wenn sie sich in Frankfurt treffen.«

Man sieht in Rossano auffällig viele Häuser, die nicht zu Ende gebaut sind. Die meisten dieser Gebäude seien Eigentum emigrierter Rossanesen, erklärt der Bürgermeister. »Ihre Kinder fragen die Eltern: ›Wieso investierst du in Kalabrien in ein Haus, in dem wir niemals leben werden?‹ Gleichzeitig bleiben manche Eltern dort, um den Kontakt zu ihren Enkeln nicht zu verlieren. Für uns ist das natürlich keine schöne Entwicklung, aber junge Familien im Ausland wissen heute nicht, was sie mit einem Haus in Kalabrien anstellen sollen.«

Heute, sagt der Bürgermeister, gingen nicht mehr so viele Rossanesen ins Ausland wie früher. »Damals hat es sich viel mehr gelohnt. Man verdiente in Deutschland zum Beispiel D-Mark. Wenn man damit zurückkehrte, war man hier bei uns steinreich. Heute reicht das, was die Leute in Deutschland verdienen, für ihr Leben dort.«

Stefano Mascaro spricht noch ein wenig über die Arbeitsmigranten von früher und jene, die heute »zum Studieren und zum Dortbleiben« ins Ausland gehen und von denen er wenig hält. Und dann fragt man ihn, worin er die größten Herausforderungen für den Bürgermeister von Rossano sieht.

»Aus dem, was wir haben, das Beste zu machen«, antwortet Mascaro und spricht nun über zwanzig Kilometer Küste, die allenfalls zur Hälfte touristisch erschlossen sei. Die Angebote, die man Urlaubern machen könne, seien nicht ausreichend, die Verkehrsverbindungen miserabel, der Tourismus sei deshalb »dritte Liga«. Acht Monate Sommer, sagt Mascaro, da müsste hier eigentlich längst ein Robinson Club eröffnet haben, »nach Ägypten fährt doch keiner mehr in diesen Zeiten«. Hier, an der ionischen Küste, könne noch investiert werden. An der anderen Seite der kalabrischen Stiefelspitze, der tyrrhenischen Küste, da sei doch alles zugebaut. »Nur hier, an der ionischen Küste, kann man noch leben«, sagt der Bürgermeister von Rossano und liefert für die hohe Lebensqualität auch eine Begründung: »Wir kennen nämlich kaum Kriminalität. Wir haben sie nie gehabt.«

Es ist der Augenblick, wo man den Bürgermeister unterbrechen muss. Und was ist mit der Mafia?, muss man ihn fragen, ist das keine Kriminalität?

Man fragt, etwas höflicher: »Sie sagten, es gebe hier keine oder wenig Kriminalität. In Deutschland verbindet man Kalabrien mit der 'Ndrangheta. Existiert dieses Problem bei Ihnen nicht?«

»Dann würde ich hier nicht leben«, antwortet Bürgermeister Mascaro. »Ich würde weggehen. Wenn es die Mafia gäbe, würde ich weggehen.«

Er sieht in eher erstaunte Gesichter und redet weiter. »Wir haben hier keine Entführungen gehabt, keine Mafia-Morde. Dies sind die Dinge, die entscheidend sind. Den Drogenhandel sieht man nicht. Eine Mafia tritt in Erscheinung, wenn man tote Menschen auf der Straße liegen sieht. Hier gibt es keine Toten auf den Straßen. Hier wurden auch nie Menschen entführt. Es gab einige Fälle, aber das war Kleinkriminalität. Ich spreche nicht für andere Gebiete. Aber hier lebt man nicht mit der Mafia. Wenn es sie gibt, siehst du sie nicht.«

Wenn stimmt, was der Bürgermeister Stefano Mascaro sagt, dann ist Rossano ein Ort der Glückseligen. Dann funktionieren Lokalpolitik und Verwaltung der Stadt, ohne von der 'Ndrangheta beeinflusst zu werden. Und wenn der Staatsanwalt Nicola Gratteri sagt, dass »viele nicht vorbestrafte Verwandte von 'Ndrangheta-Mitgliedern Stellen in den Verwaltungen der Städte besetzen und dort im Sinne und nach den Kriterien der Mafia vorgehen« und »deswegen viele Menschen Kalabrien verlassen«, dann trifft diese Zustandsbeschreibung dem Bürgermeister zufolge auf Rossano nicht zu.

In Wirklichkeit ist das Gegenteil der Fall. Die Mafia folgt natürlich auch in Rossano ihrer Strategie, in Politik und Verwaltung die Voraussetzungen für ihre Geschäfte zu schaffen. Sie agiert so in ihrem Stammland, aber auch weit davon entfernt.

Die Bürgermeisterwahlen in Rossano sind gerade erst vorüber, Maria hat sich nicht weiter interessiert für das Ergebnis. Sie ist fürs Erste froh, dass sie die Wohnung in Piragineti bekommen hat, drei große Zimmer im Erdgeschoss. Sie wohnen erst wenige Tage dort, als ihr ältester Sohn Francesco sich abends daran macht, die Wohnungstür abzuschließen. Maria sitzt gerade im Schlafzimmer und gibt dem kleinen Emanuele die Flasche. Plötzlich knallt es. Maria springt auf, stürmt zur Tür, von der man auf die Straße schauen kann.

»Sie haben auf das Auto geschossen«, berichtet der 13-Jährige Francesco seiner Mutter.

Der Täter und sein Begleiter haben es nicht allzu eilig, den Tatort zu verlassen. Maria sieht sie noch vom Fenster aus auf einem Motorroller sitzen. Einen von ihnen erkennt sie als Gefolgsmann von Morfò. Die Kugel hat die Frontscheibe und die Scheibe der Beifahrertür des Fiat Uno, der auf Antonello angemeldet ist und von Maria gefahren wird, zersplittert. »Am

24.7.2011 beschädigten Unbekannte den Fiat Uno, benutzt von Maria Giordano«, notierten die Ermittler später nüchtern in ihrer Akte.

Antonello ruft seine beiden Brüder an, die auch gleich vorbeikommen. Die beiden rufen den Mafiosi an, der eben noch auf dem Motorrad davongefahren ist. Maria lässt sich das Telefon geben. Sie ist wütend und deshalb mutig und zitiert den Motorroller-Fahrer zu sich: »Du kommst sofort vorbei oder ich sage der Polizei Bescheid«, ruft sie. »Das muss ein Ende finden. Ich habe dich groß werden sehen.«

Der Mafiosi kommt tatsächlich vorbei. Und er hört, wie Maria nachlegt. »Du musst zu deinem Chef gehen und ihm sagen, dass er mich in Ruhe lassen soll, oder ich weiß nicht, wie ich reagieren werde. Sag ihm, dass man solche Sachen der Ehefrau von *man e' mort* vor dessen Kindern nicht zufügen darf.« Maria bezieht sich auf Pasquale, den sie bei seinem Spitznamen »Unsichtbare Hand« nennt. Pasquale hat Salvatore Morfò immer treu zur Seite gestanden. Vielleicht, denkt Maria, nutzt das ja jetzt etwas.

Um ihren Sätzen Nachdruck zu verleihen, zieht sie ihre Schuhe an, als wolle sie zur Polizei gehen. Der Mafia-Mann lässt sich nicht herab, mit Maria zu sprechen. Zu Antonellos Brüdern sagt er: »Lasst sie nicht gehen. Ich werde mit meinem Chef sprechen.«

Wenige Minuten später erhält Maria einen Anruf mit unterdrückter Rufnummer. Eine Stimme, die sie nicht kennt, sagt: »In zehn Minuten müssen Antonello und seine Brüder zur Baustelle kommen.« Mit der Baustelle ist eine kleine Betonfläche in der Nähe der Kirche gemeint, seit jeher ein Treffpunkt von Salvatore Morfòs Männern. Antonello und seine beiden Brüder gehorchen. Und kommen bald darauf schwer malträtiert zurück. Zehn Minuten lang haben Morfòs Leute sie in die Mangel genommen und blutig geschlagen.

Einige Wochen später hört die Polizei ein Telefongespräch zwischen Salvatore Morfò und einem Familienmitglied ab. Aus der Abschrift geht hervor, dass es bei dieser Schlägerei nicht um Maria ging. Die *'Ndrina* hat offenbar – mit dem Anspruch einer Ordnungsmacht – einen Schweinediebstahl aufklären wollen und sich dabei Verdächtige vorgeknöpft. Die beschuldigten wiederum Antonello.

»Es sind einige Schweine geklaut worden«, wird in dem abgehörten Telefonat berichtet. »Mir haben sie gesagt, dass sie einige Tage zuvor Antonello Gentile gesehen hätten. Er fuhr seinen Fiat Uno und transportierte darin einige Schweine. Antonello Gentile, der, der mit der Napoletana liiert ist. Sie haben ihm das Auto kaputtgemacht.«

Dann ist von einem anderen Mann die Rede, der noch in derselben Nacht bei ihm vorstellig wurde und sich für Antonello verwendete: »In der Nacht, so um halb eins, ist ein Junge gekommen *unverständlich* (...). Er kam, zog sich die Jacke aus *unverständlich* (...) wie Sylvester Stallone. Er war ganz fett. Er kam zu dem Lokal und sagte zu mir: ›Ich bin ein Freund deines Vaters und ein Freund von Nicola.‹ (...) Ich habe ihn beiseitegenommen und ihm gesagt: ›Du bist ein Freund von diesem und von jenem, aber du machst dich gerade stark für einen Scheißkerl, der einen Polizisten zu uns führte und Freunde verhaften ließ.‹ (...) Er beschützte den Gentile. Ich habe ihm gesagt: ›Komm, lass uns etwas trinken gehen, und danach haust du ab und lässt dich nie wieder mit ihm blicken.‹ (...) Wir gingen gerade weg, als er sich zu Isidoro, deinem Neffen, umdrehte und zu ihm sagte: ›Lach nicht. Du verarschst mich doch wohl nicht?‹ (...) *unverständlich* (...) Ich habe ihn getreten, ich habe ihm Schläge mit der Schaufel verpasst. Er hatte die Nase voller Blut. Er hat gesagt: ›Das wirst du bereuen.‹ Ich habe ihn zusammengeschlagen.«

Zuerst die Schlägerei auf der Grünfläche hinter der Schule, dann die Szene, die anschließend am Telefon beschrieben wird – der Gipfel der Gewalt ist damit in dieser Julinacht in Rossano jedoch noch nicht erreicht.

Maria hat in der Zwischenzeit einen Anruf bekommen. Ihr

Vermieter hat sich gemeldet, ungewöhnlich spät. »Er sagte mir, sie hätten ihm 24 Stunden gegeben. Wenn ich dann nicht raus wäre, würden sie die Wohnung in die Luft jagen.« Maria weiß, dass man diese Ansage ernst nehmen muss. Und sie will auch ihrem Vermieter nicht das Gegenteil weismachen. »Ich kläre das«, verspricht sie. »Wenn es keine Lösung gibt, ziehen wir aus.«

Als Antonello und seine Brüder von der 24-Stunden-Frist hören, machen sie sich gleich wieder auf den Weg. Bei der Schlägerei auf dem Grundstück hinter der Schule haben sie nämlich gehört, dass der Morfò-Verwandte sich am Strand *La Balera* aufhalte und auf sie warte. Die drei Brüder wollen sofort los.

»Ich rufe die Carabinieri«, sagt Maria zu Antonello. Für diese Idee fängt sie sich von einem der Antonello-Brüder eine Ohrfeige. »Du machst, was wir dir sagen«, bedeutet er ihr. Die drei Männer verlassen die Wohnung und fahren los. Maria bittet die Frau von einem der Männer, die mitgekommen ist, auf die Kinder aufzupassen. Dann setzt sie sich in ihr angeschossenes Auto und fährt zum Strand La Balera.

Maria parkt in Sichtweite und krabbelt dann unter ihren Wagen. Sie hat viel erlebt, doch was sie nun beobachtet, lässt sie erschaudern. Vor ihren Augen marschierten Dutzende Männer auf. »Sie kamen von allen Seiten, aus der Siedlung, vom Strand rechts und vom Strand links. Es waren sechzig, vielleicht auch siebzig. Einige trugen Eisenschläger. Die versammelten sich, als wären sie eine Armee.«

Maria ruft die Carabinieri an. »Ich kann hier jetzt nicht lange telefonieren. Die haben Schläger und Pistolen. Die bringen mich um, wenn sie mich hier entdecken«, spricht sie leise in den Hörer. Sie erscheinen erst, als das Aufeinandertreffen längst beendet ist.

Zuerst schlägt der Ranghöchste der versammelten ’Ndranghetisti zu, mit der Faust, dreimal, direkt in Antonellos Gesicht. Danach übernehmen andere. Als Antonellos Brüder dazwischengehen, ergeht es ihnen ebenso. Danach erfahren sie, dass Maria ausgesagt hat. Das ist ihnen neu. Maria versteht unter ihrem Auto, was Morfòs Verwandter sagt. »*Pentita*«, hört Maria ihn sagen, damit ist sie zweifellos gemeint. Als *pentito*, Reuiger, wird ein Mitglied einer mafiösen Vereinigung bezeichnet, das mit den Ermittlungsbehörden kooperiert.

Während seine Brüder noch mit Morfòs Gefolgsmann sprechen, darf Antonello sich entfernen. Maria wartet kurz ab, robbt sich dann unter ihrem Wagen hervor, steigt leise hinein, fährt los und sammelt Antonello ein. Sein Gesicht ist blutverschmiert, das rechte Auge zugeschwollen. Ein Bein hat so viele Tritte abbekommen, dass er es nicht mehr richtig bewegen kann. Maria fährt mit Antonello in die Wohnung nach Piragineti. Dort finden sich, etwas später und ebenfalls übel zugerichtet, auch Antonellos Brüder ein. Die Carabinieri haben sich nicht sehen lassen.

Was die drei am Strand erlebt haben, ist eine Demonstration der Brutalität, vor allem aber der Stärke. Die *'Ndrina* hat ihnen das Kräfteverhältnis dargestellt: Hier Dutzende Männer von Morfò, dort ein Mann, dem seine Brüder auch nicht helfen können.

Ins Krankenhaus begibt sich in dieser Nacht und auch am folgenden Tag keiner der drei Geschlagenen. Antonello sagt Maria, er werde die Sache regeln. Und er bittet sie inständig, auf keinen Fall weiter mit der Polizei zu kooperieren.

Doch Maria wählt am nächsten Morgen die Nummer der Wache in Rossano. Sie verlangt einen Beamten, dem sie vertraut. Er ist aus der Toskana nach Kalabrien entsandt worden und frei von familiären, freundschaftlichen oder anderen Beziehungen zur 'Ndrangheta. Dieser Mann hat Maria vor mehr als drei Jahren zur Zusammenarbeit gedrängt. Maria erzählt ihm, dass die Polizisten trotz ihres Anrufes nicht oder zu spät zum Strand gekommen seien. »Er konnte das kaum glauben und versprach mir dann, in Rom anzurufen«, erinnert sich Maria. »So gehe das nicht, sagte er. So etwas habe er mit anderen Kronzeugen noch nie erlebt.«

*» Er fuhr Porsche,
Maserati und Lamborghini,
schmiss Partys für
über hundert Leute «*

## Die Baumafia in Nordrhein-Westfalen

Die Razzia fand im September 2016 statt, und sie verlief wie gemacht für grelle Schlagzeilen: 300 Polizei- und Zollbeamte, darunter auch ein Sondereinsatzkommando (SEK), drangen morgens früh um 4.30 Uhr in Häuser, Wohnungen und Gewerberäume ein, in Köln, Bergisch Gladbach und Burscheid, Kerpen und Dormagen, Leverkusen und Wuppertal. Sie beschlagnahmten 70.000 Euro Bargeld, Luxusuhren, Kokain, eine geladene Schusswaffe und Munition. Und sie nahmen Geschäftsunterlagen, Computer und Handys mit, insgesamt 138 Kisten. Nur zu einem Schusswechsel kam es nicht an jenem Spätsommermorgen – der Hauptverdächtige ließ sich widerstandslos festnehmen. Er ist 35 Jahre alt, sizilianischer Herkunft und mutmaßlich einer der Köpfe der Baumafia in Nordrhein-Westfalen.

»Er fuhr Porsche, Maserati und Lamborghini, schmiss Partys für über hundert Leute auf seinem riesigen Grundstück im Kölner Norden, wo er mehrere Häuser draufgebaut hatte«, sagte ein Freund des Baumafiosos der Kölner Zeitung »Express«. Insgesamt führten die Beamten von Polizei und Zoll an den unterschiedlichen Durchsuchungsorten elf Personen im Alter von 31 bis 57 Jahren ab.

Baumafiosi waschen Gelder, die oft aus dem Drogenhandel stammen, indem sie damit Schwarzarbeiter auf deutschen Baustellen in bar bezahlen. Sie nehmen den Staat aus, indem sie die Schwarzarbeit mit Hilfe von Scheinfirmen legal aussehen lassen, in

Wirklichkeit aber hohe Beträge zu Lasten der deutschen Rentenversicherung und der Sozial- und Krankenkassen abschöpfen. Im Falle des Hauptverdächtigen bei der Razzia im September 2016 ging es um Millionen.

Die Baumafia. In Nordrhein-Westfalen ist die Cosa Nostra aus Sizilien stark engagiert in diesem Segment der organisierten Kriminalität. In Baden-Württemberg haben es die Strafverfolger vor allem mit der 'Ndrangheta zu tun. Von den spektakulären Fahndungserfolgen erfährt die Öffentlichkeit meist. Wie effektiv die Verfolgung der Kriminalität auf Baustellen durch den Staat aber tatsächlich ist, lässt sich schwer einschätzen. Mit Blick auf das bevölkerungsreichste Bundesland kann man immerhin behaupten, dass die Gefahr erkannt ist und Maßnahmen getroffen wurden. Das zeigt ein internes Polizeipapier, eine »Strukturanalyse« Nordrhein-Westfalens mit dem Titel »Organisierte Kriminalität im Baugewerbe«.

Das exakte Vorgehen der Baumafiosi im Fall des 35-jährigen Kölners werden die Ermittler offenlegen, wenn der Tatverdächtige irgendwann vor Gericht steht. Bei Gabriele S. und Rosario P., zwei anderen Sizilianern, ist das bereits geschehen. Ihre Ermittlungsakten gewähren Einblick in einen lukrativen Wirtschaftszweig der Mafia, die sich das Terrain in Nordrhein-Westfalen geographisch aufgeteilt hat: Gabriele S. kontrollierte bis zu seiner Festnahme das Geschäft in Köln und Umgebung, Rosario P. kümmerte sich mit Arbeitsschwerpunkten in Dortmund und Hagen um die Deals im östlichen Ruhrgebiet.

Auf das Wirken von Gabriele S. stießen die Strafverfolger an einem trüben Vormittag Ende Mai 2011. In einem Raum der Kölner Justizbehörden saßen zwei Staatsanwälte und ein Kriminalhauptkommissar einem Häftling und dessen Rechtsanwalt gegenüber und führten ein Gespräch mit Folgen. Der Häftling vermochte das Vorgehen der Baumafia exakt zu beschreiben. Er konnte Namen nennen. Er war ein Insider, der nun kurz davorstand, zum Kronzeugen zu werden, und der auch Gabriele S. kannte. Der Mann hieß Salvatore V.

Salvatore V. hatte aber Angst, Angst um sich selbst und um seine

Familie. Das teilte er den Kommissaren gleich am Anfang mit, wie in der Ermittlungsakte nachzulesen ist:

»Ich werde Ihnen die ganze Wahrheit sagen, das, was Sache ist. Sie müssen mir aber versprechen, dass Sie auf meinen Sohn und meine Frau aufpassen.

Frage: Wie meinen Sie das?

Antwort: Weil sehr viele Leute – diese Leute kennen meine Familie.

Vermerk: Dieses Versprechen kann so nicht gegeben werden, was einen direkten Personenschutz anbetrifft.

Antwort: Aber wie soll ich Ihnen dann die Wahrheit sagen? (ist sehr aufgeregt)

Vermerk: Rechtsanwalt bespricht sich über die chronologische Vorgehensweise mit seinem Mandanten im Beisein aller Anwesenden.«

Salvatore V. musste sich entscheiden. Würde er aussagen, die Taten beschreiben und die Täter beim Namen nennen, darunter Leute, mit denen er über Jahre eng zusammengearbeitet hatte, dann fiele seine Strafe spürbar geringer aus. Andererseits wusste Salvatore V.: Wer das Schweigen der Mafia bricht, tut das nicht ungestraft. Salvatore V. wählte schließlich einen Mittelweg:

»Ich bin damals mit einem guten Freund dorthin gegangen, den ich namentlich nicht benennen will. Ich werde ihn deshalb immer nur ›mein Freund‹ nennen. Das Ganze fing damit an, dass mein Freund und ich zu einer Person gegangen sind, die ich namentlich ebenfalls nicht nennen will, da ich dabei Angst um meine Familie habe. Diese Person werde ich ab jetzt als ›Mister X‹ bezeichnen.«

An zwei Tagen und insgesamt fast sieben Stunden lang beantwortete Salvatore V. die Fragen der Polizisten. Er kam schnell ins Erzählen.

Mister X war demnach jemand, der schnell aggressiv wurde, wenn es nicht nach seinen Vorgaben lief. Er kündigte seinen Partnern an, alles kaputtzuschlagen oder ihnen gleich den Kopf abzureißen. Reichten ihm Drohungen nicht aus, schlug er zu. Salvatore V. berichtete den Kölner Polizisten, wie Mister X und seine Leute einen Komplizen misshandelten. Er wollte damit jedem in der Gruppe klarmachen, dass er das Sagen hatte.

Im Stadtteil Kalk im Kölner Osten war er an einer Bäckerei beteiligt und an der »Hello Bar«. Hier kamen Subunternehmer und Schwarzarbeiter aus der Baubranche zusammen. Mister X verfügte über ein ganzes Netz an Firmen, die meisten davon waren Strohfirmen, über die er kriminelle Geschäfte abwickelte. Doch Mister X trat dabei nicht selbst als Geschäftsführer auf. Er ließ andere unterschreiben.

Die Beamten begannen zu recherchieren. Aus Salvatore V.s Angaben konnten sie bald ein Personenprofil erstellen. Schnell bekamen sie heraus, wen der Mann im Verhör als Mister X bezeichnet hatte: Es war Gabriele S., geboren 1973 in Licata, einem Städtchen an der Südküste Siziliens. Gabriele S. war in der Grundschule in Italien dreimal sitzengeblieben und hatte seit dem zehnten Lebensjahr Schafe gehütet. Mit siebzehn Jahren war er nach Köln gekommen und hatte zunächst Arbeit in Pizzerien gefunden. Dann wechselte er aus dem Gast- ins Baugewerbe und jobbte als Eisenflechter. Zehn Jahre nach seiner Ankunft in Deutschland machte er sich selbständig und übernahm in Köln-Kalk besagte Bäckerei. Ein Foto auf Facebook zeigt S., wie er in hellgrauer Jogginghose und schwarzem, ärmellosen Shirt posiert, die Arme über der Brust verschränkt, die kräftigen Oberarmmuskeln betonend.

In den Polizeicomputer hatte Gabriele S. es bereits mit mehreren Einträgen geschafft, erstmals 1998 wegen Unfallflucht, 2003 dann wegen Verstoßes gegen das Waffengesetz. Da hatte man eine Selbstladepistole mit Munition gefunden, die S. nach eigenen Angaben zur Selbstverteidigung aufbewahrte. 2008 schließlich hatte S. eine Geldstrafe kassiert, weil er seiner Frau gedroht hatte, sie und ihr nahestehende Personen umzubringen, falls sie wegen der bevorstehenden Trennung finanzielle Ansprüche an ihn stelle.

Die Ermittler beantragten, Mobiltelefone abzuhören, die Gabriele S. nutzte. Immer wieder baten sie um Verlängerung der Maßnahme – und erweiterten sie auf die Besitzer oder Nutzer anderer Anschlüsse. Die Hauptakte der Ermittlungen wuchs auch deshalb am

Ende auf fast 4500 Seiten. Jedes einzelne Telefonat wurde abgehört, meistens aus dem Italienischen ins Deutsche übersetzt und anschließend analysiert.

Manchmal ergab die Telekommunikationsüberwachung, im Polizeijargon TKÜ genannt, auch Hinweise auf andere Delikte. So heißt es in der neunten Auswertung aus dem März 2013: »Anhand der TKÜ-Auswertung konnte, wie bereits in den Auswertungen 1 bis 8, grundsätzlich erkannt werden, dass Gabriele S. sich weiterhin als Hintermann von Strohmannfirmen im Baugewerbe betätigt. Auch der Drogenhandel spielt weiterhin eine Rolle, wobei einzelne Taten nur schwer zu belegen sind, da unverändert konspirativ am Telefon gesprochen wird. Jedoch hat die Festnahme und Identifizierung des Kokainhändlers V. aus Dortmund in Mannheim beim Verkauf von 2,2 Kilogramm Kokain an einen VE des LKA BW [die Abkürzung VE steht für verdeckter Ermittler, LKA BW steht für Landeskriminalamt Baden-Württemberg] dazu geführt, dass nun die Beweislage hinsichtlich des Kokainhandels von Gabriele S. deutlich verbessert wurde. Es ist nun nicht nur belegbar, dass S. tatsächlich bis zu seiner Festnahme am 17.03.2013 mit Kokain gehandelt hat, sondern es wurden auch Erkenntnisse zu Preisen und üblichen Verkaufsmengen gewonnen.«

Sich zu bewaffnen war offenbar nicht ungewöhnlich. Das zeigt auch der Mitschnitt von Handygesprächen zwischen Gabriele S. und dem Dealer V. aus dem Dezember 2011, der in der Ermittlungsakte so wiedergegeben ist:

»20.12.2011, 15:20:34 Uhr – Verdacht Waffendelikt – V. ruft Gabriele S. an. In diesem Gespräch geht es ganz offensichtlich darum, dass man eine dritte Person aufsuchen wird. Es geht dabei offensichtlich um die bereits mitgeteilte Adresse in Dortmund. An dieser befindet sich der V. bereits. Gabriele S. ist noch unterwegs und will erst noch in die Pizzeria. Zur Verdeutlichung des Sachverhalts hier das Protokoll aus der TKÜ:

V. fragt, ob die Anschrift ›hier‹ richtig geschrieben sei. Gabriele weiß es nicht. Er ist in Hagen und fährt jetzt in die Pizzeria. Dann will er losfahren.

V.: Ah, du fährst in die Pizzeria!

Gabriele S.: Ja, und dann fahre ich los. Ich gehe und hole das Kind. Hast du verstanden?

V.: O. k. Ciao, ciao.

Gabriele S.: Hör zu. Also du ...

V.: Du brauchst das Kind nicht. Du brauchst das Kind doch nicht!

Gabriele S.: Doch, ich brauche es, ich brauche es. Man kann nie wissen.

V.: Du brauchst es nicht!

Gabriele S. fragt, wo sich V. befindet. V. ist an der Adresse, die er Gabriele S. geschickt hat. Gabriele S. fragt, ob ›er‹ auch dort sei. V. muss ›ihn‹ anrufen. V. hat ›ihn‹ schon getroffen. ›Er‹ wartet auf V.

Dem Inhalt könnte entnommen werden, dass Gabriele S. sich vor dem Treffen mit einer dritten Person bewaffnen will. Dies tut er offenbar in einer Pizzeria (...). Der Ausdruck ›Kind‹ kann hier nicht anders gedeutet werden.«

Um Gabriele S. herum stießen die Ermittler schließlich auf ein ganzes Netz von Italienern aus Licata und Umgebung. Sie alle bewegten sich in der illegalen Baubranche. Die Ermittler erstellten eine Karte und merkten, dass Gabriele S. den Großraum Köln beackerte. Für den Raum Dortmund/Hagen, für das östliche Ruhrgebiet machten sie den Sizilianer Rosario P. aus.

Gabriele S. und Rosario P. sind in der Ermittlungsakte als Köpfe der »sich im Hintergrund haltenden Initiatorengruppe« genannt, die »aus sogenannten Rädelsführern und deren Handlangern« bestehe. Kam es zwischen den Mafiosi-Gruppen zu Grenzverletzungen im Geschäft oder zu anderen Streitigkeiten, trafen die Gruppen sich in der geographischen Mitte, in Essen also oder in Bochum, um die Probleme im Gespräch zu lösen. Der Austausch war ohnehin eng: Die Ermittler hielten in den Akten fast tägliche Konferenzen der beiden Baumafiabosse fest.

Das Geschäft, begangen meist von Männern ohne kaufmännische Ausbildung, gestaltete sich als nicht allzu kompliziert. Gabriele S. und Rosario P. heuerten Strohmänner an, oft aus Sizilien, Bekannte, Verwandte, Leute mit wenig Geld und geringer Erwerbsperspektive. Die Baumafiosi holten sie nach Deutschland, begleiteten sie auf Behörden, zu Banken und Notaren, ließen sie Dokumente unterschreiben und ansonsten nicht aus den Augen. Ihre Männer waren nun – offiziell, auf dem Papier – Firmenbesitzer.

Über die Firmen der Strohmänner ließen Gabriele S. und Rosario P. Rechnungen schreiben und an Unternehmer im Baugewerbe schicken. Dafür kassierten sie von den Unternehmern Geld. Es waren Geldanforderungen für Dienstleistungen, die in Wirklichkeit nie erbracht wurden – Scheinrechnungen.

Die Unternehmen überwiesen das Geld auf die Konten der Firmen der Strohmänner. Diese mussten das Geld dann – begleitet von Gabriele S. oder Rosario P. – in bar abheben. Ein kleinerer Teil des Geldes, rund zehn Prozent, blieb direkt bei den Mafiosi, der Rest ging in bar zurück an die Unternehmer. Sie konnten davon Schwarzarbeiter bezahlen oder Auftraggeber bestechen.

In der Buchführung der Unternehmer fanden sich dank der Scheinrechnungen keine Hinweise auf Unregelmäßigkeiten oder krumme Geschäfte – die Prüfungen des Finanzamts verliefen meistens tadellos. Insgesamt verwandelten Gabriele S. und Rosario P. mit diesem System Millionen von Euro in Schwarzgeld, das den illegalen Baumarkt in Nordrhein-Westfalen finanziert.

Flog nach einigen Monaten doch einmal eine der Strohmannfirmen auf, wegen der hohen Geldbewegungen oder der häufigen Barauszahlungen, so zogen die Baumafiosi schnell noch ein letztes Geschäft durch. Auf den Namen des Strohmannes wurden dicke Wagen gekauft, Lamborghinis etwa, einmal auch ein BMW X1. Diese wurden dann als gestohlen gemeldet und illegal weiterverkauft. Anschließend ging das Unternehmen pleite und der Strohmann oft zurück nach Sizilien. Manche Strohleute wussten, auf welches Spiel sie sich eingelassen hatten, andere bestritten es in den Vernehmungen.

Das LKA fertigte auf Basis der ausführlichen Ermittlungen seine interne Strukturanalyse über die »Organisierte Kriminalität im Baugewerbe« an. Die Strukturen der Baumafia in Nordrhein-Westfalen, heißt es darin, verfügten »regelmäßig über Bezüge zur Cosa Nostra«. Die Gruppen seien hierarchisch gegliedert und mit der Mafia verflochten. Das Familienprinzip komme genauso zum Tragen wie das Territorialprinzip, nach dem sich die Tätergruppen die Räume für ihre Straftaten untereinander aufteilen.

Die Polizei war aufgeschreckt durch die Erkenntnisse, die Telefonüberwachungen im Milieu der Baumafia brachten. Die Strukturanalyse des LKA ist zwar eher in Behördensprache formuliert und keineswegs in flottem oder gar panischem Ton. Doch beschönigt wird nichts. Mit Blick auf eine Einzelermittlung schreiben die Autoren, dass sie es mit Kriminellen von großer Vielseitigkeit zu tun haben: »Zu dem italienischstämmigen Personenkreis lagen bereits Erkenntnisse zu Verstößen gegen das Waffengesetz, wettbewerbsbeschränkenden Absprachen, Urkundendelikten, Falschgelddelikten, Körperverletzung, Diebstahl, Steuerhinterziehung, Vorenthalten von Arbeitsentgelt vor.«

Die Strukturanalyse erwähnt auch die Verbindungen der Haupttäter zu einem italienischen Staatsbürger, der wegen Mordverdacht zuerst in Italien in Haft saß und dann nach Deutschland ausgeliefert wurde. Dieser Mann wurde bezichtigt, den im Jahr 2006 begangenen Mord an einem italienischen Gastwirt in Köln in Auftrag gegeben zu haben. Ein Kronzeuge hatte das ausgesagt, vor dem Landgericht Hagen. Die Familie des Mannes, mit dem die Baumafiosi in Kontakt standen, soll demnach der sizilianischen Mafia angehören. Von »starken Abhängigkeiten« ist weiter zu lesen, auch von einem »dauerhaft erzeugten Klima der Bedrohung«. Und: »Zum Schutz des Belastungszeugen mussten Zeugenschutzmaßnahmen durchgeführt werden. Auf Grundlage beantragter Haftbefehle erfolgte die Festnahme von zwei italienischen Staatsangehörigen in Nordrhein-Westfalen. Die italienischen Behörden haben inzwischen zwei weitere Hauptverdächtige auf Grundlage internationaler Haftbefehle nach Deutschland ausgeliefert.«

Nicht allzu weit annähern konnten sich die Polizisten jenen Mafiosi, die über Gabriele S. und Rosario P. standen. Es blieb letztlich ungeklärt, in wessen Namen S. und P. unterwegs waren – auch wenn es Hinweise gab und Spuren, die weiterführten. So trafen Ermittler bei einer Razzia in der »Hello Bar«, dem Lokal von Gabriele S. in Köln-Kalk, einen Italiener namens Angelo B. an. Der junge Mann war gerade erst aus Italien angekommen, Gabriele S. hatte ihm einen Schlafplatz besorgen müssen. Nach der Durchsuchung der Kneipe ließen die Beamten Angelo B. wieder laufen. Doch der Italiener fiel später am Nachmittag noch einmal auf. Diesmal hielt eine Polizeistreife einen Wagen an, in dem Angelo B. saß. Das Auto war auf den Namen eines anderen Angelo zugelassen, des Italieners Angelo O.

Angelo O. war für die Beamten leicht zu recherchieren. Er amtierte als Boss der Cosa Nostra in der Region, zu der auch Licata gehört, die Heimatstadt von Gabriele S. Angelo O. besaß dort einst eine Bar, die als Umschlagplatz für Drogen galt und dem Boss vor Ort nicht unbekannt gewesen sein dürfte.

Der Boss Angelo O. hatte selbst eine Zeitlang in Köln gelebt. 1997 verhaftete die Polizei ihn dort nach einer Schießerei. Es gab damals Streit um Geld aus einem Drogendeal. Danach verschwand Angelo O. nach Italien. Ihm werden heute auch Verbindungen zu den Drogenhändlern der 'Ndrangheta nachgesagt. Ermittler in Deutschland halten Angelo O. für einen der Paten im Hintergrund. Könnte man ihm Kontakte zur Baumafia nachweisen, wäre das spektakulär. Tatsächlich spricht einiges für solche Kontakte, wenn derselbe junge Mann zuerst bei Gabriele S. und noch am selben Tag im Wagen von Angelo O. aufgegriffen wird. Die deutsche Polizei hätte dann den Beweis erbracht, dass die Cosa Nostra auf höchster Ebene in Nordrhein-Westfalen die kriminelle Schattenwirtschaft mitbestimmt.

Zurück zum Kronzeugen Salvatore V., der im Vernehmungsraum der Kölner Polizei auspackte – er selbst kannte Mister X alias Gabriele S. sehr gut. 2003 hatten Salvatore V. und Gabriele S. nämlich eine gemeinsame Strohfirma. Das Geld habe angeblich Gabriele S. eingesteckt, beklagte sich Salvatore V. nun bei der Polizei. Irgendwann während der Vernehmung, als er bereits etliche Fragen beantwortet hatte, bekam Salvatore V. plötzlich Angst. Er brach in Tränen aus.

Einige Monate später erfuhr Gabriele S., dass sein einstiger Partner ausgesagt hatte. Er regte sich kräftig darüber auf. Zeugen berichteten von einem Gespräch zwischen Gabriele S. und dessen Bruder Vincenzo S. Wenn Salvatore S. nun den Kronzeugen gebe, müsse er zum Schweigen gebracht werden, habe es da geheißen. So steht es in den Ermittlungsunterlagen.

Zu diesem Zeitpunkt waren die Ermittler Gabriele S. längst auf der Spur. Sie wussten, wo er wohnte, mit wem er sich traf und telefonierte. Sie hatten verstanden, dass die Bäckerei in Köln-Kalk mehr als eine Backstube war. In dem Treffpunkt der Sizilianer wurden illegale Geschäfte verabredet, viele mit Kokain. Die Kunden meldeten sich per Telefon und verständigten sich mit Codewörtern. Gabriele S. verkauft ihnen etwa »weiße Pasta ohne Soße«. Ein anderes Synonym war der Begriff »Auto«. Gabriele S. erzählte in einem abgehörten Telefonat, er verkaufe pro Woche ein bis zwei Autos, weiße Autos. Die Ermittler folgerten, dass er pro Woche 100 bis 200 Gramm Kokain veräußerte.

Gabriele S. konsumierte auch selbst, »so viel wie ansonsten ganz Köln«, gab bei einer Vernehmung der Sizilianer Calogero D. an. Calogero D. war damals Komplize von Gabriele S. Er sagte aus, dass Gabriele S. aufgrund seines hohen Drogenkonsums die Geschäfte immer mehr entglitten seien. Calogero D. stieg deshalb ein, löste Probleme, beschützte andere Personen. So stellte er selbst es den Ermittlern gegenüber dar. Calogero D. hatte als Leibwächter eines sizilianischen Mafiabosses gearbeitet und dann in Italien im Gefängnis gesessen, »wegen Beteiligung an Mord«, heißt es in seiner italienischen Akte. Nun stieg er im Reich von Gabriele S. und Rosario P. zum wichtigen Player auf. Er hielt Kontakte zu Massimo Romagnoli, einem Politiker der Berlusconi-Partei, der über Jahre um die Stimmen der Auslandsitaliener in Deutschland buhlte und mit ihrer Hilfe ins italienische Parlament gewählt wurde. Dabei ließ Romagnoli sich mit der 'Ndrangheta in Baden-Württemberg ein und mit der Cosa Nostra in Nordrhein-Westfalen. In Sizilien besetzte er für die Berlusconi-Partei ein hohes politisches Amt. Und natürlich beteuerte er immer, ein seriöser Politiker bar jeder Mafiakontakte zu sein. Im Dezember 2014 wurde Romagnoli in den USA festgenommen. Romagnoli hatte bei einem Waffengeschäft von gewaltiger Dimension mitgewirkt: Er half dabei, für fünfzehn Millionen Dollar Waffen an die Fuerzas Armadas Revolucionarias de Colombia zu verkaufen, an die FARC, die größte Guerilla-Gruppe in Kolumbien und ganz Lateinamerika. Im September 2016 erhielt er, nachdem er umfangreich ausgesagt und andere belastet hatte, in einem Gericht in Manhattan eine Haftstrafe von vier Jahren.

Calogero D. also, der Mann mit Beziehungen auch in die Politik, sprang Gabriele S. in Köln bei, während der Baumafioso selbst Nerven zeigte. 2012 erfuhr er, dass sein Konzessionär für die »Hello Bar« nicht mehr mitspielen wolle. Der Mann, der Gabriele S. immer treu zu Diensten gewesen war, wollte sich nun selbständig machen. Gabriele S. machte das wütend. Wie er reagierte, beschreiben die Ermittler in der Akte: Er wollte mit seinem Bruder Vincenzo sprechen, der seit einigen Jahren ebenfalls in Köln lebte und in die krummen Geschäfte involviert war. »Da Vincenzo S. zu dieser Zeit in Italien ist und Gabriele ihn nicht telefonisch erreichen konnte, ruft er auf dem Festnetzanschluss der Wohnanschrift des Vincenzo an. Er spricht mit einer weiblichen Person Tere und fragt diese, wo Enzo die ›Maschine von Sylvester‹ hingetan habe. Da sie es nicht weiß, will Gabriele S. vorbeikommen.«

Bevor er das tat, rief er einen anderen Vertrauten an und stellte noch einmal klar, dass er den Konzessionär, der sich selbständig machen wolle, umbringen werde. Dann erreichte er seinen Bruder Vincenzo in Italien am Telefon. Wo die »Maschine von Sylvester« sei, wollte Gabriele S. wissen. Vincenzo S. konnte ihm da weiterhelfen: Sie liege in einem Kleiderschrank versteckt, zwischen den kurzen Jeanshosen.

Die »Maschine von Sylvester« war eine Pistole, Gabriele S. fand sie und machte sich auf den Weg zur »Hello Bar«. Noch immer war sein Zorn nicht verraucht. In der Bar traf er, wen er gesucht hatte: seinen Konzessionär. Und der schien tatsächlich gewillt zu sein, sich von der Knute des Baumafioso Gabriele S. zu befreien. Zumindest eskalierte der Streit – es knallte. Gabriele S. hatte abgedrückt.

Was genau passiert war, blieb unklar. Die Polizei stieß später auf ein Loch, verursacht durch einen Schuss. Ein Partner von Gabriele S. schrieb in einer SMS, dass die Patrone aus der Pistole an einem Behälter aus Stahl abgeprallt sei. Vielleicht war Gabriele S. auf Koks, vielleicht schoss er absichtlich daneben. Sein Konzessionär jedenfalls überlebte – und entschloss sich, doch besser keine eigene Bar zu eröffnen.

Etwa ein Jahr später, im Januar 2013, drangen Ermittler in Nordrhein-Westfalen und Sizilien zeitgleich in etliche Wohnungen, Häuser und Gewerbeobjekte ein. Sie stellten Dutzende Vermögenswerte sicher, nahmen insgesamt siebzehn Personen in Untersuchungshaft, unter ihnen auch Gabriele S. und Rosario P. Beschlagnahmt wurde auch die Villa, die Gabriele S. in seiner Heimatstadt Licata gehört, eine üppige Anlage mit Marmoreinfahrt und Steinlöwen auf dem Dach. Die italienischen Carabinieri berichteten, dass der Besitzer hier seine Drogenpartys gefeiert habe, wenn er in der Stadt gewesen sei.

Während der Razzia klingelte immer wieder das Handy von Rosario P. Eine Firma aus Dortmund war dran, ein Rechnungskäufer. Der Rechnungskäufer suchte seinen Rechnungsverkäufer. Doch der konnte nicht mehr ans Telefon gehen.

Viele Mittäter gelangten schnell wieder in Freiheit – Gabriele S. und Rosario P. nicht. Sie wurden verurteilt, erhielten wegen Steuerhinterziehung eine Haftstrafe von vier Jahren und drei Monaten. Während Gabriele S. im Landgericht Köln an seinem Verfahren teilnahm, konnte man allerdings in der »Hello Bar« in Köln-Kalk schon wieder teure Autos vorfahren und Sizilianer ein und aus gehen sehen, darunter auch Gabrieles Bruder Vincenzo, der ihm die Pistole geliehen hatte.

Es war ein langes, aufwendiges Ermittlungsverfahren, dem Gefängnisstrafen folgten, das aber natürlich nur punktuell aufklären und anklagen konnte. Die Baumafia wirkte weiter. Und die involvierten Bauunternehmer, nun ja: Sie gaben sich unschuldig, manchmal sogar überrascht.

Mehr als 350 Rechnungskäufer tauchen in der Ermittlungsakte

rund um die Baumafia in Nordrhein-Westfalen auf. Kritisch einlassen wollte sich keines der Unternehmen. Fragte man zum Beispiel einen Dortmunder Bauunternehmer, so wollte der von der Baumafia gar nichts wissen. Ja, er kenne Rosario P., sagte der Unternehmer, das sei einer seiner Subunternehmer. Aber dass dieser Rosario P. etwas Kriminelles gemacht habe, davon wisse er nichts. Er wisse auch nichts von Schwarzgeld, nichts von Schwarzarbeit, nichts von Einsätzen der Baumafia auf seinen Baustellen, etwa beim Umbau der Mensa an der Universität Dortmund. Aus seinen Papieren ginge ja auch hervor, dass alles rechtmäßig abgelaufen sei, sagte der Unternehmer. Rosario P. sei ihm als verlässlicher Unternehmer empfohlen worden. Von wem? Das wollte der Unternehmer nicht verraten.

Die Aktenlage ist im Fall des Dortmunder Unternehmers allerdings eindeutig. Da sind etwa die vielen abgehörten Telefonate von Führungskräften seiner Firma. Aus ihnen geht hervor, dass über Rosario P. Arbeiter auf Baustellen in Dortmund bestellt wurden und auch zu einer Baustelle nach Geilenkirchen und auch, um an einer Niederlassung der Firma REWE zu bauen. Rechnungen, so hörten Ermittler mit, sollten dabei willkürlich manipuliert werden. Immer wieder tauchte die Dortmunder Firma auch in Unterlagen der Steuerfahndung auf, als sogenannter Rechnungskäufer.

Es machte das Gespräch mit dem Bauunternehmer etwas absurd, aber er bestritt trotzdem so ziemlich alles, was man ihm auf Basis der Ermittlungsakten vorhalten konnte. »Baumafia, so etwas mag in Italien funktionieren, aber ich glaube, in Deutschland ist das schwierig«, sagte er. Die Gesetzeslage hierzulande hielt er für »ausreichend«.

Zu den Abhörprotokollen, in denen der Name seiner Firma auftauchte, sagte der Unternehmer: »Darüber ist mir nichts bekannt. Von Seiten der Öffentlichkeit ist auf uns noch nicht zugegangen worden, deswegen haben wir uns da überhaupt nichts vorzuwerfen.«

Nach drei Wochen kam es zu einem weiteren Gespräch. Inzwischen war dem Dortmunder Unternehmer eingefallen, dass er vor dem ersten Treffen zwei Schreiben der Ermittlungsbehörden bekommen hatte. Er sagte jetzt: »Ich war sehr geschockt. Ich hab das bislang wirklich nicht für möglich gehalten.« Beim letzten Termin habe er das »nicht auf dem Schirm« gehabt, aber es sei doch »tatsächlich konkret eine Anfrage der Staatsanwaltschaft Köln an uns gekommen, eine schriftliche Anfrage«. Er sprach nun über eine Firma der Baumafia, die für ihn als Subunternehmer auftrat und in Wirklichkeit die Schwarzarbeiter brachte. »Diese Firma hat für uns gearbeitet, sie hat uns aber Nachweise gebracht, Unbedenklichkeitsbescheinigungen vom Finanzamt, Unbedenklichkeitsbescheinigungen von der Bauberufsgenossenschaft, alles, was wir brauchten, um das nachzuweisen«, beteuerte der Bauunternehmer. »Möglicherweise handelt es sich da um Fälschungen, das hab ich jetzt im Detail noch nicht kontrolliert, aber das sah alles völlig plausibel und üblich aus.«

Auch beim Studentenwerk Dortmund, das den Unternehmer für den Mensa-Umbau engagiert hatte, wollte auf Nachfrage niemand etwas bemerkt haben. Es hieß lediglich, dass alle Belege nach dem Tariftreuegesetz vorgelegen hätten, die Bescheinigungen über die Arbeiter, die Erklärungen der Sozialversicherungsbehörden, einfach alles. Deswegen sei die Dortmunder Firma mit den Arbeiten beauftragt worden. Als Bauherr habe das Studentenwerk mehr nicht tun können. Dass Schwarzarbeiter auf der Baustelle tätig gewesen sein sollen, wie es die Abhörprotokolle nahelegen, davon wollte das Studentenwerk nichts wissen, hieß es am Telefon. Sich zum Fall äußern, Fragen beantworten, einen Kommentar abgeben und darin klare Kante zeigen, das wollte das Studentenwerk aber auch nicht.

Dabei sind es vor allem öffentliche Bauherren wie ein Studentenwerk, die das System erhalten. Sie vergeben, so ist es festgelegt, die Arbeiten immer an den billigsten Generalunternehmer. Sind die Papiere in Ordnung, erhält er die Aufträge. Der Job der Baumafia ist es, dem Generalunternehmer ordentliche Papiere zu besorgen, damit der die Aufträge auch an Land ziehen kann. Ein Insider der Ermittlungen sagt: »Es gibt kaum eine Großbaustelle in Deutschland, bei der nicht mit Strohfirmen und illegalen Schwarzarbeitern gearbeitet wird.« Der Staat, schätzt er, werde durch die kriminellen Gruppen im Baugewerbe jährlich um Steuern in Höhe von 1,5 Milliarden Euro betrogen. Dazu kämen rund zwei Milliarden Euro, um die die Sozialkassen geprellt würden. Die Gewerkschaft Verdi geht von Schäden von rund zehn Milliarden Euro im Jahr aus. Wie exakt die einzelnen Zahlen sind, lässt sich schwer einschätzen. In jedem Fall aber trägt die Baumafia auch zum Niedergang der seriösen Bauwirtschaft in Deutschland bei.

In der Strukturanalyse des Landeskriminalamtes Nordrhein-Westfalen steckt auch Selbstkritik – viel wurde in den Jahren zuvor unterlassen, was den Staat zumindest wehrhafter gegen die Baumafia hätte machen können. Ein Beispiel dafür sind die Handwerkskammern. Die sollten sich künftig, so steht es in dem Papier, beim Blick auf neue Firmen im Baugewerbe folgende Fragen stellen:

»– Sind Konzessionär / Meister noch im berufsbezogenen Alter?
– Sind Konzessionär / Meister noch für weitere Firmen gemeldet?
– Sind Konzessionär / Meister nur als geringfügig Beschäftigte gemeldet?
– Aus welchem Grund wurden vorherige Tätigkeiten beendet?
– Liegen Wohnort und Geschäftsadresse in angemessener Entfernung?
– Welche Rolle spielen eventuelle Begleitpersonen?«

Auch die Banken können laut der Strukturanalyse Hinweise auf die Baumafiosi liefern, schon bei der Kontoeröffnung. Die Mitarbeiter sollten sich fragen bzw. prüfen:

»– Verfügt die geschäftsführende Person über Sprachkenntnisse?
– Zeigt die geschäftsführende Person ein passives Verhalten?
– Ist eine kurze Aufenthaltsdauer in Deutschland festzustellen?
– Verfügen (mögliche) Begleiter über Sprachkenntnisse? (...)
– Sind aus den Personaldokumenten Ansätze für Fälschungsmerkmale ersichtlich?

- Stehen Geschäfts- und Wohnadresse regional in sachlogischem Zusammenhang?
- Handelt es sich um eine Neugründung oder einen Mantelkauf?
- Steht die Sacheinlage mit dem Geschäftszweck in Zusammenhang?«

Mit Blick auf die Kontoaktivitäten empfiehlt das LKA den Banken, auf bestimmte Verdachtskriterien zu achten:

»– Warum gehen auf das Firmenkonto Umsätze von mehr als 50.000 € ein?
- Warum wird unmittelbar nach Zahlungseingang die Barverfügung veranlasst?
- Warum wird der Zahlungseingang sofort auf verschiedene Konten weitertransferiert?
- Warum werden keine Kreditkarten eingesetzt?
- Warum wird kein Dispokredit beantragt?
- Warum bestehen keine weiteren Geschäftsverbindungen?
- Warum stehen die Lohnsteuerabgaben im Missverhältnis zum Umsatz? (...)
- Warum weist das Konto keine branchenüblichen Belastungen auf? (Gehälter, Lieferanten, Fuhrparkmanagement)
- Warum weist das Konto fortlaufend geringe Geldbestände auf?«

Banken, Handwerkskammern, Gewerbe- und Finanzämter, der Zoll als Bundesbehörde und die Polizei der Bundesländer – das Treiben der Baumafia kann an verschiedenen Stellen bemerkt und bekämpft werden. Eine Zusammenarbeit ist mühsam, aber alternativlos. Den Ist-Zustand beschrieb der Kölner Staatsanwalt Alexander Fuchs im Gespräch mit dem »Deutschlandradio« nämlich noch 2015 so: »Die Struktur der deutschen Behörden im Spannungsfeld Gewerbe, Steuer, Zoll, Schwarzarbeit ist tatsächlich so, dass man sich die fehlende Zusammenarbeit der verschiedenen Behörden auch zunutze machen kann. Sie haben auf der einen Seite Polizei, die vielleicht Erkenntnisse hat zu organisierter Kriminalität. Diese

Erkenntnisse werden aber bei dieser konkreten Kriminalitätsform nicht verknüpft mit den Erkenntnissen, die zum Beispiel der Zoll zu organisierter Schwarzarbeit hat. Das wird auch nicht verknüpft mit Erkenntnissen, die die Finanzverwaltung hat, die ja dann auch noch Ländersache ist. Das heißt, Sie haben auf der einen Seite das Problem Zoll als Bundesbehörde, demgegenüber stehen die Finanzverwaltung und die Polizei als Landesbehörden, die aber konkret auch eher wenig Anlass haben, zusammen zu ermitteln, weil jeder sagt: Das ist eigentlich nicht mein Betätigungsfeld.«

Staatsanwalt Fuchs forderte vehement Ermittlerteams, die sich aus Spezialisten der Polizei für organisierte Kriminalität zusammensetzen und aus Fahndern der Zoll- und Steuerbehörden. »So wäre es jedenfalls möglich, diesen tatsächlich bestehenden Markt an Strohmannfirmen, egal jetzt in welchem Gewerbe und egal betrieben von welchen Ethnien, einzudämmen. Ich will nicht sagen, dass man den lahmlegen oder trockenlegen kann. Die Möglichkeiten haben wir nicht. Aber man wird ihn eindämmen können.«

Das Ziel wäre wohl, die »Schlussbemerkung« der nächsten Strukturanalyse »Organisierte Kriminalität im Baugewerbe« zumindest nicht ganz so niederschmetternd formulieren zu müssen wie jene, die auf den Erkenntnissen der Ermittlungen rund um Gabriele S. und Rosario P. aufbaut. Darin steht für Nordrhein-Westfalen das »Fazit, dass schwerpunktmäßig Täter sizilianischer Herkunft in nach Art der Mafia organisierten Gruppen gewerbliche Schwarzarbeit über ein System von Strohmannfirmen in großen Teilen von NRW organisieren. Zur Sicherung des lukrativen Marktes werden von den Tätern Gewalt- und Einschüchterungsmaßnahmen angewendet.« Gewaltdelikte seien ebenso deutlich zu erkennen wie »die regionalen Bezüge nach Sizilien«, heißt es weiter, und: »Die Entwicklung des kriminellen Marktes an Strohmannfirmen im Baugewerbe führt zum Niedergang einer seriösen Bauwirtschaft in Deutschland.«

*»Was sind Sie bloß für eine Mutter?«*

## Maria, Kronzeugin mit fünf Kindern

Der Carabiniere aus der Toskana, mit dem Maria telefoniert hat, kündigt nicht nur eine Beschwerde beim Zeugenschutzprogramm in der Hauptstadt an. Er schickt auch sofort einen Streifenwagen nach Piragineti. Zwei Tage lang verharren Beamte gut sichtbar vor Marias Wohnung. Im Angesicht der Polizei verstreicht also die Frist, die die *'Ndrina* Marias Vermieter gesetzt hat. Doch dauerhaft kann der Staat Marias Sicherheit in Rossano nicht garantieren. Sie muss zurück ins Zeugenschutzprogramm.

Maria und Antonello packen, vor allem Klamotten und einige Erinnerungsstücke der Kinder, dazu die allerwichtigsten Dokumente. Persönliche Dinge, die Maria selbst wichtig sind, liegen ohnehin seit Jahren in der Garage ihrer Mutter, alte Fotoalben etwa, Basteleien der Kinder und ihr Hochzeitskleid. Nur das »Heilige Antlitz« nimmt sie mit, ein auf Holz gedrucktes Jesusbild in DIN-A4-Größe, das sie zur Erstkommunion geschenkt bekommen hat.

Zuerst sind sie im »Delfino« untergebracht, einem Vier-Sterne-Kongresshotel der Mercure-Kette in Tarent. Hundert Kilometer Ionisches Meer liegen zwischen dem Versteck und Rossano oder zwei Stunden Autofahrt.

Tarent. Maria hat die nach Bari zweitgrößte Stadt der Region Apulien in unschöner Erinnerung. Hier, an einer Tankstelle, traf sie zum dritten Mal in ihrem Leben Nicola Acri. »Ich kam mit meiner Mutter aus dem Norden. Kurz vor Tarent endet die Autobahn, wir wollten noch schnell tanken. Als ich aus dem Auto stieg, sah ich ihn. Er hat mich auch gesehen und erkannt, aber er reagierte nicht. Irgendwann 2008 muss das gewesen sein, ich hatte Isabella schon. Damals wusste man, dass Nicola Acri untergetaucht war. Er stieg in sein Auto und fuhr fort, in Richtung Tarent. Ich ließ vor Schreck mein Portemonnaie fallen. Dann bin auch ich zurück ins Auto und in die entgegengesetzte Richtung gefahren. Meine Mutter hat gesagt: ›Sag das niemandem! Wir haben ihn einfach nicht gesehen.‹ Ich sagte: ›Genau. Ich habe ihn nicht gesehen.‹ Ich hatte große Angst, dass er denken könnte, ich würde weitererzählen, dass ich ihn gesehen hätte. Ich meine, sie nennen ihn Eiskalte Augen. Nicola Acri war in meinen Augen der Gefährlichste von allen.«

Maria ist auch deshalb froh, dass sie Tarent nach einem Monat verlassen können. Anfang September 2011 kommen die Carabinieri morgens um acht Uhr und bringen sie dann mit zwei Zivilwagen in den Norden nach Bologna. Dass sich Nicola Acri während seiner Flucht in Bologna und bei der nahen Hafenstadt Ravenna aufhielt, dass er hier mit Hilfe anderer Mafiosi Waffen anhäufte und die ’Ndrangheta also in der Gegend über gute Strukturen verfügt, weiß Maria nicht. Für sie bedeutet die bekannte Studentenstadt Bologna erst einmal, dass Rossano nun rund neunhundert Kilometer entfernt liegt.

Doch es ist wieder nur ein Hotel, das die Leute vom Zeugenschutzprogramm ihnen organisiert haben. Nach zwanzig Tagen checken sie aus und in einem anderen Hotel in Ravenna wieder ein. Nach einer Woche dort müssen sie erneut aufbrechen. Maria erschließt sich nicht, ob den häufigen Ortswechseln fehlende Planung oder die Strategie zugrunde liegt, grundsätzlich nirgendwo länger zu verweilen und so das Risiko aufzufallen zu minimieren. Den Kindern erzählt sie, sie seien nach Norditalien gekommen, um Arbeit zu suchen.

In Pistoia, einer Kleinstadt nordwestlich von Florenz, bleiben sie mehr als eineinhalb Jahre. Ihnen wird ein kleines Apartment zugewiesen, in dem sie zu siebt sehr beengt, aber dennoch besser als in jedem Hotel leben. Die Kinder können zur Schule gehen.

Maria und Antonello dürfen nicht arbeiten. Sie dürfen sich auch nicht anmelden, weil sie offiziell in Rom gemeldet sind. Maria findet Putzjobs, in der Pension, in der sie zuerst untergekommen sind, und dann bei einer Kirchengemeinde. Sie ist dankbar für die Schwarzarbeit. Die sechzehnhundert Euro, die sie über das Zeugenschutzprogramm erhält, reichen nicht aus, um alle satt zu bekommen.

Sorgen bereitet Maria auch die gesundheitliche Versorgung ihrer Tochter Angela. Sie ist neun Jahre alt, als sie in Pistoia ankommen. Die unsteten Jahre, die hinter ihr liegen, Jahre der Orts- und Wohnungswechsel, sind ihr nicht gut bekommen. Angela wurde von ihrer Mutter getragen, bis sie sechs war. Seitdem wird sie im Rollstuhl geschoben. Um die Entwicklung ihrer Mobilität, um Krankengymnastik etwa oder schlichtes Training der nicht eingeschränkten Teile der Beinmuskulatur, hat sich niemand gekümmert. Mit Hilfe von Beinschienen, glaubt Maria, könnte ihre Tochter sich selbst fortbewegen.

Sie kämpft darum, spricht immer wieder vor in der örtlichen Vertretung der staatlichen Gesundheitsverwaltung Azienda Sanitaria Locale (ASL). Doch dort will man Angela keine Schienen bezahlen. Maria bittet die Beamten vom Zeugenschutz um Hilfe, sie ruft etliche Male an, ohne Erfolg. Nach eineinhalb Jahren allerdings meldet sich eine Ärztin bei ihr, die für das Zeugenschutzprogramm arbeitet. »Signora«, sagt sie, »hier liegt seit mehr als einem Jahr ein Papier, mit dem Sie die Schienen abholen können. Wieso kommen Sie nicht vorbei? Was sind Sie bloß für eine Mutter?«

Das wusste Maria nicht. Sie fühlt sich deshalb unschuldig und spürt zugleich trotzdem Gewissensbisse. Denn inzwischen muss Angela operiert werden. Eine Ärztin in Pistoia hat den Eingriff für nötig befunden. Mit Schienen, hat sie diagnostiziert, wäre der Eingriff vielleicht zu verhindern gewesen.

Solche Vorfälle machen Maria klar, dass ehemalige Mafiabosse gut aufgehoben sein mögen im staatlichen Zeugenschutzprogramm, dass eine siebenköpfige Familie mit einem Kind im Rollstuhl aber nicht wirklich hineinpasst. Tatsächlich preisen die Staatsanwälte das Programm potentiellen Kronzeugen oft an, ohne sich darüber im Klaren zu sein, dass den zuständigen Beamten in Rom viel zu wenig Geld zur Verfügung steht. Ein Leben in der Anonymität, unauffindbar für eine Mafiaorganisation, verlangt mehr als eine bloße Bleibe in einem anderen Teil des Landes. Und Familien haben dabei noch einmal andere Bedürfnisse als Einzelpersonen.

Manchmal bereut Maria ihre Entscheidung, zumal sie sich in der Neunzigtausend-Einwohner-Stadt in der Toskana irgendwann auch nicht mehr gut versteckt fühlt. An einem Tag Anfang 2013 steht im Krankenhaus in Pistoia nämlich ein Typ vor ihr, fünfundzwanzig Jahre alt vielleicht, und starrt sie an. Dann fragt er: »Was machst du denn hier? Du bist doch die Schwägerin von Asso di Coppe.« Asso di Coppe, die Bezeichnung für einen bestimmten Trumpf beim Kartenspiel Briscola, ist der Spitzname von Matteo Gentile, dem älteren der beiden Brüder Antonellos. Der Mann kommt aus Rossano und hat Maria erkannt.

»Tut mir leid, ich kenne keinen Asso di Coppe«, antwortet Maria.

»Hör auf damit! Ich habe dich erkannt«, stellt der Kalabrese trocken fest.

Noch am selben Tag ruft Maria die Carabinieri in Pistoia an und erzählt ihnen von dem Rossano-Kontakt im Krankenhaus. Ebenfalls noch am selben Tag verlässt eine Frau, mit der Maria sich angefreundet hat, nach einem Besuch Marias Wohnung und bemerkt dabei, wie ein Mann die Eingangstür des Hauses mit dem Smartphone abfotografiert und gleich danach telefoniert. Sie kehrt um und berichtet Maria davon. Der Mann sei mittelalt gewesen und auffällig klein, er habe dunkles Haar und dunkle Haut gehabt. Die Freundin kennt Marias Vergangenheit nicht. Sie sagt, der Typ habe einen merkwürdigen Eindruck gemacht.

Maria weiß sofort, wen die Freundin da beschreibt. Dieser Mann hat sie einmal bedroht, als sie in Rossano zum Gerichtssaal kam und gegen Pasquale aussagen wollte.

Sie meldet den Carabinieri auch diesen Vorfall. Und sie sagt ihnen, dass sie sich nicht mehr gut geschützt fühle. Angela geht es schlecht, die Operation, glaubt Maria, sollte möglichst bald erfolgen.

Sie will nach Deutschland. Dort, hofft sie, könne Angela schnell operiert werden. Und dort, glaubt sie, ist es auch leichter, Geld zu verdienen.

Antonello ist einverstanden. Auch er hofft auf die Chance, das Leben ohne halbwegs geregeltes Einkommen und überhaupt ohne Perspektive zu beenden.

Sie kommen bei Marias Eltern in dem Dorf bei Winnenden unter. Doch nach wenigen Tagen ruft ein Rechtsanwalt aus Winnenden an, der früher mal ihren Vater und auch Pasquale vertreten hat. Er rät dringend, sich bei der Polizei zu melden. Maria werde gesucht.

Gemeinsam mit ihrer Mutter und einer Freundin ihrer Mutter, die gut Deutsch spricht, betritt Maria die Polizeistation von Winnenden. Sie zeigt ihren Pass vor und sagt: »Ich bin Giordano.« Der Beamte bittet sie zu warten. Einige Minuten später kommen zwei Beamte zu ihr und fragen: »Sind Sie Giordano-Rizzo, die auf der Vorderen Straße in Fellbach gewohnt hat?« Als Maria bejaht, sagen sie: »Wir müssen Sie festnehmen.«

Für Maria bricht alles zusammen. Sie hat keine Ahnung, was man ihr in Deutschland vorwirft, bis die Freundin der Mutter übersetzt, was die Polizisten erklären: Sie hat für mehr als ein Jahr Kindergeld bezogen, ohne Anspruch darauf zu haben.

Bis am nächsten Morgen um acht Uhr muss sie in Gewahrsam bleiben. In Stuttgart, wo die Polizei einen Übersetzer einschaltet, bekommt sie danach die Hintergründe erklärt. Als sie mit Antonello und den Kindern Fellbach verließ, hat sie sich nicht abgemeldet. Die zuständige Behörde zahlte das Kindergeld weiter aus, allerdings nicht auf Marias Konto. Jemand, hört

Maria nun, hat eine andere Bankverbindung angegeben. Maria sagt der Richterin, sie habe davon nichts gewusst und sei zurzeit als Kronzeugin Teil des staatlichen Zeugenschutzprogramms. Die Richterin lässt sie frei, behält aber Marias Pass ein.

Erst jetzt erfährt Maria, dass ihre Eltern Pasquale angerufen haben, als sie am Abend zuvor auf der Polizeiwache bleiben musste. Und Pasquale weiß das gleich zu nutzen: Zwei Tage später sitzt er im Wohnzimmer der Eltern und lässt sich einen Kaffee reichen.

Es geht ihm um Aussagen, die anstehen, Aussagen der Kronzeugin Maria Giordano, mit der er, Pasquale, noch immer verheiratet ist. Pasquale verlangt, dass Maria sich vor Gericht wie eine Verrückte benehme.

Maria gibt sich gelassen an diesem Nachmittag. Sie zeigt Pasquale keine Angst und sagt, er solle sie in Ruhe lassen.

Weil Pasquale die Wohnung der Eltern nicht verlässt, steht sie auf, geht raus, die Treppe runter auf den Hof. Pasquale kommt ihr hinterher, gefolgt von Antonello und Marias ältestem Sohn Francesco. Im Hof verpasst Pasquale ihr eine Ohrfeige. Mit einer Besonnenheit, die Maria verblüfft, mischt sich Francesco ein. »Es ist nicht mehr wie früher«, sagt er zu seinem Vater. »Entweder du lässt sie in Ruhe, oder ich rufe die Polizei.«

Maria ruft ihre Schwester an und bittet um Zuflucht. Bei den Eltern will sie nach Pasquales Auftritt nicht mehr länger bleiben. Die Schwester, die selbst drei Kinder hat, zögert nicht. Dann ruft Maria ihre Anwältin in Kalabrien an. Die setzt sich mit dem Staatsanwalt Vincenzo Luberto in Verbindung, der wiederum mit einem italienischsprechenden Polizisten des Landeskriminalamts (LKA) Baden-Württemberg in Stuttgart telefoniert.

Drei Tage später wird Marias Schwester Elettra in der Tiefgarage ihres Hauses von einem jungen, stämmigen Kalabresen angesprochen. »Ich tue dir nichts«, sagt der Mann, »ich will mit deiner Schwester sprechen.«

Elettra ist erschrocken, aber geistesgegenwärtig genug, um zu lügen. »Meine Schwester ist wieder in Italien«, antwortet sie, geht zu ihrem Auto, fährt ins Freie und ruft Maria oben in ihrer Wohnung an. »Mach die Tür nicht auf, bleib drinnen!«, ruft die Schwester ins Telefon. Maria wird von ihrer Mutter noch am selben Abend mit Antonello und den Kindern bis nach Südtirol gebracht. Dort, am Brenner bei Bozen, warten italienische Polizisten auf sie.

Antonello und die vier Großen dürfen in dieser kalten Nacht die Grenze überqueren, Maria nicht. Sie hat keinen Pass mehr. Mit dem zwei Monate alten Emanuele, der gerade Fieber bekommen hat, wird sie nach Karlsruhe gebracht. Der italienischsprechende LKA-Beamte ist dabei und auch eine Polizistin, die Maria als extrem hilfsbereit in Erinnerung hat.

Schließlich darf Maria doch ausreisen. Sie bekommt ihren Pass zurück mit der Auflage, Deutschland zwei Jahre lang nicht zu betreten. Dann wird sie nach Bozen gebracht und fährt von dort weiter nach Florenz. Dass der Rückweg nach Deutschland nun zwei Jahre versperrt ist, verschafft Maria kein gutes Gefühl. Wenn meinen Eltern etwas passiert, denkt sie, kann ich nicht mal hinfahren.

Weihnachten kommt, Silvester. Maria und Antonello versuchen, den Kindern einen Hauch von Tradition zu vermitteln. Sie basteln eine Krippe. Emanuele steckt als Familienjüngster den Stern auf den Weihnachtsbaum.

Am 7. Januar 2014 endet die Florenz-Etappe. Das Zeugenschutzprogramm schickt sie nach Lucca, das nördlich von Pisa ebenfalls in der Toskana liegt. Die Kinder können sofort die Schule besuchen. Und im Februar wird Angela im Krankenhaus Bellaria an den Sehnen operiert. Mit der Unterstützung eines Polizisten aus dem Zeugenschutzprogramm findet Maria dann auch Beinschienen für Angela.

Es ist ein Neuanfang für Maria, wieder mal. Die Wohnung in der Via Nazario in Lucca hat drei Schlafzimmer, ein Wohnzimmer, eine Küche und zwei Balkone. Antonello findet keine Arbeit in Lucca, das Zeugenschutzprogramm überweist der gesamten Familie fünfzehnhundert Euro. Ein vergleichsweise ruhiges, überschaubares Leben stellt sich ein. Sie haben wenig Geld, aber sie können mal ans Meer fahren oder ein Volksfest besuchen. Die Kinder finden Freunde, Maria lernt einige Mütter dieser Freunde besser kennen. Warum sie hergezogen ist, erklärt sie mit Angela: Der könne hier besser geholfen werden als im Süden.

Nach Kalabrien fährt Maria dennoch – mehrfach. Maria, die Kronzeugin, muss in den Zeugenstand.

Im Mai 2014 sollen die Prozesse der *Operazione »Stop«* in Castrovillari beginnen. Doch das erste Verfahren beginnt wie so oft mit Absagen. Am ersten Prozesstag ist der Anwalt des Angeklagten unpässlich, weil sein Vater gestorben ist. Der zweite Termin muss ausfallen, weil die Mutter des Advokaten plötzlich tot ist. Doch dann, im Juni, findet die Verhandlung statt.

In Castrovillari hat sich der Rechtsstaat eine beeindruckende Bühne geschaffen. Der hochgesicherte Verhandlungssaal ist als gewaltiges Viereck mit hoher Decke entworfen. Auf einer Längsseite reihen sich die Käfige für die Angeklagten aneinander, gegenüber kann das Publikum vor doppelglasigen Fenstern Platz nehmen. Vom Platz der Zeugen betrachtet, wirken die Plätze für rund achtzig Menschen wie eine Tribüne. Die Zuschauer können hören, was unten im Saal vor sich geht, sind aber selbst dort nicht zu vernehmen.

Maria fährt in einem gepanzerten Polizeiwagen vor. Sie trägt eine kugelsichere Weste, die sich schwer wie Blei anfühlt und ihr das Atmen nicht gerade erleichtert. Als sie sich dem Eingang nähert, versetzt Maria sich kurz in die Rolle eines Mafiakillers, der auf sie angesetzt ist. Ein Kopfschuss in dem Moment, in dem ich aussteige, und dann bin ich tot, denkt sie.

Geängstigt hat sie sich schon während der kompletten Anfahrt aus Lucca. Niemand weiß, welchen Weg ich nehme, hat Maria sich immer wieder gesagt. Doch so viele Wege führen nicht nach Castrovillari. Auf den letzten zweihundert Kilometern hat Maria die Toiletten auf den Raststätten gemieden.

Der Wagen hält direkt vor dem Gerichtsgebäude. Maria blickt durch ihre Sonnenbrille auf die Ansammlung von Menschen. Sie erkennt Frauen, Söhne und Neffen der Rossaneser 'Ndrangheta-Größen.

Im Bunkersaal spricht sie insgesamt acht Stunden lang. In den Käfigen sitzen Salvatore Aiello, Angelo Russo und Carmelo Mancuso. Drei von fünf sind verurteilt worden. Salvatore Morfò und Nicola Acri sind per Livestream zugeschaltet. Maria spricht nicht allzu laut. Hin und wieder hilft ihr der Staatsanwalt mit Fragen.

In ihren Aussagen durchlebt sie die Jahre noch einmal, die Gewalt und Unterdrückung; den Zustand, der *'Ndrina* ausgeliefert zu sein. Die Kulisse aus all den Bossen und Unterbossen, verstärkt das Gefühl, dass diese Organisation niemals von ihr lassen wird.

Doch trotz all der Macht, die die 'Ndrangheta selbst hinter den Gittern der Käfige verströmt, hält Maria den Tag durch. Sie wiederholt ihre Aussagen, die sie den Staatsanwälten und Carabinieri gegenüber gemacht hat. Dann wird sie in ein Hotel in Cosenza gebracht und die Nacht über bewacht. Die Carabinieri beziehen die beiden Zimmer rechts und links von ihr. Am nächsten Tag soll sie die Fragen der Rechtsanwälte beantworten. Es dauert lange, bis Maria einschläft.

Am Morgen darauf erfährt sie, dass ihre Befragung kurzfristig auf den September verlegt worden ist. Maria fährt wieder nach Lucca. Das nächste Mal kehrt sie allerdings schon im Juli zurück nach Kalabrien. Sie will Antonello unterstützen.

Antonello hatte bereits im Mai aussagen sollen, er reiste damals auch nach Kalabrien, allein. Doch als er sein Zimmer im achten Stock eines Hotels betrat, erlitt er Angstattacken. Er rief Maria an, war aber nicht zu beruhigen. Er überlegte, aus dem Fenster zu springen.

Antonello wählte die Nummer der Carabinieri und kündigte an, doch nicht auszusagen. Aber dann dachte er an die Kinder. Antonello, der in die *'Ndrina* hineingeboren war, sagte sich, er mache es für Francesco, Angela, Stefano, Isabella und Emanuele. Sie sollten eine Chance bekommen auf ein anderes Leben. Als er am nächsten Morgen den Bunkersaal betrat, war sein Blutdruck rasant angestiegen und sank auch einstweilen nicht. Aus gesundheitlichen Gründen, ließen die Richter protokollieren, könne der Zeuge Antonello Gentile nicht aussagen.

Nun, vor seinem zweiten Versuch, macht Marias Aussage Antonello Mut. Und tatsächlich schafft er es, den Richtern viel zu erzählen, auch von seiner eigenen Familie.

Bevor Maria selbst zum zweiten Mal in Castrovillari aussagt, wird am Standesamt in Waiblingen ihre Ehe beendet. Es war Pasquale, der die Scheidung eingereicht hatte. Er ist nämlich in Deutschland mit einer Frau zusammen, einer Deutsch-Italienerin. Nun plant er, sie zu heiraten.

Als Maria am 15. September 2014 im Bunkersaal auf dem Holzstuhl sitzt, der für Zeugen bereitsteht, ist die Kulisse dieselbe, der Ton im Saal jedoch ein anderer. Diesmal fragen die Mafiaanwälte.

Mit scharfen Formulierungen und immer neuen Nachfragen versuchen sie, Marias Glaubwürdigkeit zu erschüttern. Die Schlägerei am Strand La Balera im Juli 2011 etwa nutzen die Anwälte, um Maria in die Ecke zu drängen. Was das denn bedeute, eine »Armee von Leuten«, wollen sie insgesamt fünfmal wissen. Als solche hat Maria den Aufmarsch der Männer Salvatore Morfòs bezeichnet.

»Sie wussten, dass ich die Schule sehr früh abgebrochen habe«, sagt Maria im Rückblick. »Sie benutzten absichtlich viele komplizierte Begriffe. Sie wollten wohl, dass ich mich in Widersprüchen verheddere. Aber das wurde mir zum Glück ziemlich schnell klar. Ich habe dann nur gesagt: ›Ihr könnt mich bis morgen früh hierbehalten und immer wieder dieselben Fragen stellen. Aber ich werde deshalb nicht mehr sagen, als ich sagen will, und ich werde auch nichts zurücknehmen.‹ Dass sie Ausdrücke benutzt haben, die ich gar nicht kannte, das hat mich richtig geärgert. Ich habe dann irgendwann nur noch geantwortet, sie sollen das bitte in einfacher Sprache erklären. Die Richterin hat mir dabei recht gegeben und die Anwälte ermahnt.«

Insgesamt viermal sagt Maria schließlich im Bunkersaal aus. Sie wird zu einem der wichtigsten Kronzeugen in der *Operazione »Stop«*. Sie hat viel erlebt, kann sich gut erinnern und lässt sich letztlich nicht einschüchtern. Schon deshalb sind die Aussagen der Zeugin Maria Giordano für die Staatsanwälte und Richter von großem Nutzen. Vor allem aber ist Maria die einzige Person aus Rossano, die sich der 'Ndrangheta entgegenstellt. Jahrelang fühlte sie sich ohnmächtig gegenüber den Bossen und ihren Helfern und Handlangern. Doch am Ende packt sie aus und trägt so dazu bei, dass die Mafiosi bestraft werden können.

Zu ihrem letzten Auftritt als Kronzeugin in Castrovillari Anfang 2015 begleitet Maria ihr ältester Sohn. Francesco ist sechzehn. Er hat einiges mitbekommen. Die Staatsanwälte wollen, dass er aussagt. Vor der Abreise hat sich Pasquale bei Maria gemeldet. Er habe dem Gericht ein Video von sich selbst geschickt, und darin erkläre er, dass seine Exfrau verrückt geworden sei. Francesco lässt sich davon nicht verunsichern. Er wirkt entschlossen. »Ich schaffe das schon, Mama«, sagt er.

Sie reisen in einem Auto mit drei Polizisten und werden den letzten Teil der Reise noch von einem anderen Wagen mit Dreierbesatzung begleitet. Gegen 12 Uhr betreten Maria und ihr ältester Sohn den Bunkersaal. Maria spürt, wie nervös Francesco ist. Er soll über seinen Vater aussagen. Maria sitzt einige Meter von ihm entfernt, mit bestem Blick in die Käfige.

Francesco erzählt, wie Pasquale seine Mutter und auch seine Schwester Angela schlug und wie viele Leute in die Wohnung kamen und gingen. Er schildert auch, wie Pasquale Maria im Wohnzimmer ihrer Eltern dazu aufforderte, sich im Prozess wie eine Verrückte zu verhalten.

Francesco ist noch nicht fertig, da treffen sich die Blicke seiner Mutter und Angelo Martinos. Der Mafioso, der in der *'Ndrina* unter Andrea Tripodi angesiedelt ist, hebt sofort den rechten

Arm und fährt mit der flachen Hand vor seinem Hals herum. Maria versucht, sich auf ihren Sohn zu konzentrieren und die Geste von der durchschnittenen Kehle auszublenden.

Sie weiß, dass eine Drohung wie diese vor Gericht untersagt ist, und will deshalb einen Polizisten, der vor ihr sitzt, davon in Kenntnis setzen. Sie zieht von hinten an seiner Jacke, doch der Mann reagiert nicht. In der Pause erzählt sie ihrer Anwältin Emanuela Capparelli den Vorfall. Dabei zittert sie.

Dann sagt Maria aus, und zuerst schildert auch sie, wie Pasquale versucht hat, sie unter Druck zu setzen, im Wohnzimmer ihrer Eltern, aber auch noch telefonisch kurz vor ihrer Abreise nach Kalabrien. Der Richter sagt, er wolle nachprüfen lassen, ob Pasquale tatsächlich angerufen habe, und fragt nach Marias Mobilnummer. Maria nennt die Nummer – und merkt sofort, dass das ein Fehler war. Im Bunkersaal sitzt nämlich auch eine Frau aus dem Morfò-Clan. Sie ist zwar selbst angeklagt, steht aber nur unter Hausarrest und darf daher neben ihren Anwälten Platz nehmen. Maria sieht, wie sie etwas in ihr Smartphone tippt, unmittelbar nachdem Maria ihre Telefonnummer diktiert hat. Sofort entstehen in Marias Kopf neue Szenarien der Bedrohung und Unsicherheit. Was, wenn sich diese Frau oder sonst jemand aus der *'Ndrina* über die Nummer bei einem korrupten Carabiniere Marias Verbindungsdaten beschafft? Wenn die Mafiosi so an Antonellos Nummer kommen und ihn mit Hilfe eines gefügigen Mitarbeiters einer Telefongesellschaft orten?

Antonello geschieht in den folgenden Wochen und Monaten nichts, aber das Gefühl, auch in Lucca nicht sicher zu sein, kann Maria trotzdem nicht verdrängen. Sie ist eine Gefahr für die *'Ndrina*, weil sie nicht kuscht, und außerdem eine *Pentita*, die nach der Logik der Mafia zu bestrafen ist. Pasquale Tripodoro, der Vorgänger von Salvatore Morfò in Rossano, der als Kronzeuge aussagte, mag heute irgendwo gut verborgen leben. Soweit Maria weiß, hat die 'Ndrangheta ihn nie erwischt. Aber mit Antonello und den fünf Kindern lässt es sich nicht einfach abtauchen. Schon wegen Angela und ihres Rollstuhls fallen sie auf.

Im Herbst 2015 bestellt ein Carabiniere Maria in Lucca in ein Café. Maria vertraut ihm. »Ich muss dir was erzählen, aber erschrick bitte nicht«, sagt der Polizist. »Ich habe einen anderen Kronzeugen aus dem Süden, der hier in Lucca lebte. Er ist vor einiger Zeit nach Arezzo umgezogen. Gestern hat er mich angerufen und mir erzählt, was er dort in einer Bar erlebt hat. Der Kronzeuge saß da und las Zeitung. Da kam ein junger Typ rein und fragte ihn, ob er einen Teil der Zeitung haben könne. Die zwei erkannten am Akzent, dass sie beide aus Kalabrien stammten. Der Typ sagte dem Kronzeugen dann, er suche seine Ehefrau. ›Sie hat fünf Kinder, davon sitzt eins im Rollstuhl. Sie ist mir abgehauen. Kennst du sie? Oder hast du irgendwo eine Frau gesehen mit einem Mädchen im Rollstuhl?‹ Der Kronzeuge hat dann gesagt, so eine Frau kenne er nicht. Das stimmte ja auch, aber es kam ihm komisch vor, deshalb hat er mich angerufen.«

Maria ist erschrocken. Arezzo liegt hundertfünfzig Kilometer von Lucca entfernt. Man lässt sie suchen.

Der Carabiniere schlägt vor, dem Kronzeugen in Arezzo ein Bild von Pasquale zu zeigen. Als der Mann es sieht, schüttelt er den Kopf. Er beschreibt den jungen Mann als Zigeuner. Maria zwingt sich, ruhig zu bleiben. Sie waren in Arezzo, sagt sie sich, aber sie waren nicht in Lucca. Und die Kinder will ich jetzt nicht schon wieder aus der Schule nehmen. Ich warte ab, denkt Maria.

Castrovillari und sein Hochsicherheitsgefängnis haben inzwischen weltweit Schlagzeilen gemacht. Der Papst ist gekommen ins Land der ’Ndrangheta, im Juli 2014. Bei seinem Besuch im Gefängnis hat er verkündet: »Diejenigen, die den falschen Weg wählen, wie auch die Mafiosi, sind nicht in Gemeinschaft mit Gott. Sie sind exkommuniziert.« Das sind provokante Worte mitten in Kalabrien. Und bei der ’Ndrangheta vernimmt man die Botschaft des Heiligen Vaters durchaus.

»Wir sind tiefgläubig, aber der Papst ist nicht Gott. Für uns haben seine Worte keine Bedeutung«, zitiert der »Spiegel«-Autor Andreas Ulrich kurz danach einen Mafiaboss. Der ’Ndranghetista gibt sich selbstbewusst. Sie hätten sogar Priester, die ihre Latitanten trauen. Latitanten sind die Mörder der Mafia, die sich in den Bergen vor der Polizei verstecken. »Der Papst war sich der Tragweite seiner Worte nicht bewusst.«

Tatsächlich baut die 'Ndrangheta den christlichen Glauben in ihren Alltag ein. Wenn sie Schutzgeld erpressen oder jemandem die *Azione* machen, arbeiten die Mafiosi mit Heiligenbildchen. Als könnte das ihr Handeln legitimieren oder gar mit Gottes Segen versehen, berufen sie sich auf die Mutter Gottes und auf San Michele, den heiligen Michael. Maria weiß das aus Erzählungen, hat es aber noch nie selbst erlebt, bis sie am Vormittag des 29. März 2016 zu ihrem Auto kommt.

Der Wagen, ein blauer Ford Escort, ist direkt vor ihrem Haus geparkt. Neben der Autotür liegt ein kleines Andachtsbild, wie es sich Kirchenbesucher zuweilen in ihr Gesangbuch stecken. Es zeigt die Madonna der Kirche Maria Madre della Chiesa.

Maria ruft Antonello hinunter und bittet ihn, einen Handschuh und einen Briefumschlag mitzubringen. So will sie Fingerabdrücke sichern, die auf dem Papier zu finden sein könnten.

Die Carabinieri erkennen die Gefahr, die von der Mafiageste ausgeht. So schnell können sie Maria, Antonello und den Kindern allerdings keine neue Unterkunft in Lucca oder auch an einem anderen Ort beschaffen. Für den Moment schicken sie eine Streife.

Maria hat nun sogar Angst, ihr Auto zu benutzen. Kann ja sein, denkt sie, dass die etwas in den Tank gekippt haben. Vielleicht sind sie auch gestört worden. Gewöhnlich dient das Madonnen- oder St.-Michael-Bild der Madonna ja als eine Art Bekennerschreiben und wird neben einer Leiche hinterlassen.

Einen Tag nach dem Fund meldet sich Marias Cousine Miriam aus Neapel. Sie ist mit einem Freund von Antonello liiert, mit Alessandro. Und der, sagt sie Maria, wolle unbedingt mit ihr sprechen. Maria kennt Alessandro kaum und notiert sich seine Mobilnummer.

Als sie ihn anruft, hört sie, dass Alessandro auf dem Weg in den Norden sei und in Lucca bei einer Frau namens Monica übernachte. Und gerade seien auch zwei Kalabresen in einem roten Kastenwagen angekommen. Die beiden seien ihm gegenüber offen gewesen, wohl weil sie in ihm aufgrund seines kalabresischen Akzents einen der Ihren vermuteten. Sie hatten dann erzählt, sie seien von jemandem aus Altopascio geschickt worden, um eine Maria mit fünf Kindern zu suchen und ihr eine *Azione* zu machen.

Altopascio ist ein Dorf, das keine zehn Kilometer von Lucca entfernt liegt – und das offenbar ebenfalls über einen 'Ndrangheta-Posten verfügt. Maria zumindest glaubt Alessandro. Zum einen hätte der Freund ihrer Cousine keinen Grund, sich so eine Geschichte auszudenken. Zum anderen hat er Maria erzählt, die beiden 'Ndrangheta-Männer hätten die Zielperson *la Napoletana* genannt. Neapolitanerin ist Marias Spitzname in der *'Ndrina,* weil ihre Mutter aus Neapel stammt. Alessandro aber kann das nicht wissen.

»Ich dachte nur: nein! Jetzt sind sie bis nach Lucca gekommen«, erinnert sich Maria. »Sie wussten offenbar nur noch nicht, wo ich wohne. Mein Auto hatte ein deutsches Kennzeichen mit WN für Waiblingen. Ich nehme an, dass sie das Auto einfach gesehen und dann ihre Schlüsse daraus gezogen haben. Warum sie mir nicht dort aufgelauert haben, weiß ich nicht.«

Am Abend fühlt Maria sich völlig erledigt. Sie erfährt von einem Mitarbeiter des Zeugenschutzprogramms, dass es dort ziemlich an Geld fehle und man im Moment nicht allzu viel für sie tun könne. Ein Umzug in ein Aparthotel in einer anderen Stadt sei natürlich kurzfristig möglich.

Es reicht, ich kann nicht mehr, denkt Maria. Die 'Ndrangheta schickt ihre Leute locker durch Italien bis in ihre unmittelbare Nähe. Sie selbst kann sich, wenn es drauf ankommt, auf den Staat nicht verlassen. Und drittens, auch das spielt für Maria eine große Rolle: Wenn sie die Kinder schon wieder aus ihrer Umgebung herausreißen muss, dann soll es das letzte Mal sein.

» *Das sind Menschen, die zu Maschinen gemacht wurden, durch Erziehung und durch ihre Umgebung* «

## Der Psychologe der Mafia

Sigmund Freud versagt genauso wie viele andere Psychoanalytiker, wenn es um die Mafia geht, davon ist Girolamo Lo Verso überzeugt. Vor mehr als zwei Jahrzehnten hat sich der Psychologe aus Palermo aufgemacht, eine Welt zu erforschen, die nur wenige verstehen. Lo Verso entwarf eine Landkarte – über die Psyche der Mafia. Seitdem hat er mit Hunderten Menschen gesprochen, die mit der Mafia in Verbindung standen, mit Bossen und mit Kronzeugen, mit Ehefrauen und mit Söhnen und Töchtern. Wohl niemand hat so tief Einblick nehmen können in die Seele der Mafiosi wie der 68-Jährige.

Girolamo Lo Verso weiß, was Liebe und Sex für Mafiosi bedeuten: nichts. »Sie sind quasi asexuell. Es geht nur ums Kinderkriegen, nicht um Nähe und Intimität«, sagt der Professor in einem gemütlichen roten Schreibtischstuhl. Durch das geöffnete Fenster dröhnt Palermos Nachmittagsverkehr in sein Büro, laut, chaotisch und damit ein kompletter Gegensatz zu den klaren Regeln und Strukturen seines Studienobjekts. Der klassische Mafioso nämlich ist für den Wissenschaftler so etwas wie ein Roboter: Er funktioniere ohne Gefühle und Gewissen, kalt, zielstrebig. Liebe gefährde sein maschinenhaftes Funktionieren nur, und das könne fatal sein für das Weiterbestehen der Organisation.

»Ich habe das Modell der subjektiven Gruppenanalyse begründet«, sagt der Sizilianer. Auf seinem großen Schreibtisch aus braunem Holz stapeln sich Papiere und Akten, dazwischen liegen ein schwarzes Notizbuch und ein Kuli. »Man muss sich ausreichend Zeit nehmen und tief eintauchen, schließlich geht es um die innere Welt der Menschen. Es geht um die Beziehungen mit der Familie, mit der Anthropologie und mit der Kultur. Ich bin über Sigmund Freud und den Individualismus hinausgegangen. Mit einem veralteten psychoanalytischen Modell konnte man die Mafia nicht verstehen.«

Der Professor und die Mafia – angefangen hatte alles ausgerechnet mit Giovanni Falcone, dem berühmtesten Mafiajäger Italiens. Falcone war der Mann, den die Cosa Nostra fürchtete, ein Ermittlungsrichter, vergleichbar einem Staatsanwalt in Deutschland, der wie auch Paolo Borsellino dem Kampf gegen die sizilianische Mafia in den achtziger Jahren ein Gesicht gegeben hatte. Falcone und Borsellino bezahlten die Prozesse, bei denen sie erstmals Ausmaß und Struktur der sizilianischen Mafia aufdecken konnten, mit ihrem Leben. Sie waren dem Kern der Cosa Nostra zu nahe gekommen, hatten die Bösen zu sehr gereizt, waren ihnen zu gefährlich geworden. Toto Riina, der oberste Mafiaboss, der wegen seiner Grausamkeit »die Bestie aus Corleone« genannt wurde, ließ die erfolgreichen Ermittler 1992 ermorden. In Corleone, dem Heimatort des Mörders, erinnert heute ein kleines, fast unscheinbares Museum an die beiden Mafiajäger. 400 Aktenordner stehen dort, darin die Dokumente der Prozesse: 400-mal knapp 2000 Seiten, viele handgeschrieben von Falcone und Borsellino.

Girolamo Lo Verso bereitet es bis heute Genugtuung, zu wissen, dass es diesen Ort gibt. Er war ein guter Freund Giovanni Falcones. Durch den Ermittlungsrichter begann er, sich mit der Psyche der Mafia zu beschäftigen. Lo Verso lernte den Mafiajäger in den siebziger Jahren kennen, in Trapani, einem Ort an der Westspitze Siziliens. Falcones Tod machte die Mafia zu Lo Versos Lebensthema. »Giovanni war kein Held«, sagt er, »Giovanni war ein guter Jurist. Ein mutiger Mann, ja, aber kein Held.« Diese Feststellung ist Lo Verso wichtig, gerade heute. Viele würden sich hinter der Heldenstatue Falcones verstecken, um selbst nicht mutig sein zu müssen, findet er. »Ein bequemer Schutz gegen die Angst«, fügt der Psychologe hinzu und ist damit zurück bei seiner Klientel. Die richtigen Mafiosi, sagt er, kennen hingegen keine Angst. Jegliche Skrupel, Mitleid gar, solche Gefühle seien ihnen fremd. »Das sind Menschen, die zu Maschinen gemacht wurden, durch Erziehung und durch ihre Umgebung.« Durch den Vater, führt Lo Verso an, den Onkel, aber unbedingt auch durch die Mütter; durch die *Omertà*, das Gesetz des Schweigens; schließlich durch die alten Mafiamythen. Gerade deshalb versage Freuds Psychoanalyse bei den Mafiosi komplett: Sie gehe vom Individuum aus, die Mafiosi jedoch seien keine Individuen. Sie seien ein kleiner Teil einer größeren Sache, eines kriminellen Kollektivs.

»An das erste Mal, als ich mich konkret mit der Mafia beschäftigte, kann ich mich noch sehr gut erinnern«, sagt der Psychologe Girolamo Lo Verso. »Das war Mitte der achtziger Jahre, ein Journalist bat mich damals um Hilfe.«

Es ging um Donato Vitale, einen der ersten Kronzeugen, der über die Struktur der Cosa Nostra auspackte. Und damals war die Mafia für die Politik, für die Öffentlichkeit und auch für viele Polizisten keineswegs ein großes Ganzes. Man ging von kleinen Banden aus, die unabhängig voneinander agierten. Erst mit den Aussagen von Donato Vitale und Tommaso Buscetta konnten die Ermittler um Falcone und Borsellino beweisen, dass die Cosa Nostra eine streng hierarchische Struktur hatte, mit einem Boss an der Spitze, dass sie deutlich besser vernetzt und organisiert war als angenommen und sogar strategisch mit der Camorra in Neapel verbunden war. Der Journalist, der über den Kronzeugen Donato Vitale berichtete, fragte Lo Verso, ob dieser Mann ein Verrückter sei. So jedenfalls beurteilten ihn viele Kollegen Lo Versos.

Bis zu diesem Zeitpunkt hatte der Psychologe eigentlich keinen Kontakt zur Mafia. »Ich lebte einfach so im schicken Palermo vor mich hin. Die Mafiosi waren für mich so etwas wie Aliens. Und als Achtundsechziger und überzeugter Demokrat war ich klar anti Mafia eingestellt. Aber dann hat sie mich doch immer stärker fasziniert.«

Lo Verso stürzte sich in die Arbeit, zunächst gar nicht an der Universität, sondern in einer Nervenheilanstalt in Trapani. In dieser Kleinstadt hatte Giovanni Falcone ihn einmal gefragt, warum er und seine Kollegen an den Universitäten eigentlich nicht systematisch die Mafiosi erforschen würden.

Hunderte Interviews führten Lo Verso und seine Mitarbeiter mit Menschen aus dem Mafiamilieu. Die Erkenntnisse brachten Lo Verso schnell den Ruf ein, Italiens wichtigster Mafia-Psychologe zu sein. »Ich hatte mir einen Namen gemacht, und alle Türen standen mir offen. Ich habe auch Kronzeugen interviewen können. Meine Schüler haben in den Jahren nach den Blutbädern, als der Staat mit besonderer Härte zurückschlug, viele Söhne von Mafiosi erlebt, die reden wollten. Und wir haben zugehört, aufgeschrieben und ausgewertet.«

Das Bild, das der Psychologe dabei skizziert, ist das eines fundamentalistischen Systems, das ihn in gewisser Weise an Islamisten-Organisationen erinnert. »Obwohl die Dschihadisten eigentlich menschlicher sind als die Mafiosi. Auch wenn man mich für diese Aussage früher oder später schlagen wird. Die Dschihadisten sind hasserfüllt, ja. Sie glauben, dass der Westen sie kolonialisiert hat. Sie denken an die Kreuzzüge, vielleicht wurden Verwandte getötet, oder sie wollen ins Paradies, zu Allah und zu den Jungfrauen. Bei den Mafiosi aber ist das ganz anders. Das Einzige, was für sie wichtig ist, ist Macht. Allerdings nicht Macht für sich selbst, sondern für die Organisation.«

Für ihre Art zu leben werden sie früh ausgebildet, sagt Lo Verso und spricht von einem »systematischen Mafiatraining«, das bereits mit neun, spätestens aber elf Jahren beginne. Gewalt spiele dabei immer eine große Rolle. Den Jungs werde früh beigebracht, sich Respekt zu verschaffen, schon in der Schule. Im Prinzip behandle man sie bereits von klein an wie künftige Mafiosi. Sie müssten schon früh beweisen, dass sie mutig sein können, und unter Mut sei die Bereitschaft, Gewalt auszuüben, zu verstehen. Mit vierzehn, fünfzehn Jahren kämen dann kleinere Schusswaffen zum Einsatz. Man lasse die Jungen auf Hunde schießen, später vielleicht sogar auf Pferde. Im Ernstfall sollen sie in der Lage sein, einen Menschen zu töten. Vorher müssten sie dabei zusehen, wie Menschen erschossen werden, müssten dann auch selbst einen Schuss auf die

Leiche abgeben. Schritt für Schritt hinein ein Leben voller Grausamkeit, so beschreibt es der Professor.

Irgendwann kommen dabei Lo Verso zufolge zuverlässige Maschinen heraus, die keine Wut fühlen, keine Angst. »Sie bringen andere Menschen um und gehen dann einfach weg und denken nicht mehr daran. Erst wollte ich daran nicht glauben, denn die Psychoanalyse sagt, dass das nicht möglich ist. Aber das Unglaubliche ist, dass in ihren Träumen keine Spur der Morde bleibt. Tagesreste heißt das in der Psychoanalyse. Aber die richtigen Mafiosi haben keine Tagesreste.«

Den Frauen schreibt der Professor dabei eine entscheidende Rolle zu. Sie sind aus Sicht der Männer zwar zunächst dafür da, Nachwuchs zu gebären, diesen großzuziehen und sich ansonsten völlig unterzuordnen. Und trotzdem habe man die Fehleinschätzung früherer Jahre korrigiert, wonach die Mafiafrauen von nichts wüssten und vor Gericht immer freigesprochen werden. »Durch die Forschungen der Staatsanwältin Teresa Principato und der Soziologin Alessandra Dino hat man erfahren, dass Mafiafrauen schon immer alles gewusst haben. Sie kennen die Details nicht, wissen vielleicht nicht genau, wen ihr Mann umgebracht hat, aber sie sehen seine blutige Hose, und einen Tag später lesen sie etwas in der Zeitung. Die Mafiafrauen sind letztlich wie die Mafiamänner. Sie werden großgezogen und ausgebildet und sehnen sich danach, so zu werden wie ihre Mütter, Tanten und Großmütter.«

Dass die Mafiafrauen oft einen aktiven Part übernehmen, bestätigt auch die Kronzeugin Maria Giardano: »Sie hören auf die Männer und unterstützen sie, wenn diese im Gefängnis sitzen. Wenn die Männer verhaftet werden, bringen die Frauen ihnen Botschaften, führen draußen zum Teil die Aktivitäten ihrer Männer weiter. Wenn der Ehemann nicht da ist, zählt oft die Frau. Bei der Ehefrau von Morfò war das etwa so.«

Maria Giardano gelang es lange nicht, sich zu lösen, weder von der *'Ndrina* noch von ihrer eigenen Mutter, der sie nicht immer vertrauen konnte und die für einen Lebensweg stand, das Schicksal zu ertragen und sich auch bei Gewalt zu fügen. Warum verließ Maria im März 2011 das Zeugenschutzprogramm und kehrte hochschwanger nach Rossano zurück, an den Ort, in dem sie in Gefahr war? Nicht einmal während der Entbindung im Krankenhaus fühlte sie sich sicher, weil sie der Verwandten eines Mafioso ausgeliefert war.

Professor Girolamo Lo Verso, der viele Mafiafrauen therapiert und analysiert hat, überrascht ein solches Verhalten nicht. Es sei so gut wie unmöglich, sich vom seelischen Erbe der Jahre innerhalb des Systems der Mafia frei zu machen, sagt er und illustriert seine Erkenntnis mit einem Beispiel. »Eines Tages kam ein Paar zu mir, beide vierzig Jahre alt, gebräunt, sehr verliebt. Sie wirkten wie aus einem Hollywoodfilm. Die Frau war die Tochter eines wichtigen Mafiabosses. Ihr Ex-Ehemann war ein kleiner Mafioso, von dem sie sich bereits zehn Jahre zuvor getrennt hatte. Ihr neuer Mann, mit dem sie jetzt zu mir kam, war kein Mafioso. Er hatte Geld und ein schönes Boot. Am Wochenende fuhren sie hinaus auf die See, dorthin, wo es nicht mal Möwen gibt. Sie waren nicht alt, gesund und verliebt und trotzdem: Es passierte nichts zwischen ihnen.« Der Professor lässt sich tief in seinen Sessel zurückfallen und verharrt einen Moment lang still. Dann setzt er sich wieder gerade hin und fragt: »Wie kann es möglich sein, dass eine Frau, die vierzig Jahre alt ist, völlig ungestört auf hoher See mit ihrem Geliebten keine Erregung spürt, wenn sie nackt in seinen Armen liegt? Das«, sagt er nach einer weiteren kurzen Pause, »genau das ist die Mafia. Es war so, als trüge sie die ganze Mafiawelt in sich, in ihrem Unterleib.«

*»Dürften wir alle Infos benutzen, die wir seit Duisburg gesammelt haben, wäre keine einzige Pizzeria mehr offen«*

## Der Frust der Ermittler

Es schien auf harte Urteile gegen die angeklagten Italiener hinauszulaufen im Mafiaverfahren vor dem Landgericht Hagen. Im November 2011 war das, ein Auftragskiller hatte angekündigt, auszupacken. Er wollte aussagen gegen drei Männer der Familie B., die im Verdacht standen, der Mafia anzugehören. Der Killer wollte erzählen, wie er für die Italiener Schulden eingetrieben, für sie geraubt und gemordet hatte. Er wolle, so erzählte er es seiner Freundin, reinen Tisch machen. »Du bist so wunderbar liebevoll zu mir«, schrieb er der Freundin in einem Brief aus dem Gefängnis.

Michael Petzold hieß der Kronzeuge, er war bereits wegen Mordes verurteilt. Nun bereitete er sich auf seine Aussage vor. Er wollte fit sein dafür, joggte, machte Krafttraining. Vor einer Videokamera hatte er den Ermittlern bereits erzählt, was er wusste. Das Geständnis bildete die Basis des Prozesses gegen die drei mutmaßlichen Mafiosi. Detailliert hatte Petzold sein Leben offengelegt, seine Beziehung zu den Italienern aus Hagen und Umgebung, zu jener Familie in dem Städtchen Gevelsberg, mit der er emotional verwuchs und für die er nach eigenen Worten Menschen umgebracht hatte, am 9. März 1999 etwa in Altena im Sauerland. Petzold drang dort in die Wohnung einer Rentnerin ein, erschoss sie, stahl ihre Papiere und übergab die Beute einem der Italiener zusammen mit einer Patrone, die er in rotes Tuch gewickelt hatte. Die Patrone stand für den Mord, für den »Totalschaden«, wie Petzold später sagte.

Siebeneinhalb Jahre später, am 6. Oktober 2006, richtete Michael Petzold den Besitzer der Pizzeria »Bella Vista« im Kölner Stadtteil Deutz, Umberto S., mit einer Pistole der Marke Tokarew hin.

Worum es bei dem Attentat ging, ist ungeklärt. Angeblich wollte ein Mann aus dem Umfeld der Familie B. die Pizzeria des Opfers günstig übernehmen. Doch ob das der wirkliche Hintergrund der Tat ist, bleibt offen. Umberto S. soll Beziehungen ins Rotlichtmilieu unterhalten haben. In seinem Nachlass fand die Polizei später große Bargeldsummen, deren Herkunft ungeklärt ist. Die Familie B. soll laut Petzold jahrelang im Falschgeld- und Drogengeschäft aktiv gewesen sein.

Die Details des Mordes stellte das Landgericht Hagen später unter dem Aktenzeichen 31 Ks 400 Js 42/10 fest. Der Pizzeriabesitzer Umberto S. sollte zum 6. Oktober sterben – einen Tag vor der geplanten Hochzeit seiner Tochter. So steht es in der Anklage, die auf der Aussage Petzolds aufbaut.

Der Mörder betrat die Pizzeria des Umberto S. gegen 14.15 Uhr. Er sagte, er wolle das Lokal für ein »Arbeitsessen« mieten. Petzold ließ sich die Räume zeigen und zog die Waffe. Petzold steckte die Waffe in eine Aktentasche, um Geräusche zu dämpfen, und feuerte durch den Lederboden der Tasche. Einmal, zweimal, dreimal, aus der Hüfte in die Schulter, die Lunge, das Herz, bis Umberto S., der vor Schmerz schrie, tot auf der Schwelle zur Küche liegen blieb.

Petzold nahm ihm die Armbanduhr ab, fuhr dann nach Genua und überreichte einem weiteren Mitglied der italienischen Familie die Armbanduhr des Toten und eine Patrone, auch dieses Mal eingewickelt in roten Samt.

Michael Petzold hatte lange geglaubt, alles richtig zu machen. Er hatte geglaubt, Teil der Familie zu sein, hatte ihr Gefolgschaft geschworen, war bereit zu tun, was in seinen Augen nötig war, um anerkannt zu werden. Doch es hatte nicht gereicht für echte Wertschätzung. Für den Mord an dem Kölner Wirt zahlte ihm das Mitglied der Mafiafamilie statt der vereinbarten 10.000 Euro nur 800 Euro. Petzold blieb der Außenseiter, den man ausbeuten konnte.

Tatsächlich ist die Beziehung von Michael Petzold zur italienischen Familie kompliziert. Petzold stammt aus der DDR. Hier wurde er 1962 in Freiberg geboren, einer Kleinstadt zwischen Dresden und Chemnitz. Sein Vater war Kommunist, zeitweise sogar Bürgermeister der Stadt, Michael Petzold einer der wenigen DDR-Bürger, die das Land regelmäßig verlassen durften – an Bord eines Schiffes. Petzold war nämlich Schiffsbetriebstechniker. Erst als sein Bruder im Jahr 1981 Suizid beging, brach Petzold mit der DDR. Man hatte ihm verboten, zur Beerdigung nach Hause zu fliegen.

Petzold bastelte sich eine Art Rettungsinsel, eine schwimmfähige Reisetasche und sprang damit im Oktober 1983 während einer Fahrt durch den Nord-Ostsee-Kanal von Bord. Als Neubürger der Bundesrepublik Deutschland heuerte er bald darauf bei deutschen Afrika-Linien an, verkaufte später Autos, wurde Vertreter und Modell für Unterhosen. Er spielte Nebenrollen in Fernsehfilmen und lebte sich in Deutschland ein, bis er in Halver im Sauerland Giuseppe B. traf. Der Italiener hatte ein Faible für Sportwagen – Petzold verkaufte welche. Die beiden Männer freundeten sich an.

Giuseppe B. stammt aus Süditalien, aus Riesi auf Sizilien, einem Ort, der für seine Verflechtungen mit der Mafia bekannt ist. Von hier kommt ein bedeutender Zweig der sogenannten Stiddari, einer Abspaltung der Cosa Nostra. Die Mafia beherrscht den Ort, die Anti-Mafia-Bewegung hat ein kleines Gebäude am Stadtrand. Die Büros darin sind leer. Mit Journalisten mag hier niemand reden. Kürzlich wurde der Leiter des Zentrums zusammengeschlagen. Die Menschen hier haben auch Angst, dass ihre E-Mails abgefangen, ihre Telefone abgehört werden. Wenn sie Post abzuschicken haben, fahren sie in den zwanzig Kilometer entfernten Nachbarort.

Giuseppe B. kam mit seinen Eltern und seinem Bruder 1984 an den Südrand des Ruhrgebiets. Sie eröffneten in Gevelsberg nahe Hagen eine Pizzeria. Schon 1985 verurteilte ein Gericht in Deutschland Giuseppe B. wegen versuchter räuberischer Erpressung und Nötigung. Seither ist die Familie B. bei Ermittlern bekannt. Immer wieder tauchten aus ihrem Umfeld und in Gevelsberg Menschen im Zusammenhang mit Gewalttaten auf.

Im Dezember 2004 schoss ein Italiener einem Griechen vor

einem italienischen Imbiss in Gevelsberg in den Bauch. Die Ermittlungen der Polizei verliefen jedoch im Sande. Sowohl das Opfer als auch der Täter sagten aus, der Schuss sei aus Versehen gefallen. Das Urteil gegen den Italiener lautete auf fahrlässige Körperverletzung, er erhielt keine hohe Strafe. Er und auch der Grieche sollen Kontakte zur Familie B. gehabt haben.

Im März 2011 erschoss in Gevelsberg ein Koch in einer Pizzeria der Familie B. eine deutsche Frau, die Angestellte des Betriebs war. Wenige Monate später feuerte ein sechzigjähriger Onkel von Giuseppe B. in Gevelsberg auf mehrere jüngere Männer, die in der Nachbarschaft eine Party feierten. Er kam, offenbar erregt wegen des Lärms, aus der Kellerwohnung. Einen 23-Jährigen verletzte er lebensgefährlich. Ein 25-Jähriger erlitt einen Schuss in den Rücken, ein 31-Jähriger kam mit leichten Blessuren davon.

Auch Giuseppe B. scheut nicht vor Gewalt zurück. Zusammen mit seinem Sohn Luca erschoss er im Juni 2008 in Genua einen Kellner. Angeblich hatte der Mann am Tisch ein paar Brotkrümel auf Giuseppes Hose fallen lassen. Giuseppe B. selbst sagte später aus, er habe das in dem Moment als eine Beleidigung eines solchen Ausmaßes aufgefasst, dass er den Kellner habe töten müssen. Möglich ist aber auch, dass die Bluttat einen anderen Hintergrund hatte.

Nach dem Mord, den etliche Menschen bezeugen konnten, flüchteten Giuseppe B. und sein Sohn. B.s Vater beauftragte dann in Gevelsberg einen bekannten Mafiaanwalt damit, die Übergabe mit der Polizei zu verhandeln. Giuseppe B. durfte noch mal duschen und mit seiner vierjährigen Tochter essen. Später verurteilte ein italienisches Gericht ihn zu zwanzig Jahren, seinen Sohn zu mehr als zehn Jahren Haft.

Die Familie B. koordinierte von Gevelsberg aus den Handel mit Drogen und Waffen, da waren die Ermittler sich sicher. Die B.s organisierten demnach auch Wucherkredite und erpressten Schutzgelder. In einem Vermerk heißt es, Familie B. unterhalte »enge nationale und internationale Kontakte zu kriminellen Personen und Gruppierungen, die der organisierten Kriminalität zuzurechnen sind«.

Von dieser Gewalt fühlte sich Michael Petzold angezogen. In einer Vernehmung sagte er, besonders habe ihn beeindruckt, dass Giuseppe B. in seinem Kofferraum Waffen gelagert habe, darunter auch eine Kalaschnikow. Gemeinsam überfielen sie dann eine Bank.

Michael Petzold erzählte den Ermittlern, dass er im Auftrag von Giuseppe B. Falschgeld und Waffen transportiert habe, säumigen Schuldnern ins Bein geschossen und aus Wohnungen Rentenpapiere, Pässe und Sozialversicherungsausweise geklaut habe.

Dass sich da ein Deutscher der italienischen organisierten Kriminalität angeschlossen hatte, fiel erst auf, als der Exmann der Freundin von Petzold zur Polizei ging. Er sagte aus, Petzold habe seiner Exfrau einen Mord gestanden, den Mord an dem Pizzeriabetreiber in Köln 2006. Am 19. März 2010 nahmen die Polizisten Petzold fest. Die Beweislast war erdrückend, man hatte Spuren seiner DNA gefunden. Der Anwalt eines Opfers sagte nach dem Prozess, Petzold habe »gefühllos« gewirkt, »wie ein Handwerker, der seine Arbeit ausführt«.

Ein Schwurgericht verurteilte Michael Petzold zu lebenslanger Haft. Es ordnete auch die nachträgliche Sicherungsverwahrung an. Und dann kippte Petzold. Er fing an zu reden, über Giuseppe B. und seine Familie. Für die Ermittler war das ein Glücksfall. Sie nahmen Petzold in ein Zeugenschutzprogramm. Seine Aussagen wurden auf Video aufgezeichnet, ein Richter vernahm ihn. Es gab nach Ansicht der Strafverfolger genug Beweise, um Giuseppe B. und seine Familie für zahlreiche schwere Delikte anzuklagen.

So kam es dann auch. An einem Tag im November 2011 sollte Michael Petzold im Prozess gegen Giuseppe B. aussagen. Um 9.45 Uhr betrat die Vorsitzende Richterin den Saal und verkündete, was den weiteren Verlauf des Prozesses entscheidend beeinflussen sollte: »Der Zeuge hat sich heute Nacht erhängt.«

Offenbar wollte Michael Petzold am Ende doch nicht aussagen. Wenige Stunden vor dem geplanten Auftritt vor Gericht hatte er seiner Freundin geschrieben: »Mein Liebling, mein Allerliebstes, nun ist es Zeit, Abschied zu nehmen.« Er vermachte ihr seinen Flachbildfernseher, einen DVD-Player und sein restliches Hab und Gut. Dann schluckte er Waschmittel, schnitt sich die Pulsadern auf und erhängte sich mit einem Gürtel an einem Regal.

Vor Gericht nutzten die Anwälte der beschuldigten Gebrüder B. den Tod des Kronzeugen. Sie bezweifelten den Wahrheitsgehalt von dessen Videoaussage, stellten Anträge und Forderungen. »Reine Phantasie« sei gewesen, was Petzold da erzählt habe, Ausdruck einer narzisstischen Persönlichkeitsstörung.

Im Gerichtssaal versammelte sich an jedem Prozesstag die Verwandtschaft von Giuseppe B. Die Frauen und Männer brachten Wasser und Süßigkeiten mit, riefen Grüße durch den Raum, unterhielten sich auf den Bänken, als wohnten sie einer Sportveranstaltung bei. Die Vorsitzende Richterin war mit beweglichen Panzerglasscheiben vor Schusswaffen gesichert. Vor der Tür hatten sich schwerbewaffnete Beamte postiert.

Ein Gutachter sagte zunächst, die Aussage Michael Petzolds auf dem Videoband sei sehr glaubhaft. Er begründete dies mit dessen Gesichtsausdruck und der Stimmlage. Im Prozessverlauf allerdings widerrief er einen Teil seiner Einschätzungen. Plötzlich zeigte der Gutachter sich nicht mehr so sicher, dass man die Aussagen auf dem Video für wahr halten konnte.

Das Gericht sprach die Gebrüder B. frei. Ohne den Belastungszeugen, erklärte es, sei der Beweis nicht zu erbringen, dass Michael Petzold die Wahrheit gesagt habe und die Familie B. eine Gewaltfamilie sei, die den Tod von Menschen in Auftrag gegeben habe. Die Polizei schließt ein Fremdverschulden am Tod von Petzold aus. Die Ermittlungen wegen des Selbstmordes wurden eingestellt.

Einer der Polizisten kann seine Enttäuschung nach diesem Urteil nicht länger verbergen. Er sitzt mit leeren Händen in der Fußgängerzone von Hagen. Jahre hat er damit verbracht, zunächst Michael Petzold zu überführen und dann Beweise gegen Familie B. zu sammeln. Er fragt sich, was er noch hätte tun können. Aussagen auf Video, Genproben, nachgewiesene Gewalttaten – seiner Meinung nach stand die Anklage auch nach dem Tod des Kronzeugen keineswegs auf wackeligen Füßen. Doch die Angeklagten sind frei. »Für mich ist die Mafiajagd vorbei«, sagt der Ermittler.

Man kann in Deutschland manchen Kommissar treffen und manchen Staatsanwalt, die sich den Taten der Mafia gewidmet haben und am Ende gegen ihre Verbitterung ankämpfen müssen. In den Gesprächen bitten die Ermittler darum, nicht mit Namen und Funktion benannt zu werden. Sie wollen es sich nicht mit ihren Vorgesetzten verscherzen, mit der politischen Ebene. Es sind Männer und Frauen, die von Berufs wegen eigentlich keine Angst haben dürfen. Natürlich liegt etwa Hagen nicht auf Sizilien, wo die Ermittlungsrichter Falcone und Borsellino Anfang der neunziger Jahre von der Mafia umgebracht wurden. Die Cosa Nostra forderte den Staat heraus. In Apulien und Kalabrien und an vielen weiteren Orten in Italien haben die Mafiosi es aber längst geschafft, mit dem Staat zu verschmelzen. So war und so ist es in Deutschland nicht.

Und doch mischen sich Mafiosi auch hierzulande unter die Gesellschaft. Sie bemühen sich, nicht aufzufallen. Sie wollen kein neues »Duisburg«, keine Mehrfachmorde mit Schlagzeilen. Die Öffentlichkeit nimmt die Mafia gerade wenig wahr, und die Politik hat in Deutschland andere Baustellen als die organisierte Kriminalität italienischer Gruppierungen. Das ist der Vorteil der Mafia. Das macht sie stark. Die Ermittler befinden sich ihnen gegenüber in keiner allzu guten Position.

Es lässt sich einiges zusammentragen bei der Reise, zum Beispiel in Bayern. 138 Italiener stehen hier im Visier der Behörden, 74 von ihnen zählen zur 'Ndrangheta, die im Allgäu und in München, in Passau, Augsburg und Donauwörth verwurzelt ist. 30 werden der Camorra und 21 der Cosa Nostra zugerechnet. Die verschiedenen 'Ndrangheta-Clans kooperieren oft untereinander und arbeiten manchmal auch mit der Camorra oder der Cosa Nostra zusammen. Sie haben sich auch in Bayern zu *Locali* zusammengeschlossen, die aber nicht komplett unabhängig agieren, sondern Anweisungen aus Italien erhalten.

Die 'Ndrangheta verdient in Bayern noch immer viel Geld durch den Handel mit Kokain, durch Erpressung von Schutzgeldern und durch den Handel mit Lebensmitteln. Fragt man Ermittler nach aktuellen Fällen, lautet die Antwort meist, dass es sich leider um ein laufendes Verfahren handle. Entweder haben die Polizisten ihre Nachforschungen noch nicht abgeschlossen, oder die Gerichte sind noch mit den Fällen befasst. Auch Revisionsverfahren, in die sich die Verurteilten oft begeben, tragen dazu bei, die Fälle zunächst weiter unter der Decke zu halten.

Vor etwa zehn Jahren haben bayerische Strafverfolger begonnen, sich für die Mafia zu interessieren. Streifenpolizisten berichteten damals von einer Gruppe Italiener, die sich konspirativ benehme. In ihren Autos hatte man unbenutzte Telefonkarten gefunden und festgestellt, dass diese anschließend niemals aktiviert wurden. Manche Namen der Gruppe tauchten in Berichten des Bundeskriminalamts über Mafiaaktivitäten auf. Man habe in Rom um Rechtshilfe gebeten, diese auch bekommen und dann festgestellt, dass da durchaus Verbindungen bestanden zu jenen Personen, die in Bayern kontrolliert wurden, sagte der Kommissar Gunther Schatz aus Kempten im Allgäu dem Bayerischen Rundfunk und führte dann einen der ersten Fälle aus.

»Wir stießen auf eine Pizzeria in Sonthofen, die kurz zuvor für 120.000 Euro von einem 21-jährigen Italiener gekauft worden ist, der aus Kalabrien zugezogen war. Es gibt aber keinen 21-jährigen Kalabresen, der einfach so 120.000 Euro hat. Und da ist man hellhörig geworden und hat angefangen, verdeckt zu ermitteln. Man hat Informationen vom LKA, vom BKA und von italienischen Behörden beigezogen und dann sehr schnell gemerkt, dass Angehörige der Clans Romeo und Giorgi hier tatsächlich ansässig waren. Man hat deren Vita verfolgt und gesehen, dass viele dieser Italiener zuvor in Mülheim oder in Erfurt ansässig waren. Sie hingen etwa mit dem Italiener zusammen, der gesucht wurde, weil er gefälschte Schecks in Umlauf gebracht hatte, und ebendiesen Italiener hat man dann in Erfurt festgenommen und nach Kempten gebracht und verurteilt. Der wohnte wiederum in Erfurt zusammen mit einem, der jetzt in Sonthofen war. Man hat also diese Dreiecksbeziehungen geographischer Art zweifelsfrei nachvollziehen können.«

Man habe sich die Verdächtigen dann erst einmal genauer angeschaut, berichtet der Kommissar. »Die haben Kraftfahrzeuge angemietet für zwei bis drei Tage und mit mehreren Tausend Kilometern drauf wieder abgegeben. Wir haben Spürhunde reingeschickt, die dann auf Rauschgift anschlugen. So war schnell klar, die betreiben nicht nur Pizzerien, sondern die sind hier eine Relaisstation europäischer Art für Rauschgift. Die Länge der Fahrtstrecken passte von der gefahrenen Kilometeranzahl her immer mit den Zielen Amsterdam, Rotterdam und mit Belgien überein. Damals war bekannt, dass ein Großteil des Koks, das nach Italien geht, über Belgien und Holland reinkommt.«

Aufgrund dieser Erkenntnisse habe man dann intensiv ermittelt, auch mit Hilfe des Lauschangriffs, was ja heute so nicht mehr möglich sei, weil die Gesetze entsprechend verschärft worden seien. »Wir haben dann Informanten aus der Szene gewonnen, ein Exmitarbeiter der Pizzeria sagte bei uns als Zeuge aus. Bevor man richtige Straftaten hatte, beschloss die Führung in Italien jedoch, dass der Stützpunkt Sonthofen aufgegeben würde.«

Dann kam Duisburg, und die italienischen Ermittler schauten verstärkt auch nach Deutschland. »Im Oktober 2007 wurden zwei unserer Sonthofener Täter in San Luca festgenommen«, fährt der Kemptener Kommissar Gunther Schatz fort. »Die wurden dann Anfang 2008 ausgeliefert unter heftigem Protest. Sie wurden hier vor Gericht gestellt. Und sie wurden verurteilt wegen Verstoß gegen das Betäubungsmittelgesetz und wegen Geldfälschung. Die hatten nämlich auch mit 25.000 Euro in falschen Fünfzigern gehandelt.«

Ohne den sogenannten Großen Lauschangriff, das Abhören geschlossener Räume, wäre es weder zu diesen Erkenntnissen über das Treiben der Mafia in Deutschland noch zu dem Urteil gekommen. Tatsächlich geht es in nahezu jedem Gespräch mit Strafverfolgern, das die Autoren führen, um die gesetzlichen Möglichkeiten, in Deutschland gegen die Mafia zu ermitteln. Ein ranghoher Polizist bringt die Situation zugespitzt auf den Punkt: »Dürften wir alle Infos benutzen, die wir seit Duisburg gesammelt haben, wäre keine einzige Pizzeria mehr offen.«

Ein Kollege aus einem anderen Bundesland bedauert, dass Deutschland bei Hinweisen zur organisierten Kriminalität komplett am Tropf anderer Staaten hängt. Zudem moniert er, dass »Deutschland für Mafiaverfahren rechtlich schlecht aufgestellt« sei. »Es fehlen ganz einfach die Grundlagen für eine effektive Bekämpfung. In Deutschland gibt es zwar den Straftatbestand der kriminellen Vereinigung, doch der taucht in der Praxis fast nur in Verbindung mit anderen Straftaten auf. Die Ermittlungsverfahren sind aufwendig, weil sie Abhöraktionen voraussetzen und horrende Dolmetscherkosten verursachen. Gegen die Mafia zu ermitteln, das dauert eben. Bevor Strafverfahren eröffnet werden, setzt man sich bei der Staatsanwaltschaft zusammen und geht einige Punkte durch: Welche Anhaltspunkte haben wir? Wie weit führen sie? Wie viel Personal würden wir benötigen? Weil die Ressourcen sehr begrenzt sind, verzichtet man oft auf Verfahren gegen die 'Ndrangheta.«

In Hanau bei Frankfurt haben Staatsanwaltschaft und Polizei sich lange mit der 'Ndrangheta auseinandergesetzt – mit mäßigem Ergebnis. Von den vier Angeklagten, die Ende 2013 vor Gericht standen, stammten drei aus Corigliano Calabro, einem Städtchen, das zehn Kilometer östlich von Rossano liegt. Die Staatsanwaltschaft warf ihnen Schutzgelderpressung, Drogenhandel, unerlaubten Waffenbesitz und die Mitgliedschaft in einer kriminellen Vereinigung vor. »Die Indizien sprechen eindeutig dafür, dass die Angeklagten der 'Ndrangheta angehören«, zitierte die »Frankfurter Rundschau« damals den Oberstaatsanwalt Thomas Geschwinde.

Die mutmaßlichen Mafiosi hatten demnach italienische Gastwirte gezwungen, den von ihnen importierten Wein in großen Mengen und zu hohen Preisen zu kaufen. Als einer der Wirte dann vor Gericht aussagte, sah man ihm seine Angst an. Etliche Italiener hatten sich auf den Zuschauerbänken eingefunden, sie demonstrierten ihre Nähe zu den Angeklagten.

Der Wirt berichtete zwar von den Italienern, die ihn zum Weinkauf gezwungen hätten. Doch er blieb in seiner Schilderung weit hinter dem zurück, was er zuvor der Polizei anvertraut hatte. »Haben Sie

Angst, dass Ihnen nach Ihrer Aussage etwas passieren könnte?«, fragte ihn daher der Richter. »Ja«, antwortete der Zeuge.

Das Gericht verurteilte zwei der Beschuldigten wegen räuberischer Erpressung zu zwei Jahren Haft auf Bewährung. Das Ende des Falles war dieses Urteil jedoch nicht. Im Mai 2015 zündeten Unbekannte nämlich das Restaurant des Zeugen an und richteten einen Schaden von mehreren Hunderttausend Euro an. Der Zeuge selbst bat um Verständnis, gegenüber Journalisten keinen Kommentar zu dem Brand seines Lokals abzugeben. Es schien, als hätte er seine Lektion gelernt.

Die verurteilten Mafiosi hatten unterdessen ihre Anwälte arbeiten lassen. Sie wollten die Haftstrafe von zwei Jahren abwenden und schafften es, dass der Bundesgerichtshof in Karlsruhe sich mit dem Verfahren befassen musste. Und dort kassierten die Richter das Urteil des Landgerichts Hanau tatsächlich ein. Sie äußerten sich allerdings nicht korrigierend zur festgestellten Erpressung. Es ging ihnen nur um den Wert des Weins: »Feststellungen zum objektiven Wert des verkauften Weines oder zum etwaigen Erlös aus dessen Verkauf hat die Strafkammer nicht getroffen«, heißt es in der Urteilsbegründung. Die Strafkammer sei stattdessen davon ausgegangen, dass »ein Vermögensnachteil für das Tatopfer in Höhe des gesamten Kaufpreises entstanden sei«. Die BGH-Richter bemängelten, dass das Gericht in Hanau den Gegenwert der Weinflaschen außer Acht gelassen hatte. Der Wirt hätte den Wein ja weiterverkaufen und somit Geld verdienen können.

Es klingt, als wären die langwierigen Ermittlungen in Hanau an einer Kleinigkeit gescheitert, an einer Art Formfehler fast. Das mag in diesem Fall so sein. Doch generell ist Deutschland, da sind sich Ermittler und Juristen einig, nicht gut aufgestellt für die wirksame Bekämpfung der Mafia. »Wir haben in Deutschland keinen sogenannten Mafiaparagraphen«, sagt Sabine Vogt vom Bundeskriminalamt. Damit kann hierzulande nicht ermittelt werden nur aufgrund der Tatsache, dass eine Person mutmaßliches Mitglied der Mafia und Teil ihrer Struktur ist. »Auch andere europäische Länder haben diese Form von Strafbarkeit nicht«, fügt die BKA-Beamtin hinzu. Für die Mafia brauche man deshalb eben einen »engen Kontakt mit den italienischen Kollegen«. Deren Hinweise auf Delikte, die Italiener in Deutschland begehen, seien unabdingbar.

»Wir gehen davon aus, dass Deutschland vor allem für das Thema Geldwäsche und Investitionen von illegal erlangten Vermögen interessant ist«, fährt Sabine Vogt fort. »Hier ist ebenfalls festzustellen, dass wir keinen leichten Weg haben in Deutschland.«

Derzeit wird über die Einführung eines neuen Gesetzes beraten, nach welchem in besonderen Fällen die Beweislast umgekehrt werden soll. Wenn also ein Pizzabäcker innerhalb von wenigen Jahren einen Immobilienbesitz im Wert von etlichen Millionen Euro anhäuft, soll er in Zukunft erklären müssen, wo er das ganze Geld herhat. Wenn das Geld nur aus illegalen Quellen kommen kann, soll es in Zukunft eingezogen werden können. In Italien besteht ein entsprechendes Gesetz schon lange. So wurden der Mafia bereits Milliardenvermögen entrissen. In Deutschland gibt es entsprechende Initiativen seit längerem. Passiert ist bislang wenig.

Dabei hat die Polizei hierzulande die Chance, konkrete Verdachtsfälle herauszuarbeiten, bei denen es um illegale Vermögen geht. Ein Beispiel: In München wird ein Krimineller mit einer Lieferung Kokain angehalten. Aus polizeilichen Informationssystemen und aus der Zusammenarbeit mit Kollegen in Italien erfahren die Ermittler, dass dieser Mann intensiv ins Rauschgiftgeschäft mit der Mafia verwickelt ist. Sie finden heraus, dass der Mann keinerlei legale Einkünfte hat, dass er zugleich aber in einer Villa mit Swimmingpool lebt und große Autos fährt. Zudem bezieht er Arbeitslosenhilfe. »An dieser Stelle wäre es sinnvoll, dass er verpflichtet wird, zu erklären, wo er sein Vermögen herhat«, sagt Sabine Vogt vom BKA. »Und für den Fall, dass er nicht mitwirken will, braucht es die Möglichkeit, dieses Vermögen staatlicherseits zu beschlagnahmen.« Bisher muss der Drogenhändler keine Angaben zu seinem Vermögen machen.

Der Grund dafür ist die deutsche Geschichte. Nach den Erfahrungen der Nazizeit soll der Staat nicht mehr die Macht haben, Menschen ihrer Lebensgrundlage zu berauben. Das Eigentum ist deshalb im Grundgesetz besonders geschützt.

Den Ausgleich zu finden zwischen den Interessen an der Strafverfolgung und dem Schutz der Gesellschaft sowie dem Schutz des Einzelnen und seiner Freiheit: Dieses Dilemma führt dazu, dass viele Gesetze in der Praxis kaum angewendet werden, weil sie schlicht zu kompliziert sind. »Eine Verschärfung der Regeln würde schon reichen«, sagt Sabine Vogt. »Die Achillesferse der Mafiabekämpfung in Deutschland ist die Vermögensabschöpfung.«

Die Politik hat zuletzt darauf reagiert und – auch auf Druck der Europäischen Union hin – einen Gesetzentwurf eingebracht, der die Vermögensabschöpfung erleichtern soll. Bis Mitte 2017 soll das Gesetz durch alle drei Lesungen im Bundestag gegangen sein und noch im selben Jahr in Kraft treten. Es wäre zumindest ein Schritt in die richtige Richtung.

Deutschland, das ist die Realität, bietet bislang für viele Mafiosi den idealen Arbeitsplatz. Im Verborgenen können sie weitgehend ungestört ihren illegalen Geschäften nachgehen. Deutschland, heißt es oft, sei mehr ein Rückzugsort für die Mafia. In Wirklichkeit aber ist Deutschland längst auch Aktionsraum.

*Das sind Fortschritte,*
*die wir in Italien niemals*
*gemacht hätten*

## Marias Leben heute

Am Abend jenes Tages, als Maria vor ihrem Auto in Lucca das Madonnenbildchen gefunden hat, sitzt sie mit Antonello am Tisch. Die Kinder haben bereits gegessen und sind aufgestanden. Es ist an der Zeit, sich zu entscheiden.

»Wir können nicht weiter so ein Leben führen. Die Kinder werden groß, und langsam verstehen sie«, sagt Antonello.

Maria nickt. »Die einzige Chance ist Deutschland«, sagt sie.

Deutschland würde für sie bedeuten, aus dem Zeugenschutzprogramm auszusteigen. Sie müsste auf den Schutz verzichten, den der italienische Staat ihr gewährt, der aber ihrer Einschätzung nach ohnehin nicht ausreicht. In Deutschland, glaubt Maria, wäre es für die 'Ndrangheta nicht so leicht, ihr eine »Aktion« zu machen.

Am nächsten Morgen ruft sie ihre Mutter und ihre Schwester an. Beide bieten ihre Hilfe an. Am Nachmittag treffen Maria und Antonello in der Polizeistation auf dem Bahnhof Santa Maria Novella in Florenz zwei Männer vom Zeugenschutz. Maria ist nicht bemüht, dankbar zu erscheinen. »Ich habe gesagt: ›Ihr habt uns wie Tiere behandelt. Wir sind Kronzeugen, keine Tiere.‹ Wir haben uns so richtig gestritten. Aber sie haben auch zugegeben, dass meine Situation für sie schwierig sei, wegen der fünf Kinder, und ich müsse mich da in Rom beschweren.«

Maria hat ausgesagt und sich damit am Kampf gegen die Mafiosi beteiligt. Die Ermittler haben ihre Hinweise und Angaben verwertet. Die Schwachstelle der Zusammenarbeit ist, dass Maria nicht als Märtyrer agierte, sondern mit Hilfe ihrer Aussagen ein neues, nicht mehr von der 'Ndrangheta dominiertes Leben erreichen wollte. Das Zeugenschutzprogramm aber, das die Carabinieri und Staatsanwälte ihr angepriesen haben, erweist sich als nicht potent. Zudem beweist die 'Ndrangheta, dass sie personell gut ausgestattet und weit vernetzt ist. Mehr als acht Jahre hat Maria nun »kooperiert«. Zur Bilanz dieser Zeit gehört auch, dass der italienische Staat ihr und ihrer Familie ein Leben in Sicherheit nicht garantieren kann.

Am Ende unterschreibt Maria ein Dokument, mit dem sie in eigener Verantwortung aus dem Zeugenschutzprogramm ausscheidet. Sie liest es nicht gründlich, sie will nur raus.

»Mit meiner Unterschrift habe ich die Verantwortung für Antonello und für meine Kinder übernommen. Ich hatte Angst«, beschreibt Maria ihre Entscheidung im Rückblick. »Ich habe mir gedacht, wenn etwas passiert, verzeihe ich mir das nie. Aber in dieser Situation musste ich stark für meine Kinder sein. Ich wollte ihnen eine Zukunft geben. Sie sollten nicht nur Kronzeugenkinder sein.«

Marias Anwältin Emanuela Capparelli erinnert sich heute noch genau an Marias Ausstieg. Das Zeugenschutzprogramm, sagt sie, habe einerseits funktioniert, weil weder Maria noch Antonello noch die fünf Kinder Opfer eines Anschlags geworden seien. »Vorher war es anders, man muss nur an den Brandanschlag in der Unterkunft in Castrovillari denken.« Andererseits, fügt die Anwältin hinzu, habe das Programm Maria keine Gelassenheit gebracht. »Das ist ein Problem vieler Zeugen. Im Zeugenschutzprogramm zu sein, das heißt ja, der Heimat entwurzelt zu werden. Man ist nicht im Gefängnis, aber man kann sich auch nicht frei bewegen. Alles, was nur ein bisschen außergewöhnlich ist und sich vom Alltag unterscheidet, muss man sich erst mal von den Beamten genehmigen lassen, eine Fahrt übers Wochenende irgendwohin oder sogar einen Besuch im Krankenhaus. Selbst ein einfacher Strafzettel kann zu einer Schwierigkeit werden.«

Bei Maria kam, sagt ihre Anwältin, ihre große Familie hinzu. »Ich meine, sie hat fünf minderjährige Kinder, davon sind zwei behindert. Bei der Versorgung von Angela kam es zu absurden bürokratischen Problemen. Unter Zeugenschutz zu leben ist generell nicht einfach. Für Maria machten es ihre Kinder schwieriger. Jedes Mal musste sie fünf Kinder einschulen. Sie musste ihre Großfamilie mit bescheidenen finanziellen Mitteln von A nach B bewegen.«

Dass Maria plötzlich ausgestiegen ist, erklärt sich Emanuela Capparelli auch mit ihrem impulsiven Charakter. »Maria ist eine Frau wie ein Vulkan und zugleich aber auch eine sehr traurige Person mit vielen Problemen. Maria trägt etwas in sich, das sie nicht ausdrücken kann, etwas Trauriges. Ihr Wunsch ist, das Milieu, in das sie hineingeboren ist, zu verlassen. Sie will ihren Kindern das Leben garantieren, das sie selbst nie gehabt hat, ein stabiles und geregeltes Leben. Und um dieses Leben irgendwann zu erreichen, trifft sie Entscheidungen, die manchmal auf mich sehr spontan wirken. Diese Entscheidungen sind manchmal richtig und manchmal falsch, aber es sind eben die Entscheidungen, die sie zu treffen vermocht hat. Sie ist, das ist wichtig, um ihr Handeln zu verstehen, ein lieber Mensch, ein lieber und auch ein ehrlicher Mensch. Zudem ist sie dankbar. Sie würde nie einen Freund verraten. Sie vergisst nicht, wer ihr geholfen hat. Ich habe gesagt, da ist etwas Trauriges in ihr. Das stimmt. Aber gleichzeitig, das spürt man, wenn man viel Zeit mit ihr verbringt, trägt sie die Sonne in sich. Nur dass diese Sonne manchmal eben Schwierigkeiten hat, rauszukommen.«

Der Staatsanwalt Vincenzo Luberto hat Maria nicht in einem Maße persönlich kennengelernt wie ihre Anwältin. Doch auch Luberto hat etliche Stunden mit ihr verbracht. Fragt man ihn nach Marias Ausstieg aus dem Zeugenschutzprogramm, ist ihm wichtig, daraus keine Schwäche des Programms abzuleiten.

»Das Programm hat für geschützte Zeugen ein paar wichtige

Regeln, die sie einhalten müssen. Wenn sie etwa ihren aktuellen Aufenthaltsort verlassen, müssen sie Bescheid geben. Aussteiger, die sich in das Programm des Staates begeben, dürfen sich auch keinen großen neuen Bekanntenkreis aufbauen. Und sie dürfen niemandem, der sie schon länger kennt, sagen, wo sie sich aufhalten.«

Es sind strikte Regeln, und der Staatsanwalt sagt, Maria Giordano habe als fünffache Mutter Probleme gehabt, ein Leben mit diesen Regeln auszuhalten. »Sie ist zurück zu ihrer Familie gegangen, zu ihrer Mutter und zu ihrer Schwester, weil das möglich war und weil sie dachte, dass ihr Leben sich so verbessern würde. Sie war jahrelang im Zeugenschutzprogramm und hat sich den Ausstieg mit Sicherheit gut überlegt. Frau Giordano hat ihre Wahl getroffen, ohne dem Staat allzu große Vorwürfe zu machen.«

Die finanzielle Basis, auf der der Staat seine Kooperation mit Kronzeugen aufbaut, droht in Zeiten der italienischen Wirtschafts- und Finanzkrise eher zu schmelzen. Luberto sagt, Marias Fall zeige, dass Italien das Zeugenschutzprogramm brauche im Kampf gegen die Mafia.

Den Nutzen, den die Strafverfolger von der Zusammenarbeit mit Maria hatten, schätzt er als hoch ein. »Sie ist eine zuverlässige Quelle. Nachdem sie festgenommen wurde und verstanden hat, dass die Mafia sie nur ausnutzte, hat sie sehr viel ausgesagt. Wir bekamen Informationen zur Prostitution, zum Drogen- und zum Waffenhandel. Sie hat auch all das erzählt, was sie von ihrem Mann wusste, der ein Mann des Morfò-Clans war. Ihre Aussagen waren also doppelt wichtig.«

Dass die 'Ndrangheta reagierte, zeigt für Luberto gerade die Notwendigkeit des Zeugenschutzprogramms. »Sie zündeten ihr fünfzehnmal das Auto an und steckten sogar ihre Wohnung in Brand, während sie sich darin aufhielt. Sobald sie aber in den Zeugenschutz aufgenommen wurde, endeten diese Einschüchterungen. Wir wissen, dass die 'Ndrangheta sich nur dann einmischt, wenn es nötig ist. Und die Situation ist aus Sicht der 'Ndrangheta in dem Moment gefährlich, wenn sie erfährt, dass jemand aussagt, seine Aussagen aber noch nicht offiziell registriert und damit für immer gültig sind. Sobald die Aussagen offiziell sind, kann der 'Ndrangheta jeder Schlag gegen den Zeugen zugeschrieben werden – das weiß sie. Es wäre also ein Risiko für sie, gegen den Zeugen vorzugehen, vor allem aber würde es sich aus ihrer Sicht nicht lohnen. Die 'Ndrangheta tötet nicht, um zu erziehen. Wir haben erlebt, dass sie Menschen ermordet, bevor sie aussagten. Mit der Kooperation aber endeten die Probleme.«

Daran ist aus Marias Sicht richtig, dass sie im Zeugenschutz kein einziges Mal Opfer eines Anschlags wurde. Die Bedrohung allerdings ist den italienischen Stiefel hinaufgekrochen. Das Gefühl, im Fokus der 'Ndrangheta zu stehen, ist sie nicht losgeworden. Auch deshalb fährt sie an jenem Nachmittag nach dem Treffen mit den Leuten vom Zeugenschutzprogramm zurück nach Lucca und bereitet in der Wohnung das letzte Mal das Abendessen. Es gibt Paella, tiefgefroren, im Ofen erhitzt. Dann müssen sie packen.

Es kommen fast zwanzig Umzugskartons zusammen, Gegenstände, für die sie nun im Auto keinen Platz haben. Die Kartons müssen sie deshalb erst einmal in einer Garage zwischenlagern.

Sie fahren in einem Ford Mondeo, Antonello sitzt am Steuer, Maria mit Emanuele auf dem Schoß neben ihm. Die vier anderen Kinder haben sich auf die Rückbank gezwängt. Die Musikanlage im Auto ist defekt. Emanuele spielt Nintendo, Francesco und Angela hören neapolitanische Lieder auf einem Smartphone. Es riecht nach Piadina, dem dünnen italienischen Fladenbrot, ihrer Wegzehrung.

Die Kinder wirken nicht allzu bedrückt, doch Maria ist von Traurigkeit erfüllt. Nach all den Jahren verlässt sie Italien mit nichts. Sie stellt sich ein Leben vor, in dem sie ihre Kinder mittags abholt und wo Angela eine Schule besuchen kann, die ihren speziellen Bedürfnissen entspricht. Antonello findet eine Arbeit, Francesco macht eine Ausbildung zum Automechaniker, sie leben alle zusammen in einer Erdgeschosswohnung. »Das waren meine Tagträume«, sagt Maria heute.

Sie erreichen Fellbach frühmorgens um sechs Uhr, und Maria weiß, dass sie diesmal für länger bleiben muss. Eine Rückkehr nach Italien ist jedenfalls keine Alternative. Maria hat getan, was eine Frau innerhalb der 'Ndrangheta niemals tun darf: Sie hat das Schweigegebot gebrochen, die *Omertà*. Sie hat ausgesagt und dabei auch die Bosse ihres Mannes belastet, die jetzt in Italien im Gefängnis sitzen.

Im Frühsommer entschließt sie sich, ihr Leben zu erzählen und Fragen zu beantworten. Den Kontakt zu den Journalisten, den Autoren dieses Buches, knüpft eine Vertrauensperson, jemand, der Maria gut kennt. Die Journalisten stehen an einer S-Bahn-Haltestelle in der Nähe des Stuttgarter Flughafens, als der Anruf kommt. Sie wissen noch nicht viel zu diesem Zeitpunkt, nur dass Maria gegen die Mafia ausgesagt hat und nicht länger in Italien leben konnte. Und dass es Akten gibt, deutsche und italienische, die ihre Aussagen bestätigen können.

Es ist der Beginn einer Recherche, die mehrfach nach Süditalien führt und sich, weil neben Marias Geschichte bald auch das Treiben der Mafia in ganz Deutschland relevant wird, nicht nur auf Groß- und Kleinstädte in Baden-Württemberg beschränkt. Los geht es an jenem Tag im Frühsommer 2016 in einem Mazda Combi. Maria, heißt es am Telefon, warte an einer Tankstelle in einem kleinen Dorf in der Nähe von Stuttgart.

An dieser Tankstelle wartet Maria dann tatsächlich, sie sitzt auf dem Fahrersitz eines Autos. Sie erkennt den Mazda, lässt ihn an sich vorbeirollen, startet ihren Wagen und – so ist es vereinbart – folgt den Journalisten in einigem Abstand. Es geht aus dem Ort heraus, über die Landstraße, zwischen Feldern und Weinbergen hindurch, über Anhöhen und Brücken. Sollte jemand folgen, kann er kaum unerkannt bleiben. Auf einem versteckten Parkplatz am Rand eines Naherholungsgebietes halten die Autos an.

Maria steigt aus ihrem Wagen. Sie ist schlank, trägt einen weißen Baumwollpullover mit silberglänzenden Streifen und enge Jeans. Sie wirkt – und ist – jung. Fünf Kinder, lange Zeit Ehefrau eines Mafiamitglieds, jetzt mit einem anderen Italiener liiert, nicht viel mehr als dieses Korsett eines Lebenslaufes haben die Journalisten vorab erhalten. Nun stellen sie sich Maria Giordano vor. Erste Eindrücke auf beiden Seiten entstehen, es ist ein gegenseitiges Herantasten. Maria lächelt, verlegen. Sie versteht Deutsch, spricht die Sprache aber nicht so gut. Mit Italienisch fühlt sie sich wohler. Ein Übersetzer hilft.

Sie verlassen den Parkplatz, folgen einem schmalen Pfad eine Anhöhe hinauf, eine Wiese, ein Weg, gesäumt von Bäumen, die Schatten spenden. Maria spricht über ihre Heimat und die Regeln, die dort gelten. Dann bleibt sie stehen, an einer Kurve. Maria sagt, sie habe Bedenken, das alles zu erzählen, so ausführlich, mit Details und den Namen der Menschen, mit denen sie zu tun hatte. Dann überlegt sie.

Im Weitergehen fragt sie nach einer Zigarette. Die Entscheidung, mit uns zu reden, würde ihr Leben verändern, davon geht sie aus. Sie weiß nicht, ob es besser wird oder schlechter. Kann es auch befreiend wirken zu reden? Kann man ein Leben wie das ihre so vielleicht besser hinter sich lassen, wenn man es einmal in Ruhe erzählt? Maria stellt sich solche Fragen, während sie über den Weg schlendert durch die warme Frühsommersonne.

Das alte Leben jedenfalls will sie nicht mehr ertragen, und bei all den Gesprächen, die folgen werden, in einem Ferienhaus im Schwarzwald, in ihrer Wohnung, an einem See, den sie schon als kleines Kind besuchte, beim Bäcker um die Ecke, wird das mehr als deutlich: Im Erzählen lehnt Maria sich geradezu auf gegen das, was hinter ihr liegt. Sie schildert Demütigungen und Bedrohungen, beschreibt die Angst, die sie in der Mafia erlebt hat. So viel von dem, was sie darlegt, rechtfertigt den Schritt, den sie geht.

Innerhalb der 'Ndrangheta haben bislang nur wenige Frauen gegen die *Omertà* verstoßen, insgesamt vier. Zwei von ihnen wurden ermordet. Wie fast jeder in Kalabrien kennt auch Maria die Geschichte der Lea Garofalo, geboren 1974, Mutter einer Tochter. Lea Garofalo ertrug ihr Leben zwischen Drogen und Gewalt nicht mehr. In der Hoffnung, für sich und ihre Tochter eine bessere Zukunft zu erlangen, kooperierte sie mit den Strafverfolgungsbehörden. Sieben Jahre verbrachte sie danach im Zeugenschutzprogramm der italienischen Regierung. Doch irgendwann war sie der dauerhaften Isolation nicht mehr gewachsen. Sie nahm Kontakt zu ihrem Exmann Carlo C. auf. Carlo, das glaubte Lea Garofalo, könne ihr verzeihen und helfen.

Der Exmann reagierte und verabredete sich mit Lea Garofalo in Mailand. Nach dieser Verabredung verschwand die fünfunddreißigjährige Frau. Bald stellte sich heraus: Die Mafia hatte sie umgebracht. Carlo C. gestand den Mord.

Einer seiner Komplizen, der damals die Aufgabe bekommen hatte, die Leiche zu entsorgen, sagte später vor Gericht aus. Er habe den Leichnam der Lea Garofalo in einer Wohnung vorgefunden, das Gesicht zum Boden gedreht, als Symbol dafür, dass dieser Mensch nie mehr reden würde. Um den Hals von Lea sei noch ein grünes Band gewickelt gewesen, mit dem sie erwürgt worden war.

Der Komplize und ein weiterer Mann brachten Lea Garofalos Leichnam zu einem Grundstück, gut fünfzehn Kilometer von Mailand entfernt. Sie steckten ihren Körper kopfüber in eine Tonne, übergossen ihn zunächst mit Benzin und zündeten ihn dann an. Die Reste der Leiche wurden schließlich in Salzsäure aufgelöst, allerdings bewusst so unvollständig, dass noch ein DNA-Test möglich war. Auf diese Weise stellte die Polizei dann auch fest, dass es sich bei dem Opfer um Lea Garofalo handelte.

Die Mafia habe gewollt, sagte der Zeuge, dass man diese Frau identifizieren konnte. Der Mord sollte ein Zeichen der 'Ndrangheta sein – dafür, dass Verrat niemals geduldet werde und besser niemand über die Organisation rede, der ihr einmal nahe gewesen sei.

In den Gesprächen mit Maria Giordano ist auch ein Schicksal wie jenes der Kronzeugin Lea Garofalo immer wieder Thema. Der Name der Ermordeten fällt nicht, aber Maria Giordano weiß, dass ihr Ähnliches widerfahren könnte. Sie sagt: »Sie wissen ganz sicher, dass ich hier in Baden-Württemberg bin.«

Sie sagt: »Ich bin nach Deutschland gekommen, um meinen Kindern eine bessere Zukunft zu geben. In Italien haben sie keine Zukunft. In Italien bleiben sie nur Kinder einer Kronzeugin, denen der Staat nicht wirklich hilft.«

Maria Giordano sagt auch: »Ich vertraue der deutschen Polizei. Ich vertraue dem deutschen Staat inzwischen mehr als dem italienischen.« Sie habe den Ermittlern in Stuttgart gesagt, dass sie sich keine Illusionen mache: »Vielleicht nicht heute, vielleicht nicht morgen, es können Jahre vergehen, aber sie werden mir etwas antun. Letztlich ist es egal, ob ich mich in Italien, in Japan oder in Frankreich aufhalte. Was bringt es mir denn zu fliehen?«

Sich die Gefahr einzugestehen, sie anzunehmen, mit ihr zu leben: Dies ist die rationale Art, ihre Situation zu betrachten. Maria gelingt das, immer wieder, aber keineswegs ausschließlich. Die Angst ergreift sie, im Alltag, tagsüber und nachts, immer wieder. Sie kann sie verscheuchen, das funktioniert, aber dann kehrt die Angst doch wieder zurück, manchmal in Form von Panikattacken.

Währenddessen führt ihr Exmann nach außen hin ein unauffälliges Leben. Er ist verheiratet, macht Urlaub, besichtigt Kirchen. Er postet Familienfotos auf Facebook. Doch natürlich lebt Pasquale nicht unabhängig von der 'Ndrangheta. Auch er, der hineinwuchs in die Organisation, in die *'Ndrina* von Rossano, könnte der Organisation niemals entkommen – selbst wenn er das wollte.

Pasquale muss sich an die Regeln der 'Ndrangheta halten. Wenn die 'Ndrangheta Ruhe haben will in Deutschland und kein zweites Duisburg, weil sie relativ ungestört viel Geld verdienen kann: Dann muss sich auch Pasquale ruhig verhalten. Das ist erst einmal Marias Hoffnung. Die Mafiaermittler in Deutschland bestärken sie darin.

Es wirkt absurd, aber die guten Geschäfte der Mafia in Deutschland sind letztlich hilfreich für Maria. Im Moment ist sie froh, dass sie und Antonello und die fünf Kinder eine Sozialwohnung bekommen haben, unterm Dach in einem älteren Mehrfamilienhaus in Winnenden, drei Zimmer, Küche, Bad. Es dauerte einige Monate, bis die Familie sich halbwegs eingerichtet hatte, eine Waschmaschine kam schnell, Bettgestelle später. Irgendwann standen in der Küche neben der Spüle auch Schränke. Die Zimmer, das wollten Maria und Antonello sich unbedingt gönnen, sind inzwischen bunt angestrichen. Weil es keinen Aufzug gibt, muss Marias Lebensgefährte ihre Tochter Angela täglich vier Stockwerke hinunter- und wieder hinauftragen.

Angela besucht eine Sonderschule. Sie hat dort bereits ein wenig Deutsch gelernt. Vor allem aber wurde ihr gezeigt, wie sie sich selbst anziehen und die Windeln wechseln kann. »Das sind Fortschritte, die wir in Italien niemals gemacht hätten«, sagt Maria. Gehen können allerdings werde Angela niemals. Dies nach Jahren der Hoffnung nun zu wissen, traf Maria hart.

Isabella, das zweitjüngste Kind der Familie, hellt die zuweilen dunklen Herbst- und Wintertage in der Wohnung in Winnenden auf. Isabella durfte die Integrationsklasse schon nach einigen Monaten verlassen. Sie besucht jetzt eine gewöhnliche Grundschule. Nachmittags bringt sie ihrer Mutter die Sprache des Landes bei, in dem ihre Mutter geboren wurde.

Wenn sie am großen Tisch sitzen und Francesca die Rolle der Deutschlehrerin übernimmt, denkt Maria, dass das Leben doch und trotz allem schön ist. Heiterkeit legt sich dann über die Angst, nimmt ihr für kurze Zeit die Macht. »Vielleicht schafft sie es sogar bis zum Realschulabschluss«, sagt Maria, die selbst als Kind nur wenig lernen konnte.

Doch es braucht nur einen Drohanruf, und schon schwinden die Gefühle des Glücks. Im Spätsommer 2016 hört Maria, dass sie noch einmal vor Gericht aussagen soll. In Kalabrien steht ein großer Mafiaprozess bevor, der auf Ermittlungen der *Operazione »Stop«* basiert, etliche Fälle werden neu verhandelt. Die Staatsanwaltschaft baut auf Maria. Die Mitglieder der *'Ndrina* können ihre Aussage gar nicht brauchen.

»Du wirst in einem Sarg nach Kalabrien zurückfahren und kannst dich glücklich schätzen, wenn wir den Sarg nicht verbrennen.« Solche Sätze hört Maria in den Wochen vor dem Prozess mehrfach am Telefon. Die Stimme kann sie niemandem zuordnen. Einmal ruft jemand an und sagt: »Du bist ja gerade vom Einkaufen zurückgekehrt.« Maria erschaudert. Sie ist tatsächlich gerade aus dem Supermarkt gekommen.

Bei der Polizei erstattet sie Anzeige gegen Unbekannt. Der Anrufer konnte nicht identifiziert werden. Doch das Landeskriminalamt erstellte für das baden-württembergische Innenministerium eine Gefährdungsanalyse über Maria. Sie sei latent gefährdet, stellten die Beamten fest und empfahlen, ihr einen gewissen Schutz einzuräumen. Und so geschieht es nun auch. Streifenwagen passieren Marias Straße regelmäßig und öfter als gewöhnlich.

Dort lebt sie nun erst einmal, manchmal wie erstarrt vor Angst und dann wieder mit dem Gefühl der Zuversicht und dem Vertrauen darauf, dass sie es schaffen kann. Sie will für ihre Kinder da sein, will ihnen helfen, ein anderes Leben zu führen. Nach und nach sollen sie alle auch von der Mafia erfahren, von all dem, was das Leben ihrer Mutter ausgemacht hat. Maria sagt, sie wolle so offen wie möglich damit umgehen. Auch deshalb hat sie sich entschlossen, für Gespräche zur Verfügung zu stehen und so zum Entstehen dieses Buches beizutragen.

Maria selbst ist anders groß geworden, zu einer Zeit, in der man schreckliche Dinge hinnahm und nicht weiter darüber sprach. Schon von ihrer Großmutter hat sie erfahren, was es heißt, zu schweigen. Die alte Frau ist heute fünfundneunzig Jahre alt und trägt ein Geheimnis in sich, das sie nach eigenen Worten »mit ins Grab« nehmen werde.

»Einst hatte man dem Bruder meiner Oma mit einem Beil den Kopf vom Körper abgeschlagen. Meine Oma und ihre Schwägerin fanden beide Körperteile an unterschiedlichen Orten. Es hatte wohl einen Streit um Land gegeben«, erzählt Maria. Verurteilt zu einer Haftstrafe von vierundzwanzig Jahren wurde schließlich der Sohn des Ermordeten. Sieben Jahre später ließ Marias Großmutter die Leiche ihres Bruders jedoch exhumieren. Man fand Haare unter den Fingernägeln des Opfers. Haare, die nicht vom Sohn des Toten stammten. Der Verurteilte wurde daraufhin freigelassen und finanziell entschädigt. Der Mord blieb ungeklärt.

Dass ihre Großmutter sagt, sie wisse, wer der Mörder sei, werde es aber niemals verraten, hat Maria viele Jahre lang nie als ungewöhnlich oder falsch empfunden. Es war normal, sich an die *Omertà* zu halten. »In Kalabrien«, sagt Maria, »sind die Menschen heute noch so.« Sie geht auch deshalb davon aus, dass sie irgendwann bestraft wird. »Eines Tages wird Pasquale oder sonst jemand vor mir stehen. Aber wenn das passiert, rufe ich sofort das LKA an. Wenn ich die Zeit dafür habe.«

Sie ist trotz aller Ängste, die ihr Leben in Baden-Württemberg prägen, trotz aller Rückschläge und Enttäuschungen, die sie in den Jahren zuvor erlebt hat, davon überzeugt, dass sie richtig gehandelt hat. Ja, da sei die Bedrohung. Ständig sei sie da, und sie werde auch niemals ihre Kraft verlieren. Aber man solle doch nur mal an Francesco denken, ihren Ältesten. Francesco habe schreckliche Dinge miterlebt, aber auch viel gelernt über die 'Ndrangheta. »Er hat heute die Chance, einen normalen Beruf zu ergreifen«, sagt Maria. »Er hat auch die Chance, ein normales Leben zu führen. Eigentlich wäre er ein anderer Mann geworden. Er ist jetzt achtzehn. Da hätten sie ihn getauft. Und dann hätten sie bald Schlimmes von ihm verlangt.«

## Struktur und Verzeichnis der 'Ndrangheta-Clans

Die Struktur der 'Ndrangheta stützt sich auf tiefes Vertrauen, auf Blutsverwandtschaften. Kinder der Mafiafamilien werden in die Hierarchien hineingeboren. Mit Taufen und Ehen werden die Verbindungen untereinander gestärkt. Wer ausscheiden will, verliert alles, seine sozialen Beziehungen, seine Tanten und Onkel, seine Cousins und Cousinen und oft auch Vater und Mutter.

Die Basiseinheit der 'Ndrangheta heißt *'Ndrina.* In dieser kleinsten Einheit ist mindestens ein halbes Dutzend organisiert. Sie werden von einem Boss geführt. Mehrere *'Ndrine* zusammen bilden ein *Locale*. Üblicherweise sind in einem *Locale* mindestens rund fünfzig Mafiosi organisiert.

Obwohl man für die *Locali* jeweils eine geographische Bezeichnung benutzt (beispielsweise das *Locale* von Reggio Calabria), heißt es nicht, dass ein *Locale* nur in diesem einen Ort aktiv sein muss. Es kann seine Herrschaft über viele Gemeinden ausdehnen. Im Gegenzug heißt es aber auch nicht, dass es in einer Stadt nur einen *Locale* geben kann. In den Hochburgen der 'Ndrangheta finden sich *Locali* in einzelnen Vierteln.

Selbst besonders mächtige *'Ndrine* können in mehreren *Locale* vertreten sein. Zum Beispiel die *'Ndrina* Commisso oder die *'Ndrina* Aquino. Beide sind im Ausland sehr stark. Die *'Ndrina* Commisso reicht bis nach Kanada.

Allein in Kalabrien gibt es nach Schätzungen der italienischen Ermittler rund 200 *Locali* mit mehr als 20.000 Mitgliedern.

Die *Locali* werden von einem dreiköpfigen Führungsgremium geführt: Der *Capo Locale* entscheidet über Leben und Tod der Mitglieder, der *Contabile* (Buchhalter) verwaltet die Finanzen der Gruppe, koordiniert die Einnahmen des *Locale* und Auszahlungen, etwa an die Familien der inhaftierten Mafiamitglieder. Der *Crimine* schließlich steuert die illegalen Aktivitäten. Alle drei zusammen bilden die sogenannte *Copiata*, das Haupt des *Locale*.

Wenn ein neues Mitglied in das *Locale* mit einer feierlichen Taufe aufgenommen wird, werden ihm die Namen der Mitglieder der *Copiata* genannt. Das sind seine neuen Herren. Er muss die Namen immer nennen, wenn er Mitglieder anderer *Locali* trifft.

Jedes *Locale* verfügt über eine *Società Minore* und eine *Società Maggiore*.

Die *Società Minore* ist die Gemeinschaft aller Mafiosi der unteren Grade in einem *Locale*.

Die *Società Maggiore* wird auch *Santa* genannt. Sie besteht meist aus sieben Mitgliedern, die den Mafia-Grad der *Santa* erreicht haben, sie ergänzen die *Copiata*. Nicht immer schafft es ein *Locale*, eine *Società Maggiore* zu bilden. *Locali*, die aus *Società Maggiore* und *Minore* bestehen, werden deswegen *Società* genannt. Dies ist ein Ehrentitel für besonders mächtige *Locali*.

Mehrere *Locali* unterstehen einer sogenannten *Provincia* – hinter dieser Bezeichnung verbirgt sich ein fünfköpfiges Gremium, an deren Spitze der sogenannte *Capo Crimine* steht. Dieser *Capo Crimine* ist der absolute Herrscher der 'Ndrangheta. Er entscheidet darüber, ob ein *Locale* gegründet werden darf und welche Bosse leben dürfen und welche sterben müssen.

Auch für die drei Regionen der 'Ndrangheta, das Mandamento Ionico, das Mandamento Tirrenico und das Mandamento Centrale, gibt es jeweils einen Boss – die genaue Bezeichnung dieser Mafiaführer ist unbekannt. Die Bosse der Mandamento können Mitglieder der Provincia sein – müssen es aber nicht. Alle ausländischen *Locali* sind den drei Regionen der 'Ndrangheta zugeordnet und unterstehen der Provincia.

Die 'Ndrangheta hat eine strikte Hierarchie.

*Giovane d'onore* – Der unterste Grad der Mafia ist der *Giovane d'onore* (Knabe der Ehre). Ihn bekommen alle Söhne eines 'Ndranghetista automatisch verliehen. Sie werden ab ihrer Geburt *Giovane d'onore* genannt.

*Picciotto d'onore* – Dies ist die erste Stufe jeder 'Ndrangheta-Karriere. Der *Picciotto d'onore* (Jüngling der Ehre) bekommt Anweisungen von allen anderen 'Ndranghetisti, die er blind durchführen muss. Egal, ob er Pizza holen oder Baustellen beklauen soll.

*Camorrista* – Nach einer erfolgreichen Probezeit erhält der *Picciotto d'onore* den Grad eines *Camorrista*. Damit ist er Vollmitglied der 'Ndrangheta.

*Sgarrista* – Wird ein *Camorrista* zum *Sgarrista* ernannt, hat er den letzten Grad erreicht, den ein Mafiamitglied in der *Società Minore* erklimmen kann.

*Santista* – Wird ein *Santista* ernannt, hat er den ersten Grad der *Società Maggiore* erreicht, der Führungsgruppe eines *Locale*. Die »*Santa*« wird für besondere kriminelle Verdienste verliehen. Wer den Grad der *Santa* hat, darf mit Personen im Namen der Organisation Kontakte zu Nicht-'Ndranghetisti pflegen, die anderen Orden angehören oder für die Mafia von besonderer Bedeutung sind – etwa Mitglieder der Freimaurerei, Politiker oder Staatsanwälte.

*Vangelo* – Wenn ein 'Ndranghetista den Grad des *Vangelo* erreicht, muss er der Organisation mit einer Hand auf dem Evangelium ewige Treue schwören. Der *Vangelo* ist ein hochrangiger Ehrengrad, den man nur für »vorbildliche kriminelle Führung« bekommt.

Darüber hinaus soll es weitere Grade geben, über die wenig bekannt ist: etwa den sogenannten *Quartino*, den *Trequartino* oder den *Padrino*.

Wer nicht der 'Ndrangheta angehört, wird *Contrasto* genannt.

Menschen, die nicht der Mafia angehören, aber denen die 'Ndranghetisti dennoch vertrauen, werden *Contrasti Onorati* (ehrenwerte Contrasti) genannt.

Neben den verschiedenen Graden gibt es auch sogenannte *Cariche* (temporäre Positionen) innerhalb der Mafia:

*Capo 'Ndrina* – Boss der *'Ndrina*

*Capo Locale* – Boss des *Locale*

*Contabile* (Buchhalter) – Finanzchef eines *Locale*

*Crimine* – Boss, der für die kriminellen Aktivitäten zuständig ist.

*Mastro di giornata* – Sprecher des *Capo Locale*. Er sorgt für Informationsfluss zwischen der *Società Maggiore* und der *Società Minore*.

*Capo Crimine* – Er ist der absolute Herrscher der 'Ndrangheta seiner Region.

Um der 'Ndrangheta beizutreten, muss man zumindest 14 Jahre alt sein und getauft werden. Piccolo Luciano erzählt von seiner Taufe, die im Gefängnis Locri stattfand:

»Während der Taufe habe ich geschworen, dass ich niemals gegen die Regel der ehrenwerten Gesellschaft verstoßen werde, selbst wenn ich mich dafür gegen meine eigene Familie stellen muss. Falls jemand aus meiner Familie sich schlecht verhalten hätte, wäre es meine Aufgabe gewesen, das Problem zu lösen.

Man schnitt mir ein Kreuz auf den rechten Daumen, neben den Nagel. Drei Blutstropfen fielen auf einen Teller. Dann verbrannte man eine Figur des heiligen Erzengels Michael zunächst zu einem Teil. Die Asche streute man auf meine Wunde am Daumen, damit sie besser heilt. Erst dann wurde die Figur vollständig verbrannt.«

## Clan ALESSIO

**In Italien festgestellt in:** Kalabrien (Crotone)
**In Deutschland aufgefallen in:** Nordrhein-Westfalen (Solingen)
**Verbündete Clans:** Clan Farao, Clan Giglio, Clan Vrenna

**Geschichte:** Der Alessio-Clan gehört zu den sechzehn *'Ndrine* aus Crotone. Ein hochrangiges Clanmitglied wurde im Jahr 2000 ermordet. Zuvor hatte es in Solingen gelebt. Ob der Clan heute noch in Deutschland aktiv ist, ist unbekannt.

## Clan ASCONE

**In Italien festgestellt in:** Kalabrien (Rosarno), Lombardei
**In Deutschland aufgefallen in:** Nordrhein-Westfalen (Düsseldorf)
**Herausragende Personen:** Antonio Ascone, Vincenzo Ascone, Michele Ascone, Rocco Ascone
**Verbündete Clans:** Clan Gallace, Clan Bellocco, Clan Piromalli-Molé
**Hauptaktivitäten:** Drogenhandel, Waffenhandel

**Geschichte:** Der Clan Ascone stammt aus dem kalabrischen Rosarno, einer der Städte Italiens, deren 'Ndrangheta-Dichte besonders groß ist. Die stärksten Clans der Stadt ranken sich um die Familien Pesce und Bellocco. Der Clan Ascone schwankt in seiner Bündnistreue zwischen den beiden Familien.

Der Clan hat sich zunehmend im Ausland ausgebreitet. Ermittler der Anti-Mafia-Direktion aus Reggio Calabria konnten nachweisen, dass der Clan 2004 etliche Millionen Euro mit Immobiliengeschäften in Belgien waschen konnte.

Clanboss Antonio Ascone wurde 2006 in Amsterdam festgenommen. Sein Sohn Vincenzo übernahm daraufhin die Clanführung – und bekam schnell Schwierigkeiten mit dem Clan Pesce. Vincenzo Ascone überlebte 2007 einen Anschlag, bei dem Killer auf sein Auto feuerten. Fünf Tage später wurde ein Cousin des Bosses umgebracht. Heute führt Vincenzo den Clan gemeinsam mit seinem Bruder Michele Ascone.

Auch in Deutschland konnte der Clan nachgewiesen werden. Ein Clanmitglied soll in den achtziger Jahren ein Spielcasino im fränkischen Baiersdorf überfallen haben.

2004 wurde ein Mann, der in Düsseldorf einen Lebensmittelladen hatte und vermutlich in Verbindung zum Pesce-Clan stand, in Kalabrien kontrolliert. Im Wagen wurden Kalaschnikows und Munition gefunden. Ermittler gingen davon aus, dass der Wagen und die Waffen dem Clan Ascone zugeordnet werden können.

## Clan BARBARO

**In Italien festgestellt in:** Kalabrien (Raum Reggio Calabria), Emilia-Romagna, Friaul, Latium, Ligurien, Lombardei (Raum Mailand), Toskana, Trentino-Südtirol, Venetien
**In Deutschland aufgefallen in:** Baden-Württemberg (Donaueschingen), Nordrhein-Westfalen (Krefeld), Sachsen-Anhalt (Magdeburg)
**Verbündete Clans:** Clan Paparo, Clan Papalia, Clan Perre, Clan Trimboli, Clan Molluso
**Hauptaktivitäten:** Drogenhandel, Geldwäsche, Waffenhandel, Erpressung, Wucher

**Geschichte:** Der Clan stammt aus dem kalabrischen Platì und zählt zu den mächtigsten 'Ndrangheta-Clans. Er hat Ableger in mehreren italienischen Regionen und im Ausland. Man nennt seine Mitglieder auch »Castani«.

Die Barbaro sollen in der Vergangenheit an sechzig Entführungen beteiligt gewesen sein. Ihre Opfer wurden meistens in engen, unterirdischen Räumen untergebracht und am Hals angekettet. 2001 entdeckten italienische Ermittler in Platì ein unterirdisches Labyrinth aus Gängen und Räumen, das sowohl als Fluchtort für die Bosse als auch als Verlies für Entführungsopfer genutzt wurde. Im gleichen Jahr wurde auch der Boss Giuseppe Barbaro, genannt »U Sparitu« (deutsch: Der Verschwundene) nach über zehn Jahren Flucht gefasst.

Der Clan pflegt Verbindungen zu Deutschland: Das Lösegeld der 1997 entführten Alessandra Sgargella-Vavassuri soll beispielsweise nach Deutschland geflossen sein.

Mehrere Clanmitglieder konnten zudem in Deutschland nachgewiesen werden: Ein Schwager von Giuseppe Barbaro »U Sparitu« soll in Krefeld (Nordrhein-Westfalen) gelebt haben. Ein weiteres Clanmitglied war bis 1999 über zwanzig Jahre lang in Deutschland gemeldet. Der Mann soll mehrfach nach Südamerika gereist sein und im baden-württembergischen Donaueschingen Kokain verarbeitet haben. 2003 wurde in der Stadt ein Drogenlabor entdeckt, wie das Bundeskriminalamt bestätigt. Seit 2004 lebt der Mann nicht mehr in Deutschland.

Ein Mann des mit dem Barbaro-Clan verbündeten Perre-Clans soll Anfang der neunziger Jahre mehrere Nachtclubs und illegale Spielclubs in Magdeburg betrieben haben. Er wurde mehrmals verhaftet, meldete sich zunächst aus Deutschland ab und soll erst 2006 zurückgekehrt sein. Später verschwand er spurlos.

Ob der Barbaro-Clan heute noch in Deutschland aktiv ist, ist unbekannt.

## Clan BELLOCCO

**In Italien festgestellt in:** Kalabrien (Rosarno, Gioia Tauro), Lombardei, Piemont
**In Deutschland aufgefallen in:** Baden-Württemberg (Bodenseeraum), Hessen (Hofheim), Nordrhein-Westfalen (Köln)
**Herausragende Personen:** Umberto Bellocco, Gregorio Bellocco
**Verbündete Clans:** Clan Pesce, Clan Piromalli, Clan Molè, Clan De Luca
**Hauptaktivitäten:** Drogenhandel, Geldwäsche, Erpressung, Wucher, Manipulation öffentlicher Aufträge, Waffenhandel

**Geschichte:** Der Bellocco-Clan stammt ebenfalls aus der Stadt Rosarno und ist ein enger Verbündeter des Clans Pesce. Einige Beobachter gehen so weit, von einem Clan Pesce-Bellocco zu sprechen. Der damalige Staatsanwalt der Reggio Calabria, Giuseppe Pignatone, schrieb im Jahr 2010 im Rahmen der Operation »Crimine« über Rosarno: »Die Stadt hat 15.000 Einwohner. Mindestens 250 davon sind Mitglieder der 'Ndrangheta, und jede Woche kommen etwa sieben neue Mitglieder hinzu. Rechnet man zu den direkten 'Ndrangheta-Mitgliedern die Verwandten, Freunde und Bekannten hinzu, erkennt man, dass die 'Ndrangheta das Leben in der Stadt mit einem beinahe demokratischen Modell kontrolliert – ganz ohne Gewalt. Sie hat die Mehrheit.«

Der Clan Bellocco war bereits Ende der siebziger Jahre aktiv. Damals zogen auch einige Mitglieder nach Hofheim in Hessen.

Der Clanboss Umberto Bellocco unterstützte in den achtziger Jahren die Gründung der vierten italienischen Mafiagruppierung, der Sacra Corona Unità aus Apulien. Er wurde mehrmals verhaftet und freigelassen. Während er eine längere Haftstrafe absaß, übernahm sein Bruder Gregorio die Führung des Clans, bis dieser 2005 in einem unterirdischen Bunker gefasst wurde.

Der Bellocco-Clan gilt als besonders brutal: Am 1. September 1977 wurden Maria Rosa Bellocco, deren Ehemann Mario Alessio sowie ihr achtjähriger Sohn Franco umgebracht. Die Cousine von Umberto Bellocco hatte ihren Ehemann betrogen. Dieser hatte sich geweigert, sie deswegen zu bestrafen. Der Regelkodex der 'Ndrangheta sieht vor, dass in solchen Fällen Verwandte die Ehre der Familie wiederherstellen sollen.

Seit dem zweiten 'Ndrangheta-Krieg gehört Umberto Bellocco der »Provincia« an, der Führungsebene der 'Ndrangheta, in der die Bosse der wichtigsten Familien vertreten sind. Der Clan Bellocco und der verbündete Pesce-Clan kontrollieren einen großen Teil des Kokainhandels in Italien und im Ausland. Aus abgehörten Gesprächen aus dem Jahr 2014 wissen Ermittler, dass die Bellocco im Hafen von Gioia Tauro Beamten bestochen haben.

Mehrmals gingen Polizisten gegen den Clan vor – in Kalabrien und in Norditalien, wo sich der Clan ausgebreitet hatte.

Im November 2012 führten Ermittlungen in die Schweiz: Zwanzig Haftbefehle gegen Mitglieder des Bellocco-Clans wurden ausgestellt – unter anderem gegen Clan-Vertrauensleute, die in der Lombardei und im Piemont aktiv waren. Nach Angaben der schweizerischen Fedpol aus dem Jahr 2013 führte der Clan im Tessin eine Immobiliengesellschaft. Italienische und schweizerische Ermittler hatten dessen kriminelle Geschäfte aufgedeckt: Ein italienischer Call-Center-Unternehmer, der in Kalabrien und Piemont bis zu tausend Mitarbeiter beschäftigte, hatte beim Bellocco-Clan Schutz vor einem anderen Mafiaclan gesucht. Das Angebot des Clans: Er bekommt Schutz, dafür muss er Unternehmensanteile an den Clan abgeben. Der Vertrauensmann aus dem Tessin hatte den Deal vermittelt. Später brachte der Clan das ganze Unternehmen an sich.

In Deutschland konnten Clanmitglieder in der Vergangenheit in Köln und Hofheim nachgewiesen werden. Ob sie heute noch an diesen Orten aktiv sind, ist unbekannt. Sicher ist, dass der Clan heute im Bodenseeraum aktiv ist.

## Clan CALVANO

**In Italien festgestellt in:** Kalabrien (San Lucido)
**In Deutschland aufgefallen in:** Bayern (Raum München)
**Verbündete Clans:** Clan Pino-Sena, Clan Muto
**Hauptaktivitäten:** Erpressung, Waffenhandel, Drogenhandel

**Geschichte:** Der Calvano-Clan stammt aus San Lucido (Provinz Cosenza) und war zunächst dem Serpa-Clan untergeordnet. 1977 hatte ein Clanmitglied ein fünfjähriges Mädchen in Genf entführt. Die Eltern zahlten ein Lösegeld in Höhe von zwei Millionen US-Dollar. Das Clanmitglied konnte kurz nach der Tat verhaftet werden, schaffte es jedoch, drei Jahre später aus der Haft zu entkommen. Erst 22 Jahre später, im Jahr 2002, wurde der Mann in München verhaftet. Da die Schweiz auf einen Auslieferungsantrag verzichtete, wurde er freigelassen und nach Italien abgeschoben. Es ist unklar, ob der Clan heute noch in Bayern aktiv ist.

## Clan CARELLI

**In Italien festgestellt in:** Kalabrien (Corigliano Calabro und andere Orte aus der Provinz Cosenza)
**In Deutschland aufgefallen in:** Baden-Württemberg (Heidelberg), Bayern (Kempten, München, Mittelfranken, Oberpfalz), Hessen (Frankfurt, Herborn, Offenbach), Nordrhein-Westfalen (Gelsenkirchen, Hagen, Mülheim an der Ruhr, Wuppertal)

**Herausragende Personen:** Santo Carelli, Giorgio Basile, Pietro Giovanni Marinaro
**Verbündete Clans:** Clan Farao, Clan De Stefano, Clan Tegnano
**Hauptaktivitäten:** Drogenhandel, Geldwäsche, Erpressung, Autoschieberei

**Geschichte:** Der Carelli-Clan ist seit Ende der siebziger Jahre als *'Ndrina*, als Mafiazelle, bekannt. Santo Carelli übernahm damals die Führung des Clans aus Corigliano Calabro (Provinz Cosenza). Heute gilt der Clan als aufgelöst, seine Mitglieder sollen sich dem Farao-Clan angeschlossen haben, heißt es aus dem Bundeskriminalamt (BKA).

In den neunziger Jahren gewann der Clan an Bedeutung: Aus ihm wurde sogar ein *Locale*, dem sechs *'Ndrine* unterstanden. Darunter auch eine *'Ndrina* aus Rossano.

Der Boss Santo Carelli leitete damals den Clan aus einem Fischladen im Örtchen Schiavonea heraus. Sein Geld verdiente der Clan hauptsächlich mit Drogenhandel. Seine Mitglieder konnten mit Hilfe der Cosa Nostra aus Sizilien eine Heroinraffinerie im kalabrischen Acri aufbauen. Clanchef Santo Carelli arbeitete hierbei eng mit dem Farao-Clan aus Cirò Marina zusammen.

Ein Kronzeuge erzählt, dass der Carelli-Clan so gut organisiert war, dass er zwei verschiedene bewaffnete Gruppen unterhalten konnte: Eine Gruppe war zum Schutz des Clangebiets und der eigenen Mannschaften abgestellt. Eine zweite Gruppe machte Angriffe.

Erst im Jahr 1995 konnte der Clan im Rahmen der Operation »Galassia« geschwächt werden: Mehrere Mitglieder, darunter auch Clanboss Santo Carelli, wurden verhaftet. Carelli blieb bis November 2015 in Haft. Er starb im Januar 2016 mit 67 Jahren.

Nach den Festnahmen Mitte der neunziger Jahre existierte der Clan zunächst unter der Führung von Pietro Giovanni Marinaro und Antonio Bruno weiter. Doch interne Fehden schwächten den Clan. Zudem gelang Ermittlern im Jahr 2006 ein erneuter Schlag gegen den Carelli-Clan im Rahmen der Operation »Corinan«. Etliche Mitglieder wurden verhaftet.

Seit Ende der achtziger Jahre können Clanmitglieder in Deutschland nachgewiesen werden. Kronzeugen erzählen, dass der Clanboss selbst mehrere Mitglieder seiner Zellen in Deutschland getauft hat.

Nach Erkenntnissen der Ermittler ließen sich Clanmitglieder vor allem in Nürnberg, Mülheim und Dortmund nieder. Hier investieren sie in Immobilien, Restaurants und Eisdielen – und waschen ihr Geld. Außerdem handeln sie mit Drogen. Ein ranghohes Clanmitglied war Giorgio Basile, genannt »Faccia d'Angelo« (deutsch: Engelsgesicht) oder »Il Tedesco« (Der Deutsche). Der Sohn von Gastarbeitern wuchs im Ruhrgebiet auf. Basile reiste für den Clan zwischen Deutschland, Italien, Holland und Frankreich herum und kaufte Drogen, die dann in deutschen Nachtlokalen und sogar in Pizzerien verkauft wurden. Rund dreißig Menschen soll Basile im Auftrag der 'Ndrangheta getötet haben. 1998 wurde Basile schließlich am Bahnhof von Kempten (Allgäu) verhaftet. Einem LKA-Beamten gelang es, Basile zur Aussage zu überreden. So wurde er zum wichtigen Kronzeugen. Andreas Ulrich vom »Spiegel« konnte sein Leben später im Buch *Engelsgesicht* porträtieren.

Nach wie vor leben in Deutschland mehrere mutmaßliche 'Ndrangheta-Mitglieder aus Corigliano Calabro. Doch Ermittler gehen davon aus, dass diese nicht mehr Teil des Carelli-Clans sind, sondern nun für den Farao-Clan arbeiten.

## Clan CARIATI-ANANIA

**In Italien festgestellt in:** Kalabrien (Cariati, Cirò)
**In Deutschland aufgefallen in:** Baden-Württemberg (Waiblingen, Fellbach, Backnang, Heidelberg), Saarland (St. Ingbert)
**Verbündete Clans:** Clan Farao
**Hauptaktivitäten:** Erpressung, Drogenhandel

**Geschichte:** Der Clan Cariati-Anania aus dem kalabrischen Cariati ist mit dem Farao-Clan verbündet. Clanmitglieder konnten im Raum

Stuttgart (Waiblingen, Fellbach, Backnang), in anderen baden-württembergischen Städten wie Heidelberg und im Saarland (St. Ingbert) festgestellt werden. Ob der Clan heute noch in Deutschland aktiv ist, ist unbekannt.

## Clan CHIMENTI

**In Italien festgestellt in:** Kalabrien (Provinz Cosenza)
**In Deutschland aufgefallen in:** Baden-Württemberg (Stuttgart)
**Verbündete Clans:** unbekannt
**Hauptaktivitäten:** –

**Geschichte:** Der Clan Chimenti aus der Provinz Cosenza konnte in den neunziger Jahren in Stuttgart nachgewiesen werden. Der Clan hat nach der Ermordung seines Bosses Vincenzo Chimenti (2009) deutlich an Macht verloren. Es ist unklar, ob der Clan noch im Raum Stuttgart aktiv ist.

## Clan CICONTE

**In Italien festgestellt in:** Kalabrien (Sorianello bei Vibo Valentia)
**In Deutschland aufgefallen in:** Saarland (Saarbrücken)
**Verbündete Clans:** Vallelunga-Turrà
**Hauptaktivitäten:** Waffenhandel

**Geschichte:** Der Ciconte-Clan stammt aus dem Gebiet Vibo Valentia. 1995 nahmen italienische Polizisten mehrere Clanmitglieder fest – zwei von ihnen wegen illegalen Waffenhandels in Deutschland. Sie waren in Saarbrücken aktiv. In Italien ist der Clan Ciconte dem Clan Vallelunga-Turrà untergeordnet. Derzeit ist unbekannt, ob er noch im Saarland präsent ist.

## Clan CIRILLO

**In Italien festgestellt in:** Kalabrien (Provinz Cosenza)
**In Deutschland aufgefallen in:** Nordrhein-Westfalen (Duisburg)
**Verbündete Clans:** Clan De Stefano-Tegnano, Clan Pesce, Clan Farao
**Hauptaktivitäten:** Drogenhandel, Erpressung, Geldwäsche

**Geschichte:** Der Cirillo-Clan war von 1978 bis 1991 besonders aktiv. Clanführer war in dieser Zeit Giuseppe Cirillo aus Kampanien. In den sechziger Jahren handelte Cirillo mit Hühnern und zog mit seinem Betrieb nach Kalabrien. Hier investierte er in Immobilien. In den siebziger Jahren lernte er einen gewissen Ciccio Spina kennen, der ihm erzählte, dass man mit Erpressungen viel Geld verdienen könne. Spina schlug Cirillo vor, der 'Ndrangheta beizutreten. Cirillo gründete daraufhin das erste 'Ndrangheta-*Locale* in Nordkalabrien: die Zelle von Sibari. So geht es aus Gerichtsakten hervor.

Cirillo waren verschiedene *'Ndrine* untergeordnet: Unter anderem die *'Ndrina* aus Rossano Calabro, die da noch von Pasquale Tripodoro geleitet wurde. Der Clan Cirillo war schon damals eng mit dem Farao-Clan aus Cirò verbündet. Mit der Entstehung eines *Locale* in Corigliano Calabro verlor der Clan Cirillo allerdings deutlich an Macht. Ein Clanmitglied lebte Anfang der 2000er Jahre in Duisburg. Ob der Clan heute noch in Duisburg aktiv ist, ist unklar.

## Clan CORDÌ

**In Italien festgestellt in:** Kalabrien (Raum Locri)
**In Deutschland aufgefallen in:** Bayern (Schöllkrippen)
**Verbündete Clans:** –
**Hauptaktivitäten:** Erpressung, Manipulation öffentlicher Aufträge

**Geschichte:** Der Cordì-Clan stammt aus Locri und kämpfte seit 1967 in einer langen Fehde gegen den Cataldo-Clan. Erst im Jahr

2010 sollen die Clans Frieden geschlossen haben. Trotz der Fehde konnte der Cordì-Clan das lokale Krankenhaus und die lokale Fußballmannschaft infiltrieren und sich in Norditalien ausbreiten. Ein Clanmitglied betrieb bis 2004 eine Pizzeria in Schöllkrippen bei Aschaffenburg. Ob das heute noch der Fall ist, bleibt unklar.

## Clan COSTANZO

**In Italien festgestellt in:** Kalabrien (Catanzaro)
**In Deutschland aufgefallen in:** Rheinland-Pfalz (Montabaur)
**Verbündete Clans:** Clan Arena
**Hauptaktivitäten:** Erpressung, Manipulation öffentlicher Aufträge

**Geschichte:** Der Clan kontrolliert gemeinsam mit dem Di-Bona-Clan die kriminellen Aktivitäten in Kalabriens Hauptstadt Catanzaro. Ein Clanmitglied hat in den neunziger Jahren in Montabaur gelebt. Ob der Clan heute noch in Deutschland aktiv ist, bleibt unbekannt.

## Clan DE STEFANO-TEGANO

**In Italien festgestellt in:** Kalabrien (Reggio Calabria), Latium, Lombardei (Raum Mailand)
**In Deutschland aufgefallen in:** Düsseldorf
**Verbündete Clans:** Clan De Luca, Clan Latella, Clan Valle, Clan Commisso, Clan Greco
**Hauptaktivitäten:** Drogenhandel, Geldwäsche, Wucher, Erpressung, Manipulation öffentlicher Aufträge, Waffenhandel, Prostituiertenhandel

**Geschichte:** Der Clan stammt aus dem Viertel Archi in der Stadt Reggio Calabria. Wegen ihrer Herkunft werden seine Mitglieder »Arcoti« genannt.

1974 brach in Kalabrien der erste 'Ndrangheta-Krieg aus: Der

Piromalli-Clan verbündete sich mit den Brüdern De Stefano gegen die alten Bosse der 'Ndrangheta. Es ging um Macht: Der Piromalli-Clan wollte die 'Ndrangheta durch den Beitritt einiger Mitglieder zu den Freimaurern in staatlichen Institutionen infiltrieren. Im Zuge dieser Fehde ließen die De Stefano 1976 den alten Boss von Reggio Calabria, Domenico »Mico« Tripodo, im Gefängnis von Poggioreale ermorden. Die Clans De Stefano und Piromalli gewannen den Krieg - und damit Macht und Ansehen. In Deutschland hatte der Clan in der Vergangenheit Verbindungen nach Düsseldorf. Ob seine Mitglieder heute noch in Deutschland aktiv sind, ist unbekannt.

## Clan DI DIECO

**In Italien festgestellt in:** Kalabrien (Castrovillari)
**In Deutschland aufgefallen in:** Bayern (Grassau), Groß-Gerau (Hessen)
**Verbündete Clans:** Clan Carelli
**Hauptaktivitäten:** Erpressung

**Geschichte:** Anfangs war der Clan nach dem ehemaligen Anführer Recchia benannt - dann nach seinem Nachfolger Antonio Di Dieco, der später zu einem Kronzeugen wurde. Im Jahr 1998 wurde ein Österreicher, der dem Clan zugerechnet wird, in Grassau (Oberbayern) verhaftet. Er soll dort eine mafiöse Vereinigung gegründet haben. Ein weiteres Clanmitglied hat zwanzig Jahre lang in Groß-Gerau (Hessen) gelebt. Ob der Clan heute noch in Deutschland aktiv ist, ist unklar.

## Clan aus SAN LUCA

**(Clane ROMEO-PELLE, NIRTA-STRANGIO und PELLE-VOTTARI)**
**In Italien festgestellt in:** Kalabrien (San Luca, Rosarno, Gioia Tauro), Lombardei (Mailand), Emilia-Romagna (Piacenza)
**In Deutschland aufgefallen in:** Baden-Württemberg, Bayern (Raum München), Hessen, Nordrhein-Westfalen (unter anderem Duisburg, Gelsenkirchen), Rheinland-Pfalz, Saarland, Sachsen (Dresden, Leipzig), Sachsen-Anhalt (Halle), Thüringen (Eisenach, Erfurt)
**Herausragende Personen:** Sebastiano Strangio (geb. 1970), Sebastiano Strangio (geb. 1975), Giovanni Strangio, Sebastiano Nirta, Domenico Nirta, Giovanni Nirta, Giuseppe Nirta, Francesco Nirta, Antonio Pelle (geb. 1932), genannt »Gambazza«, Giuseppe Pelle, Antonio Romeo (geb. 1956), Antonio Romeo (geb. 1947), Giuseppe Giorgi, Antonio Pelle (geb. 1962)
**Verbündete Clans:** –
**Hauptaktivitäten:** Drogenhandel, Geldwäsche, Erpressung, Manipulation öffentlicher Aufträge, Infiltration der öffentlichen Verwaltung, Waffenhandel

**Geschichte:** Der Clan Di San Luca kommt aus der 'Ndrangheta-Hochburg San Luca. Er ist einer der stärksten und mächtigsten 'Ndrangheta-Clans und hat sich sowohl in Norditalien als auch in den Beneluxländern und Deutschland ausgebreitet. Der Clan setzt sich seit den Morden von Duisburg aus den Clans Nirta-Strangio, Pelle-Vottari und Romeo-Pelle zusammen, die nach Ansicht deutscher Ermittler nahezu untrennbar geworden sind. Der Clan ist vor allem im Drogenhandel aktiv.

Seit den neunziger Jahren war der ursprüngliche Nirta-Strangio-Clan in eine Fehde mit dem Pelle-Vottari-Clan verwickelt. 1991 warfen Jugendliche des Clans Nirta-Strangio Eier in eine Bar des gegnerischen Clans. Es kam zu einem Streit. Tage später wurden der zwanzigjährige Francesco Strangio und der neunzehnjährige Domenico Nirta umgebracht.

Die Fehde eskalierte erneut im Jahr 2006 mit dem Mord an Maria Strangio, 33. Die Ehefrau des Clanchefs Giovanni Nirta wurde vor ihrem Haus erschossen. Eigentlich sollte ihr Mann sterben. Die Fehde breitete sich rasch bis nach Duisburg aus. Dort wurden am 15. August 2007 sechs Menschen ermordet, die in Verbindung mit dem Pelle-Clan standen.

Als Haupttäter der Morde wurde Giovanni Strangio 2011 zu lebenslanger Haft verurteilt. Strangio war mit der ermordeten Maria Strangio verwandt. Auf dem Weg zu ihrer Beerdigung war Giovanni Strangio kontrolliert worden. Weil er eine Pistole bei sich trug, blieb er für einige Monate im Gefängnis. Nach seiner Freilassung kehrte er zunächst nach Kaarst (Nordrhein-Westfalen) zurück, wo er das Restaurant »Tonis Pizza« leitete.

Nach den Mafiamorden von Duisburg hatte die Polizei zwei Pizzerien und die Wohnung von Strangio in Kaarst durchsucht. Die Ermittler gewannen den Eindruck, dass die Räume fluchtartig verlassen worden waren: Es lagen massenhaft Geldscheine herum. Tatsächlich lebte Strangio bis zu seiner Festnahme am 12. März 2009 in Amsterdam auf der Flucht.

Dort versteckte sich auch sein Schwager Giuseppe Nirta (geb. 1973), der auf der Liste der hundert meistgesuchten Verbrecher Italiens stand. Er wurde 2008 verhaftet. 2008 wurde mit Calogero Costadura ein weiterer Drogenhändler des Clans in Maasmechelen, Belgien, verhaftet. Ein Jahr später wurde auch Giuseppe Nirta (geb. 1940) wegen internationalen Drogenhandels verhaftet. Er blieb bis 2014 in Haft.

2013 wurde Sebastiano Strangio, der Bruder der ermordeten Maria Strangio, im Piemont verhaftet. Der Boss Antonio Pelle, genannt »La Mamma« (deutsch: Die Mutter), wurde am 5. Oktober 2016 in seiner Heimatstadt Bovalino verhaftet. Er versteckte sich in einem Bunker hinter einem Kleiderschrank. Seit 2016 gilt die Fehde als beendet.

Der Clan Romeo-Pelle gehört ebenfalls seit etwa 2006 zu dem Geflecht des San-Luca-Clans. Seine Mitglieder unterhielten seit langer Zeit enge Verbindungen nach Deutschland. Nach Angaben italienischer Ermittler kümmern sich seit Jahren Clanmitglieder in Duisburg um die Drogengeschäfte der Gruppe. Ein Cousin des Clans ist der bekannte Drogenhändler Giuseppe Giorgi, genannt »U Capra« (deutsch: Die Ziege), der auf der Liste der meistgesuchten Kriminellen des italienischen Innenministeriums steht. In Duisburg betrieb ein weiterer Angehöriger des Clans Anfang der neunziger Jahre ein Restaurant, das nach Ansicht von italienischen Ermittlern als Umschlagplatz für Kokain fungierte. Das konnte allerdings nie gerichtsfest bewiesen werden. Im Jahr 1996 zogen Angehörige von Clanmitgliedern nach Erfurt und eröffneten dort neue Restaurants. Ebenso leben Kinder des Bosses Antonio Romeo, genannt »Centocapelli« (deutsch: Hunderthaare), heute in Deutschland. In Oberhausen wurde 2011 das international gesuchte Clanmitglied Bruno P. in einem Restaurant verhaftet. Er hatte zuvor in Oberhausen und Duisburg gelebt. Und war im Jahr 2004 kurzzeitig in Oberbayern verhaftet worden.

## Clan DRAGONE

**In Italien festgestellt in:** Kalabrien (Cutro, Crotone), Emilia-Romagna
**In Deutschland aufgefallen in:** Bayern (Augsburg), Hamburg
**Verbündete Clans:** Clan Arena, Clan Mannolo
**Hauptaktivitäten:** Erpressung, Drogenhandel

**Geschichte:** Die Clans Grande-Aracri, Dragone und Mannolo lieferten sich jahrelang eine Fehde um die Kontrolle der Stadt Crotone. Bereits in den achtziger Jahren konnte der damalige Boss Antonio Dragone den Einfluss seines Clans in die Emilia-Romagna ausdehnen. Im Jahr 2008 wurde er ermordet. Clanmitglieder haben in den neunziger Jahren in Augsburg und Hamburg gelebt. Ob der Clan heute noch in Deutschland aktiv ist, ist unbekannt.

## Clan ELIA

**In Italien festgestellt in:** Kalabrien (Cassano allo Ionio)
**In Deutschland aufgefallen in:** Schleswig-Holstein (Bad Bramstedt)
**Verbündete Clans:** Clan Carelli
**Hauptaktivitäten:** Erpressung

**Geschichte:** Der Elia-Clan stammt aus Cassano allo Ionio und war dem Carelli-Clan untergeordnet. Der Clan hatte mehrere Verbindungen nach Deutschland. Ein Mitglied lebte in Bad Bramstedt. Ein Boss der Familie Abruzzese soll sich Ende der neunziger Jahre bei ihm versteckt haben, aber kehrte nach Italien zurück. An seiner Stelle zog ein Bruder samt Familie nach Schleswig Holstein. Ob der Clan heute noch in Deutschland aktiv ist, bleibt offen.

## Clan FARAO-MARINCOLA

**In Italien festgestellt in:** Kalabrien (Cirò, Cirò Marina, Cariati, Mandatoricco, Melissa, Umbriatico, Cutro, Taurianova, Seare Terme, Amaroni), Lombardei (Legnago), Umbrien (Perugia), Toskana (Lucca)
**In Deutschland aufgefallen in:** Baden-Württemberg (Stuttgart, Backnang, Waiblingen, Gmünden, Lörrach, Murrhardt, Korntag-Münchingen), Bayern (Immenstadt, Bad Kissingen), Hessen (Borken, Fuldatal, Spangenberg, Homberg-Efze, Melsungen, Kassel, Körle, Frielendorf, Eschwege, Waldkappel, Glauburg, Neu-Isenburg, Frielendorf), Niedersachsen (Bramsche, Rotenburg, Hemseen), Nordrhein-Westfalen (Hagen, Dortmund, Münster, Neuenrade), Sachsen (Lommatzsch, Torgau)
**Verbündete Clans:** Clan Piromalli, Clan Mancuso, Clan Bellocco, Clan De Luca, Clan Sabatino
**Hauptaktivitäten:** Drogenhandel, Geldwäsche, Erpressung, Wucher, Manipulation öffentlicher Aufträge, Infiltration der öffentlichen Verwaltung

**Geschichte:** Die 'Ndrangheta-Zelle (*Locale*) aus Cirò wurde anfänglich von Nicodemo (Nick) Aloe und von den Brüdern Giuseppe und Silvio Farao geführt.

In den achtziger Jahren handelte der Farao-Clan mit Heroin. Die Drogen aus der Clanraffinerie in San Leonardo di Cutro (Kalabrien) wurden in Kalabrien, in der Lombardei, aber auch in der Schweiz und in Deutschland (insbesondere im Raum Kassel und Stuttgart) verkauft. In Deutschland kümmerte sich Vincenzo Cavallaro um die Drogengeschäfte. Cavallaro wurde 1984 im Rahmen der Operation »Galassia« festgenommen – und im Jahr 1993 zum Kronzeugen. Er hatte nach eigenen Aussagen das Vertrauen in die 'Ndrangheta verloren, seitdem sein Jugendfreund und früherer Chef Nicodemo Aloe 1987 ermordet worden war.

Nach dem Tod von Aloe übernahmen die Geschwister Silvio und Giuseppe Farao gemeinsam mit Cataldo Marincola die Clanführung. Nach ihrer Verhaftung standen ihre Söhne dem Clan vor.

Die Faraos sind in Deutschland besonders mächtig. Mitglieder herrschen über kriminelle Aktivitäten insbesondere im Raum Kassel und im Raum Stuttgart.

Bereits in den achtziger Jahren – so erzählt es Kronzeuge Cavallaro – sollen die Brüder Silvio und Giuseppe Farao in Deutschland neue Mitglieder in die 'Ndrangheta aufgenommen haben.

Giuseppe Farao soll zwischen Ende der sechziger und Anfang der neunziger Jahre zwischen Deutschland (Raum Kassel) und Italien gependelt sein und das kriminelle Netz seines Clans in Deutschland gespannt haben.

In der Vergangenheit soll der Clan über Vertrauens- und Strohmänner Restaurants in Fuldatal, Borken, Melsungen, Kassel, Lommatzsch, Backnang, Glauburg, Gmünden, Bad Kissingen, Bramsche, Stuttgart, Heermsen, einen Pub in Lörrach, einen Club in Fellbach, ein Lebensmittelgeschäft in Melsungen und ein Café in Homberg-Efze betrieben haben.

## Clan FEMIA

**In Italien festgestellt in:** Kalabrien (Gioiosa Ionica), Piemont
**In Deutschland aufgefallen in:** Nordrhein-Westfalen (Köln)
**Verbündete Clans:** Clan Mazzaferro
**Hauptaktivitäten:** Drogenhandel, Raub, Waffenhandel, illegales Glücksspiel

**Geschichte:** Der Femia-Clan stammt aus Gioiosa Ionica (Kalabrien) und steht in Kontakt sowohl mit der neapolitanischen Camorra als auch mit der sizilianischen Cosa Nostra. Der Clan ist auch im Piemont aktiv. In der Vergangenheit hatte der Clan Verbindungen nach Deutschland, insbesondere zu Mittelsmännern in Köln. Ob dies heute noch der Fall ist, bleibt unklar.

## Clan FERRAZZO

**In Italien festgestellt in:** Kalabrien (Mesoraca), Lombardei, Sardinien
**In Deutschland aufgefallen in:** Baden Württemberg (Grenzach-Wyhlen, Küssaberg), Nordrhein-Westfalen (Dortmund)
**Verbündete Clans:** Clans aus Catanzaro
**Hauptaktivitäten:** Drogenhandel, Waffenhandel, Geldwäsche

**Geschichte:** Der Ferrazzo-Clan ist nicht nur in Kalabrien, sondern auch in Sardinien, in der Lombardei, in der Schweiz und in Spanien aktiv. 1996 spaltete sich der Clan. Heute existieren zwei Ferrazzo-Clans. Im Jahr 2000 wurde der Boss Felice Ferrazzo, der sich eine Zeitlang in Deutschland versteckt hielt, zum Kronzeugen. In Deutschland war er unter einer Telefonnummer zwischen Grenzach-Wyhlen und Küssaberg (Baden-Württemberg) erreichbar. Mitglieder des Clans sollen seit den siebziger Jahren in Deutschland leben, auch im Raum Dortmund. Ob der Clan heute noch in Deutschland aktiv ist, ist unbekannt.

## Clan FORASTEFANO

**In Italien festgestellt in:** Kalabrien (Cassano allo Ionio, Sibari)
**In Deutschland aufgefallen in:** wechselnd
**Verbündete Clans:** Clan Carelli
**Hauptaktivitäten:** Erpressung, Wucher, Manipulation von Wahlen, Manipulation öffentlicher Aufträge, Drogenhandel

**Geschichte:** Der Clan Forastefano stammt aus Cassano allo Ionio. Er führte eine Fehde gegen den Clan der Abruzzese, die aus dem Roma-Umfeld stammen. Der Clanchef soll einen Mord bei einem Killer in Auftrag gegeben haben, der in Deutschland lebte. Der Clan ist den Clans Farao und Grande-Aracri untergeordnet. Ob der Clan heute in Deutschland aktiv ist, bleibt unklar.

## Clan FRANCONIERI

**In Italien festgestellt in:** Kalabrien (Rizziconi)
**In Deutschland aufgefallen in:** Bayern (Nürnberg)
**Verbündete Clans:** –
**Hauptaktivitäten:** –

**Geschichte:** Der Franconieri-Clan stammt aus Rizziconi, einer Stadt unweit des kalabrischen Hafens Gioia Tauro. Der ehemalige Clanboss Michelangelo Franconieri war 1958 untergetaucht und blieb über vierzig Jahre auf der Flucht. Er wurde deswegen auch »Primula rossa dell'Aspromonte« (deutsch: Rote Primel des Aspromonte-Gebirges) genannt. Zwischenzeitlich soll er sich in Nürnberg versteckt haben. 2002 begab er sich wegen einer schweren Krankheit ins Krankenhaus von Polistena, wo er kurz darauf starb. Ob der Clan heute noch in Deutschland aktiv ist, bleibt unklar.

## Clan GALLACE-NOVELLA

**In Italien festgestellt in:** Kalabrien (Guardavalle bei Catanzaro), Latium (Nettuno bei Rom), Lombardei
**In Deutschland aufgefallen in:** Bayern (München, Plattling, Regen), Hessen (Raum Frankfurt)
**Herausragende Personen:** Carmelo Novella, Vincenzo »Cenzo« Gallace, Antonino Belnome, Cosimo Gallace (Sohn von Vincenzo)
**Verbündete Clans:** Clan Vallelunga
**Hauptaktivitäten:** Drogenhandel, Waffenhandel, Wucher, Erpressungsgelder, Manipulation öffentlicher Aufträge

**Geschichte:** Der Clan Gallace-Novella entstand in den fünfziger Jahren in der Provinz Catanzaro. Sein Geld machte der Clan damals vor allem mit manipulierten Aufträgen in der Forstwirtschaft. Berühmt wurde er im Jahr 1977 durch die sogenannte »Waldfehde«. Mehrere Clans kämpften um die Vorherrschaft in den Wäldern der Provinz. Am Ende der Fehde wurden die Gallace zum führenden Clan des Serre-Gebirges. Danach stieg der Clan Gallace-Novella ins Geschäft mit Entführungen ein und beteiligte sich am Drogenhandel.

Der Clan breitete sich in der Lombardei und im Latium aus. Im Jahr 2005 wurden mehrere hochrangige Mitglieder im Rahmen der Operation »Mythos« verhaftet. Viele Kronzeugen behaupteten, das Oberhaupt Carmelo Novella sei ein *Capo Crimine*, eine der wichtigsten Führungsfiguren der 'Ndrangheta. Man geht davon aus, dass der Clan am »Treffen von Montalto« teilnahm, bei dem sich im Jahr 1970 einzelne 'Ndrangheta-Clans aus Süd- und Norditalien vereinigten.

Ein bekannter Killer aus der Gruppe ist Antonino Belnome. Er erschoss im Jahr 2008 den damaligen Clanchef.

Belnome war ein vielversprechender Fußballspieler, bis ein Autounfall seine Karriere beendete. In Norditalien trainierte er eine Fußballmannschaft, arbeitete als Unternehmer – und als 'Ndrangheta-Boss. Vor seiner Festnahme war er sogar zum *Padrino* ernannt worden, was der höchste Grad der Società Maggiore ist.

2010 wurde Belnome festgenommen und zu elf Jahren und sechs Monaten Haft verurteilt. Als Kronzeuge enthüllte er die Hintergründe von Morden an führenden Figuren der Mafia und von Schutzgelderpressungen in der Lombardei. Während seines Prozesses sagte Belnome: »Mein Ziel war es, die höchsten Ebenen der 'Ndrangheta zu erreichen. Aber sobald man an der Spitze steht, ist man am Ende: Man kann niemandem mehr vertrauen. Und am Ende steht man da ohne Familie und ohne Freunde. Die 'Ndrangheta steht nicht nur für schöne Frauen, Autos und Motorräder. Die 'Ndrangheta ist eine Droge, die dich im Inneren zerfrisst.«

In Deutschland wurden Aktivitäten des Clans in München, Plattling, Regen und im Raum Frankfurt festgestellt.

## Clan GENTILE

**In Italien festgestellt in:** Kalabrien (Amantea)
**In Deutschland aufgefallen in:** Baden-Württemberg (Pforzheim)
**Verbündete Clans:** Clan Africano, Clan Muto
**Hauptaktivitäten:** Erpressung, Wucher, Drogenhandel

**Geschichte:** Der Clan stammt aus Amantea im Norden Kalabriens. 2015 wurde der gesamte Hafen der Stadt beschlagnahmt, weil er von dem Clan Gentile-Africano beherrscht wurde. Ein Clanmitglied hat ein Jahr lang in Pforzheim gelebt. Ob der Clan heute noch in Baden-Württemberg aktiv ist, bleibt unklar.

## Clan GIGLIO

**In Italien festgestellt in:** Kalabrien (Strongoli)
**In Deutschland aufgefallen in:** Nordrhein-Westfalen (Bad Honnef, Remscheid, St. Augustin, Gelsenkirchen), Baden-Württemberg (Esslingen, Münsingen), Bayern (Erlangen)
**Herausragende Personen:** Salvatore Giglio, Otello Giglio

**Verbündete Clans:** Clan Farao
**Hauptaktivitäten:** Drogenhandel, Geldwäsche, Erpressung

**Geschichte:** Der Clan Giglio kommt aus der kalabrischen Provinz Crotone, der Kleinstadt Strongoli. Zwischen Ende der neunziger Jahre und Anfang der 2000er war er in eine Fehde gegen den Clan Valente verstrickt. Es gab mehrere Tote. Bei dem blutigsten Anschlag starben am 26.2.2000 fünf Menschen auf offener Straße in Strongoli. Eines der Opfer war ein unschuldiger Rentner, der gerade auf einer Bank saß, die anderen vier Opfer sollen dem Valente-Clan angehört haben. Der Anschlag ist als »Blutbad von Strongoli« bekannt.

In Italien untersteht der Giglio-Clan dem Farao-Clan aus Cirò Marina. Auch in Deutschland konnte sich der Clan auf die Unterstützung zweier Brüder verlassen, die Verbindung zur Farao-Familie aufweisen. Bis 1989 lebten drei hochrangige Clanmitglieder in Remscheid. Andere Clanmitglieder waren in Nordrhein-Westfalen in Bad Honnef, St. Augustin und Gelsenkirchen, in Baden-Württemberg in Esslingen und Münsingen und im bayerischen Erlangen.

Ein Mann, der Verbindungen zu dem Clan hatte und in den neunziger Jahren in Bad Honnef lebte, soll einem italienischen Clanmitglied eine Waffe besorgt haben, die im Rahmen der Clanfehde benutzt werden sollte.

## Clan GIOFFRÉ

**In Italien festgestellt in:** Kalabrien (Seminara)
**In Deutschland aufgefallen in:** Baden-Württemberg (Karlsruhe), Niedersachsen (Hannover)
**Verbündete Clans:** Clan Romeo, Clan Santaiti
**Hauptaktivitäten:** Drogenhandel, Geldwäsche, Erpressung, Waffenhandel, Wucher, Manipulation öffentlicher Aufträge

**Geschichte:** Der Clan stammt aus dem kalabrischen Seminara in der Nähe von Gioia Tauro. Seine Mitglieder handeln mit Drogen und

Waffen – aber auch mit Prostituierten und Flüchtlingen. Erst 2013 hat ein Kassationsgericht die Existenz dieses Clans in einem Urteil bestätigt. Aktivitäten des Clans wurden in der Vergangenheit in Karlsruhe und Hannover festgestellt. Ob der Clan heute noch in Deutschland aktiv ist, bleibt unbekannt.

## Clan GRANDE-ARACRI

**In Italien festgestellt in:** Kalabrien (Cutro), Emilia-Romagna, Lombardei, Venetien
**In Deutschland aufgefallen in:** Bayern (Stadtbergen, Augsburg), Hessen (Hanau), Nordrhein-Westfalen (Warendorf, Münster)
**Verbündete Clans:** Clan Pelle, Clan Vrenna-Bonaventura, Clan Nicoscia, Clan Comberiati-Garofalo, Clan Policastro
**Hauptaktivitäten:** Drogenhandel, Geldwäsche, Erpressung, Wucher, Manipulation öffentlicher Aufträge, Infiltration der öffentlichen Verwaltung

**Geschichte:** Der Clan Grande-Aracri stammt aus Cutro, hat sich aber auch in Norditalien und im Ausland ausgebreitet. Clanboss war jahrelang Nicolino Grande-Aracri, genannt »Mano di Gomma« (deutsch: Gummihand). Vor seiner Festnahme soll er die »Provincia«, die höchste Führungsebene der 'Ndrangheta, geführt haben. Seit seiner Verhaftung leitet sein Bruder Francesco den Clan.

In den letzten Jahren wurde der Clan im Rahmen der Operation »Aemilia« auch im Ausland bekannt: Deutsche Medien berichteten etwa über den ersten Prozess in der Emilia-Romagna gegen die 'Ndrangheta. Mehr als 140 Verdächtige standen vor Gericht – darunter Beamte, Politiker und Unternehmer.

Auch in Kalabrien hat der Clan sowohl öffentliche als auch private Verträge manipuliert. Der Clan soll sowohl Feriendörfer als auch den Windpark von Cutro aufgebaut haben. Er soll Straßen renoviert und sich an der Müllabfuhr beteiligt haben.

Der Clan Grande-Aracri soll Kontakte zu institutionellen, juristischen, aber auch religiösen Kreisen haben. Erst im Jahr 2016 wurde im Rahmen der Operation »Kyterion« ein Bankkonto identifiziert, das vermutlich auf Nicolino Grande-Aracri zurückzuführen ist: Sein Buchwert betrug 200 Millionen Euro und war als Bürgschaft für eine Bauinvestition in Algerien angegeben.

Im Rahmen der Operation »Kyterion« enthüllten Ermittler auch die mutmaßlichen Verbindungen von Nicolino Grande-Aracri zu einer Freimaurerloge des Malteserordens. Zur Loge soll auch eine Journalistin mit Verbindungen zu wichtigen religiösen und politischen Kreisen gehören. Sie soll gewusst haben, dass Grande-Aracri ein 'Ndranghetista ist. Trotzdem nannte sie ihn »Fratello« (deutsch: Bruder – in dem Fall einfach Mitglied der Freimaurer). Sie soll zum Beispiel in religiösen Kreisen Druck aufgebaut haben, damit ein Verwandter Grande-Aracris, der seine Strafe in einem Gefängnis weit weg von seiner Familie absitzen musste, in ein heimisches Gefängnis verlegt wird. Zur gleichen Loge sollen auch wichtige Politiker gehört haben, wie Gianni Letta, der 2006 auf Vorschlag von Silvio Berlusconi für das Amt des Staatspräsidenten kandidierte.

Seit 2013 sitzt Nicolino Grande-Aracri im Gefängnis. Im Rahmen der Operation »Kyterion« wurde ein zweiter Haftbefehl gegen ihn vollstreckt. In erster Instanz wurde Grande-Aracri zu sechs Jahren und acht Monaten Haft verurteilt, doch er beteuert seine Unschuld: Aracri behauptet, er sei erst seit 2000 Mafiaboss gewesen. Davor habe er seinen Lebensunterhalt als Hirte und Landwirt verdient.

Der Clan hat enge Verbindungen nach Deutschland: Der Clanführer selbst soll in Warendorf (Nordrhein-Westfalen) gelebt haben. Ein hochrangiges Clanmitglied wohnte in Stadtbergen (Bayern).

In Augsburg lebte zudem zwanzig Jahre lang ein Clanmitglied, das in Italien an der Ermordung zweier Mitglieder eines verfeindeten Clans beteiligt gewesen sein soll. Der Mann wurde international gesucht, im Jahr 2011 in Augsburg festgenommen und an Italien ausgeliefert. Drei Tage nach seiner Entlassung im Jahr 2014 wurde er in Kalabrien umgebracht.

Heute ist der Clan besonders im Raum Münster stark.

## Clan GRECO-CRESCENTE

**In Italien festgestellt in:** Kalabrien (Cirò)
**In Deutschland aufgefallen in:** Baden-Württemberg (Stuttgart, Waiblingen), Rheinland-Pfalz (Niederhausen)
**Verbündete Clans:** Clan Farao, Clan Grande-Aracri, Clan Critelli
**Hauptaktivitäten:** Drogenhandel

**Geschichte:** Der Greco-Crescente-Clan ist dem Clan Farao-Marincola untergeordnet und soll in Deutschland ein Vertriebsnetz für Drogen aufgebaut haben. Clanmitglieder wurden im Raum Stuttgart festgestellt. Sie haben dort unter anderem Restaurants betrieben. Weitere Clanmitglieder haben sich im Ort Niederhausen in Rheinland-Pfalz niedergelassen.

## Clan IMERTI-CONDELLO-FONTANA-SARACENO

**In Italien festgestellt in:** Kalabrien (Reggio Calabria, Fiumara di Muro)
**In Deutschland aufgefallen in:** Bayern (Nürnberg)
**Verbündete Clans:** Clan Serraino
**Hauptaktivitäten:** Drogenhandel, Geldwäsche, Wucher, Erpressung, Manipulation öffentlicher Aufträge, Waffenhandel

**Geschichte:** Durch die Ehe mit Giuseppina Condello im Jahr 1983 verbündete sich der Clananführer Antonio Imerti, genannt »Nano Feroce« (deutsch: Grausamer Zwerg) mit dem Condello-Clan.

Die mit dem Condello-Clan verbündete De-Stefano-Familie hatte daraufhin Angst, Macht zu verlieren. Durch einen Sprengstoffanschlag versuchten sie, den Anführer Imerti zu töten. Bei der Explosion wurden aber nur drei Bodyguards des Bosses verletzt. Die auf diesen Anschlag folgende Fehde zwischen dem Imerti- und dem De-Stefano-Clan ging als zweiter Mafiakrieg in die Geschichte ein und kostete mehr als 700 Menschen das Leben.

Mehrere Mitglieder hielten sich lange Zeit in Deutschland auf. Der Mörder von Paolo De Stefano, Giuseppe Saraceno, hatte bis 1987 für siebzehn Jahre in Nürnberg gelebt. Er wurde 1993 zu lebenslanger Haft verurteilt. Ob Mitglieder des Clans heute noch in Deutschland aktiv sind, ist unbekannt.

## Clan IONA-DIMA

**In Italien festgestellt in:** Kalabrien (Strongoli, Belvedere di Spinello)
**In Deutschland aufgefallen in:** Baden-Württemberg (Holzgerlingen), Bayern (Erding), Rheinland-Pfalz (Langenfeld)
**Verbündete Clans:** Clan Rocca, Clan Arena
**Hauptaktivitäten:** Erpressung, Drogenhandel

**Geschichte:** Der Dima-Clan hat seinen Ursprung im kalabrischen Strongoli und ist mit dem Iona-Clan verbündet. Der Clan war in mehrere Fehden verwickelt. Der frühere Boss Bruno Dima wurde 1994 ermordet. Clanboss Guirino Iona sitzt hingegen im Gefängnis. In den neunziger Jahren lebten Clanmitglieder in Baden-Württemberg (Holzgerlingen), Bayern (Erding) und Rheinland-Pfalz (Langenfeld). Ob der Clan heute noch in Deutschland aktiv ist, bleibt unbekannt.

## Clan LATELLA-FICARA

**In Italien festgestellt in:** Kalabrien (Reggio Calabria)
**In Deutschland aufgefallen in:** Hessen (Bad Nauheim), Saarland (Lebach)
**Verbündete Clans:** Clan De Stefano, Clan Pelle, Clan Flachi-Trovato-Schettini
**Hauptaktivitäten:** Erpressung

**Geschichte:** Der Clan kontrolliert das südliche Gebiet der Stadt Reggio Calabria und ist mit dem De-Stefano-Clan verbündet, der über das Stadtzentrum herrscht. In den achtziger Jahren soll ein hochrangiges Clanmitglied während einer Mafiafehde mehrere Menschen ermordet haben und danach in Deutschland untergetaucht sein. Er soll sich bei einem engen Verwandten in Lebach (Saarland) versteckt gehalten haben. Aktivitäten des Clans wurden auch im hessischen Bad Nauheim festgestellt. Ob der Clan heute noch in Deutschland aktiv ist, bleibt unklar.

## Clan LONGO-VERSACE

**In Italien festgestellt in:** Kalabrien (Polistena, Cinquefondi), Aostatal, Lombardei, Toskana, Venetien
**In Deutschland aufgefallen in:** Rheinland Pfalz (Landau), Sachsen-Anhalt (Halle)
**Verbündete Clans:** Clan Barbaro
**Hauptaktivitäten:** Drogenhandel

**Geschichte:** Der Clan stammt aus Polistena in der Provinz Reggio Calabria. Seine Mitglieder waren zunächst im Drogenhandel aktiv, konzentrierten sich dann aber bald auf Entführungen und manipulierten öffentliche Aufträge.

1980 heiratete die Tochter des Clanbosses Luigi Longo einen jungen Mann namens Antonio Versace, der ab 1984 den Clan führte. Die Verwandten seiner Ehefrau konnten ihn und seinen Führungsstil nicht ertragen: 1991 wurde er ermordet. Der Cousin eines hochrangigen Clanmitglieds lebte ab 2006 für einige Zeit in Halle. Ein weiterer Kontaktmann des Clans wohnte in Landau (Rheinland-Pfalz). In Deutschland soll der Clan besonders im Drogenhandel aktiv gewesen sein. Ob der Clan heute noch in Sachsen-Anhalt und Rheinland-Pfalz tätig ist, bleibt unbekannt.

## Clan MAESANO

**In Italien festgestellt in:** Kalabrien (Isola di Capo Rizzuto)
**In Deutschland aufgefallen in:** Bayern (Nürnberg), Baden-Württemberg (Heidelberg), Nordrhein-Westfalen (Duisburg)
**Verbündete Clans:** Clan Dragone, Clan Arena
**Hauptaktivitäten:** Erpressung

**Geschichte:** Durch verschiedene Fehden und die Festnahmen vieler Mitglieder wurde der Clan entscheidend geschwächt. In den neunziger Jahren lebten einige Mitglieder in Deutschland – in Heidelberg und Nürnberg. Ein Clanmitglied, das in Duisburg wohnte, wurde 1993 in Deutschland verhaftet. Er wurde unter anderem wegen versuchten Mordes gesucht. Er betrieb eine Eisdiele in Essen-Werden, die von seiner Frau weitergeführt wurde. Ob der Clan heute noch in Deutschland aktiv ist, bleibt unbekannt.

## Clan MAGLIARI

**In Italien festgestellt in:** Kalabrien (Altomonte, Corigliano Calabro)
**In Deutschland aufgefallen in:** Baden-Württemberg (Sigmaringen, Ebersbach), Rheinland-Pfalz (Montabaur)
**Verbündete Clans:** Clan Carelli, Clan Abruzzese, Clan Acri-Morfò
**Hauptaktivitäten:** Drogenhandel

**Geschichte:** Die Magliari gelten als Satellitenclan des Carelli-Clans. Sie handeln mit Drogen – auch in Norditalien. Ein Clanmitglied, das in Sigmaringen (Baden-Württemberg) lebte, soll Ende der neunziger Jahre mit Drogen und Waffen gehandelt haben. An diesen Geschäften sollen nach Ansicht der Ermittler auch die damals flüchtigen Anführer des Clans Abruzzese und der Anführer des Acri-Morfò-Clans Nicola Acri beteiligt gewesen sein. Das Clanmitglied soll in Sigmaringen untergetaucht sein, als die Polizei Anfang 2000 in Italien eine Gruppe von Albanern und Italienern verhaftet hatte.

Andere Clanmitglieder haben in Ebersbach (Baden-Württemberg) und Montabaur (Rheinland-Pfalz) gelebt. Ob der Clan heute noch an denselben Orten aktiv ist, bleibt unbekannt.

## Clan MAIOLO

**In Italien festgestellt in:** Kalabrien (Soriano Calabro, Sorianello)
**In Deutschland aufgefallen in:** Bayern (Arnstein, Bad Kissingen, Würzburg)
**Verbündete Clans:** Clan Megna, Clan Arena, Clan Bonaventura
**Hauptaktivitäten:** Geldwäsche

**Geschichte:** Ein hochrangiges Clanmitglied wurde 1995 aus Deutschland ausgewiesen. Aktivitäten des Clans wurden in der Vergangenheit im bayerischen Bad Kissingen und in Arnstein festgestellt. Hochrangige Clanmitglieder sollen in der Vergangenheit in Deutschland (insbesondere in Bayern) gelebt haben – oder hier untergetaucht sein. Ob der Clan heute noch in Deutschland aktiv ist, bleibt derzeit unbekannt.

## Clan MAIORANO

**In Italien festgestellt in:** Kalabrien (Crucoli), Lombardei
**In Deutschland aufgefallen in:** Hessen (Bad Nauheim, Gießen, Homberg, Hüttenberg-Rechtenbach, Korbach), Nordrhein-Westfalen (Remscheid, Dortmund, Wuppertal, Hagen)
**Verbündete Clans:** Clan Farao
**Hauptaktivitäten:** Drogenhandel

**Geschichte:** Clanmitglieder waren vor allem in Hessen (Bad Nauheim) und Nordrhein-Westfalen (Dortmund, Remscheid und Wuppertal) aktiv und sollen mit Waffen und Drogen gehandelt haben. Bei einer Razzia im Jahr 2001 wurden bei ihnen Waffen, Sprengstoff und Drogen gefunden. Andere Clanmitglieder haben in Gießen, Hüttenberg-Rechtenbach, Hagen, Homberg und Korbach gelebt. Ob der Clan heute noch in Deutschland aktiv ist, bleibt unbekannt.

## Clan MANCUSO

**In Italien festgestellt in:** Kalabrien (Limbadi, Nicotera), Emilia-Romagna, Lombardei (Raum Mailand), Latium, Piemont, Toskana
**In Deutschland aufgefallen in:** Nordrhein-Westfalen (Köln)
**Verbündete Clans:** Clan Piromalli, Clan Pesce, Clan Nirta, Clan Grande-Aracri
**Hauptaktivitäten:** Drogen- und Waffenhandel, Manipulation öffentlicher Aufträge, Erpressung

**Geschichte:** Der Clan Mancuso ist einer der mächtigsten in der Provinz Vibo Valentia. Die Mancuso waren einfache Bauern, die plötzlich reich wurden. Ihnen gehörte eine Steingrube, aus der Material für den Aufbau des Hafens Gioia Tauro gewonnen wurde. Heute sind die Mancuso der wohl ökonomisch mächtigste Clan in Europa. Mitglieder gehören zu den mächtigsten Drogenhändlern weltweit. Sie sind mit dem Piromalli-Clan aus Gioia Tauro und dem Pesce-Clan verbündet. Sie haben sich auf mehreren Kontinenten ausgebreitet: Im afrikanischen Togo haben sie nach Erkenntnissen der Ermittler einen Stützpunkt errichtet. Dort kommt Kokain aus Kolumbien an, das nach Europa weitergeschmuggelt wird. In Kolumbien ist der Clan im Drogenhandel mit der paramilitärischen Terrororganisation Autodefensas Unidas de Colombia (AUC) und mit der marxistisch-kommunistischen Guerillabewegung Fuerzas Armadas Revolucionarias de Colombia (FARC) im Geschäft.

Hochrangige Clanmitglieder haben in Deutschland gelebt und standen sowohl mit den San-Luca-Clans als auch mit dem Grande-Aracri-Clan in Verbindung. Ein Clanmitglied wurde in den neunziger Jahren in Köln verhaftet und später zum Kronzeugen. Derzeit ist unbekannt, ob der Clan im Raum Köln noch aktiv ist.

## Clan MANNOLO

**In Italien festgestellt in:** Kalabrien (San Leonardo di Cutro)
**In Deutschland aufgefallen in:** Baden-Württemberg (Stuttgart, Reutlingen), Niedersachsen (Hannover)
**Verbündete Clans:** Clan Dragone
**Hauptaktivitäten:** Drogenhandel, Erpressung

**Geschichte:** In den achtziger Jahren eröffnete der Cosa-Nostra-Boss Pietro Varnengo gemeinsam mit dem Farao-Clan mit Hilfe des Mannolo-Clans eine Heroinraffinerie in seiner Heimatstadt San Leonardo di Cutro (Kalabrien). Das Heroin wurde zum Teil nach Stuttgart exportiert. Ein Clanmitglied hat fast fünfzig Jahre lang in Reutlingen gelebt, ein weiteres in Hannover. Ob der Clan heute noch in Deutschland aktiv ist, bleibt unbekannt.

## Clan MAZZAFERRO

**In Italien festgestellt in:** Kalabrien (Marina di Gioiosa Ionica), Lombardei, Piemont
**In Deutschland aufgefallen in:** Bayern (Rosenheim, Neubeuern, Nürnberg, Weil), Baden-Württemberg (Stuttgart, Rastatt), Nordrhein-Westfalen (Köln, Durmersheim, Mönchengladbach)
**Herausragende Personen:** Vincenzo Mazzaferro, Giuseppe Mazzaferro, Francesco Mazzaferro
**Verbündete Clans:** Clan Ursino, Clan Commisso-Macrì, Clan Morabito, Clan Bruzzaniti, Clan Mammoliti
**Hauptaktivitäten:** Drogenhandel, Geldwäsche, Erpressung, Wucher, Manipulation öffentlicher Aufträge, Waffenhandel, Glücksspiel

**Geschichte:** Der Clan Mazzaferro kommt aus Marina di Gioiosa Ionica, einem kalabrischen Städtchen am Ionischen Meer. Seine Mitglieder waren zunächst im Zigaretten-, später im Drogenhandel tätig. Nach Aussage von Ermittlern besaß der Clan eigene Kokainfelder in Kolumbien.

Die Clangeschichte hängt eng mit den Brüdern Vincenzo, Giuseppe und Francesco Mazzaferro zusammen. Schon im ersten 'Ndrangheta-Krieg spielten sie eine wichtige Rolle. Die drei Brüder waren Teil der Killergruppe, die den mächtigen Boss Antonio Macrì ermordete. Später breiteten die Brüder ihre Geschäfte auf Norditalien aus – in den Piemont und die Lombardei. Ein Gericht hat bereits in den siebziger Jahren Giuseppe Mazzaferro in Verbannung in die Lombardei geschickt. Hier baute er Stützpunkte für den Clan auf. Bis heute wurden sechzehn *Locali* ('Ndrangheta-Zellen) in der norditalienischen Region festgestellt – davon drei allein in Mailand.

In den neunziger Jahren soll Giuseppe Mazzaferro zwei Clanmitglieder nach Stuttgart geschickt haben, um dort ebenso einen weiteren Stützpunkt aufzubauen. Giuseppes Bruder Francesco war der Chef des Turiner *Locale*. Er wurde so mächtig, dass er in den neunziger Jahren Teil der *Provincia*, der höchsten Führungsebene der 'Ndrangheta, wurde.

Vincenzo, vermutlich der mächtigste der Brüder, blieb hingegen Clanchef in Kalabrien. 1993 wurde er mit Schüssen aus einer Kalaschnikow ermordet. Mittlerweile hat der Clan Aquino die Vorherrschaft in Marina di Gioiosa Ionica übernommen.

Aktivitäten des Clans wurden in Nordrhein-Westfalen (Köln, Durmersheim, Mönchengladbach), in Bayern (Rosenheim, Neubeuern, Nürnberg, Weil) und in Baden-Württemberg (Stuttgart, Rastatt) festgestellt. Zahlreiche Clanmitglieder haben sich in der Vergangenheit in Bayern und Baden-Württemberg aufgehalten. In Rastatt soll ein Clanmitglied bereits in den Neunzigern einen Stützpunkt für den Clan aufgebaut haben. In Durmersheim hatten Mitglieder des Clans eine Firma für Lebensmittelhandel eröffnet. Wie es heute aussieht, ist unbekannt.

## Clan MEGNA

**In Italien festgestellt in:** Kalabrien (Crotone), Piemont (Raum Turin)
**In Deutschland aufgefallen in:** Nordrhein-Westfalen (Münster, Ratingen)
**Verbündete Clans:** Clan Vrenna, Clan Ciampà
**Hauptaktivitäten:** Drogenhandel, Erpressung

**Geschichte:** Der Clanführer Domenico Megna, genannt »Micu«, sitzt im Gefängnis. Sein Sohn Luca wurde 2008 in Italien ermordet. Ermittler gingen davon aus, dass er Opfer einer Fehde zwischen dem Clan Megna und dem Clan Grande-Aracri wurde. Der Clan ist auch im Piemont aktiv. Clanmitglieder haben nach Informationen der Ermittler in Münster und in Ratingen gelebt. Ob der Clan heute noch in Deutschland aktiv ist, bleibt unbekannt.

## Clan MORABITO

**In Italien festgestellt in:** Kalabrien (Africo), Latium (Rom), Lombardei (Mailand), Piemont (Turin)
**In Deutschland aufgefallen in:** Bayern (Altenstadt), Hessen (Raum Frankfurt), Nordrhein-Westfalen (Köln, Leverkusen)
**Herausragende Personen:** Giuseppe Morabito, Giuseppe Palamara, Rocco Morabito, Bruno Palamara
**Verbündete Clans:** Clan Bruzzaniti, Clan Palamara, Clan Mazzaferro, Clan Aquino, Cosa-Nostra-Clan aus Corleone
**Hauptaktivitäten:** Drogenhandel, Geldwäsche, Erpressung, Manipulation öffentlicher Aufträge, Wetten

**Geschichte:** Der Clan Morabito hat seinen Ursprung im kalabrischen Bergmassiv Aspromonte, im Dorf Casalnuovo di Africo, und arbeitet eng mit den Clans Bruzzaniti und Palamara zusammen. Alle drei Clans waren bereits bekannt, als die 'Ndrangheta Anfang des 20. Jahrhunderts noch *Picciotteria* hieß. Der frühere Clanboss Giuseppe Morabito (82), genannt »Tiradrittu«, pflegte schon früh Beziehungen zu den staatlichen Institutionen: In den achtziger Jahren, als die 'Ndrangheta Geld durch Entführungen verdiente, sollen sich sogar italienische Geheimdienste an Morabito gewandt haben, um Informationen zu sammeln. Mit Hilfe seines Schwiegersohns, eines Internisten, infiltrierte der Clan die Medizinische Fakultät in Messina. Ermittler gehen davon aus, dass die Fakultät »so stark durchdrungen war, dass sowohl die Akademiker als auch die Verwaltung unter dem Einfluss (der 'Ndrangheta) standen«. Der Clan pflegte enge Beziehungen zu dem Cosa-Nostra-Clan der Corleonesi. Sogar der Chef der gesamten Cosa Nostra Totò Riina soll persönlich in Africo gewesen sein.

Der Clan verdiente sein Geld ursprünglich vor allem im Drogenhandel. Im Jahr 2007 enthüllten Ermittler eine der wichtigsten Kokainrouten des Clans: Der Stoff wurde aus Südamerika über Dakar im Senegal nach Europa geschmuggelt. Ein schweizerischer Broker half anschließend dem Clan, die Einnahmen zu waschen.

Der Clan war zudem im Baugewerbe aktiv: 2013 enthüllte eine Operation, dass die Clans Morabito, Bruzzaniti und Palamara auf der Küste zwischen Catanzaro und Reggio Calabria Luxuswohnungen gebaut hatten, die sie an reiche Spanier und Engländer verkauft hatten. Im Rahmen der Operation wurde ein Engländer aus Belfast mit Verbindungen zur IRA verhaftet.

In Deutschland konnte der Clan in Frankfurt, Altenstadt, Leverkusen und Köln nachgewiesen werden. Im Fall des entführten Unternehmersohnes Carlo Celadon in den achtziger Jahren versuchten die Entführer, aus Deutschland telefonisch Kontakt mit der Opferfamilie aufzunehmen. Es sprach ein gewisser »Agip«. Der Junge wurde erst nach 831 Tagen von der 'Ndrangheta freigelassen.

Kronzeugen berichten, dass Giuseppe Morabito bereits in den neunziger Jahren ein Restaurant in Deutschland besaß. Es soll der Treffpunkt für Mafiosi aus Africo und Bova Marina gewesen sein. In Deutschland soll der Clan in der Vergangenheit mehrere Bankinstitute betrogen haben. Ein Clanmitglied, Cosimo B., wurde 1999 in Altenstadt verhaftet und nach Italien ausgeliefert. Der Vorwurf: internationaler Drogenhandel. Cosimo B. hatte in Altenstadt eine Pizzeria betrieben. In Köln lebten nachweislich einige Clanmitglieder. Heute soll der Clan vor allem im Raum Frankfurt aktiv sein.

## Clan MUTO

**In Italien festgestellt in:** Kalabrien (Cetraro), tyrrhenische Küste zwischen Kalabrien und Kampanien, Latium (Raum Rom), Toskana
**In Deutschland aufgefallen in:** Bayern (München), Baden-Württemberg (Waibstadt, Neckarbischofsheim)
**Herausragende Personen:** Francesco Muto
**Verbündete Clans:** Clan Carelli, Clan Calvano, Clan Polillo, Camorra-Clans
**Hauptaktivitäten:** illegale Entsorgung radioaktiver Abfälle, Interessen im Tourismus, illegaler Handel mit Lebensmitteln, Drogenhandel, Geldwäsche

**Geschichte:** Der Muto-Clan hat seinen Ursprung im kalabrischen Cetraro, in der Provinz Cosenza. Sein Boss Francesco Muto wurde 2016 nach einer dreißig Jahre langen kriminellen Karriere verhaftet. Er kontrollierte den Fischfang entlang der zweihundert Kilometer langen tyrrhenischen Küste der Provinz Cosenza. Man nannte ihn deswegen »Re del Pesce« (deutsch: König der Fischer). Fischkutter, die im Hafen von Cetraro landeten, durften ihren Fang ausschließlich dem Clan übergeben.

Die Ermittlungen, die schließlich zu seiner Festnahme führten, begannen nach dem Mord an einem Bürgermeister, der über die Drogengeschäfte des Clans gesprochen hatte. Tatsächlich gehen die Ermittler davon aus, dass der Clan die wichtigsten touristischen Küstenorte mit Kokain, Haschisch und Marihuana belieferte. Der Clan soll auch das Monopol über Waschsalons und über das Sicherheitspersonal entlang der tyrrhenischen Küste besitzen.

Glaubt man dem Kronzeugen Francesco Fonti, soll der Clan in den achtziger und neunziger Jahren ins Geschäft der sogenannten Giftschiffe verwickelt gewesen sein. Damals sollen 'Ndrangheta-Clans tonnenweise giftigen bzw. radioaktiven Müll aus europäischen Ländern unter anderem im Bergmassiv Aspromonte, in Grotten an der Küste und im Meer entsorgt haben. Schiffe mit hochgiftiger Ladung sollen vor der Küste Kalabriens versenkt worden sein. Die Ermittlungen dauern an. In Kalabrien sind die Muto mit den Clans Carelli und Calvano verbündet, doch die Ermittler enthüllten auch Verbindungen zu der Mafia aus Kampanien, der Camorra.

Mehrere Clanmitglieder sollen in Deutschland gelebt haben – zum Teil auch, um den italienischen Ermittlern zu entkommen. Selbst der Boss Francesco Muto soll für eine Weile in München gewohnt haben. Aktivitäten des Clans wurden auch in Baden-Württemberg (Neckarbischofsheim und Waibstadt) festgestellt.

## Clan OLIVERI-BOVA-CAMBARERI

**In Italien festgestellt in:** Kalabrien (Bagnara Calabra)
**In Deutschland aufgefallen in:** Hamburg, Nordrhein-Westfalen (Köln, Duisburg)
**Verbündete Clans:** Clan Nasone, Clan Laurenti
**Hauptaktivitäten:** Erpressung, Drogenhandel, Manipulation öffentlicher Aufträge

**Geschichte:** Der Clan stammt aus dem Ort Bagnara Calabra, nördlich der Stadt Reggio Calabria. Er besteht aus drei einzelnen '*Ndrine* und wird von der Familie Laurenti geführt. Der Clan war in eine Fehde mit dem Clan Surace-Occhiuto verwickelt. Dabei kämpften die Clans um den Bauauftrag des Hafens von Bagnara. Ein Clanmitglied lebte über zwanzig Jahre in Hamburg. Eine Kontaktperson des Clanbosses Oliveri in Köln war nach Ansicht von Ermittlern in Drogengeschäfte verwickelt. In Duisburg wurden ebenfalls Aktivitäten des Clans festgestellt. Ob der Clan heute noch in Deutschland aktiv ist, bleibt unbekannt.

## Clan PESCE

**In Italien festgestellt in:** Kalabrien (Rosarno, Gioia Tauro), Lombardei (Raum Mailand)
**In Deutschland aufgefallen in:** Baden-Württemberg (Bodenseeraum), Nordrhein-Westfalen (Warendorf)
**Herausragende Personen:** Giuseppe Pesce, Antonino Pesce, Vincenzo Pesce
**Verbündete Clans:** Clan Bellocco, Clan Piromalli, Clan Mancuso, Clan De Luca, Clan Sabatino
**Hauptaktivitäten:** Drogenhandel, Geldwäsche, Erpressung, Wucher, Manipulation öffentlicher Aufträge, Waffenhandel

**Geschichte:** Bei einer Razzia im niederösterreichischen Baden im April 2015 beschlagnahmten Ermittler eine 300 Quadratmeter große Villa mit einem 700 Quadratmeter großen Garten. Diese war bis dato im Besitz des Schatzmeisters des Pesce-Clans. Der Clan aus Rosarno (Provinz Reggio Calabria) ist einer der mächtigsten 'Ndrangheta-Clans und hat Interessen in Italien, Österreich, Deutschland, Frankreich, Griechenland und im Libanon. Weil er traditionell mit dem Bellocco-Clan eng verbündet ist, wird er auch Pesce-Bellocco-Clan genannt.

Der namensgebende Boss hieß Giuseppe Pesce, genannt »Unghia« (deutsch: Fingernagel). Er infiltrierte erfolgreich die Politik: Er gab vor, wer bei den Lokalwahlen gewinnen konnte. Bereits 1992 wurde der Stadtrat der Gemeinde Rosarno wegen seiner Mafia-Durchsetzung aufgelöst.

Nach seinem Tod übernahm Antonino Pesce, genannt »Testuni«, die Führung des Clans. Dank des neuen Bosses spezialisierte sich der Clan auf Drogenhandel und Geldwäsche und verbündete sich mit dem mächtigen Piromalli-Clan. Die Pesce konnten sich nachweislich Anteile an öffentlichen Großaufträgen wie dem Bau eines Stahlwerkes und der Hafenanlage von Gioia Tauro sichern. Letzterer gilt als einer der wichtigsten Umschlagplätze für den europäischen Kokainhandel. Jährlich kommen in Gioia Tauro 3,26 Millionen Container an. Als der Hafen in den siebziger Jahren gebaut wurde, sicherte sich die 'Ndrangheta siebzig Prozent der Unteraufträge. Sieben Prozent davon waren in den Händen des Pesce-Clans.

Im Kokainhandel gelten die Pesce heute als einer der führenden Clans. Im Rahmen der Operation »Luna Blu«, die im Jahr 2002 begann, konnte nachgewiesen werden, dass der Clan Pesce Kokain aus Kolumbien und Brasilien über Spanien und die Niederlande nach Europa bringt. Dazu konnte seine Verwicklung in den Heroinhandel in Balkanländern und in den Vertrieb von LSD aus den Niederlanden heraus bewiesen werden.

Auf den Kanarischen Inseln betrieben Mitglieder des Clans ein Restaurant, in dem sie Kokain aus Kolumbien in Kerzen versteckten und nach Europa weiterschickten.

Der Pesce-Clan beliefert auch italienische Mafiaorganisationen mit Drogen – zum Beispiel den Camorra-Clan der Casalesi.

Die Ermittler gingen mehrmals gegen den Clan Pesce vor.

Am wichtigsten waren die Aussagen der Kronzeugin Giuseppina Pesce. Die Tochter des Bosses Salvatore Pesce und Enkelin des Oberbosses Antonio, kooperierte ab 2011 mit der Justiz. Mit Hilfe ihrer Aussagen konnten Dutzende von Mafiosi verhaftet und Güter im Gesamtwert von über 224 Millionen Euro beschlagnahmt werden.

Als Giuseppina Pesce mit ihrer Aussage begann, waren ihre Kinder fünfzehn, neun und fünf Jahre alt. Sie wurden bei den Großeltern untergebracht und gerieten in den Fokus des Clans. Er nutzte die Kinder, um Druck auf die Kronzeugin aufzubauen. Die Kinder wurden ausgehungert und geschlagen. Sie sollten ihre Mutter am Telefon anflehen, die Aussagen zurückzuziehen.

Giuseppina Pesce beugte sich nicht. Sie lebt heute an einem geheimen Ort zusammen mit ihren Kindern.

Der Clan hat mehrere Verbindungen nach Deutschland: Seit den siebziger Jahren lebte ein hochrangiges Mitglied in Warendorf (Nordrhein-Westfalen). Ob der Clan heute noch in NRW aktiv ist, bleibt unklar. Bestätigt werden kann, dass er im Bodenseeraum tätig ist.

## Clan PINO-SENA

**In Italien festgestellt in:** Kalabrien (Cosenza)
**In Deutschland aufgefallen in:** Bayern (Obergünzburg, Schöffau), Hessen (Raum Frankfurt), Nordrhein-Westfalen (Hörstel, Köln, Ennepetal, Wuppertal), Rheinland-Pfalz (Pronsfeld, Neustadt), Sachsen (Neukieritzsch)
**Verbündete Clans:** Clan Tegnano, Clan Cirillo, Clan Piromalli
**Hauptaktivitäten:** Drogenhandel, Geldwäsche, Erpressung

**Geschichte:** Die Geschichte des Clans ist eng mit einem Mord verbunden: Zwei Killer brachten am 14. Dezember 1977 den Boss Luigi Palermo, genannt »U Zorru« um. Hinter dem Mord soll Franco Pino, der spätere Anführer des Clans Pino-Sena, gestanden haben. Luigi Palermo war der Anführer der Mafia von Cosenza und kontrollierte einige Banden, die vor allem mit Zigaretten und Prostituierten handelten. Die 'Ndrangheta, die damals das Geschäft mit Prostituierten ablehnte, hatte deswegen Cosenza nie als *Locale* anerkannt.

Nach dem Mord an Luigi Palermo verbündete sich Franco Pino mit dem Sena-Clan, mit dem Piromalli-Clan aus Gioia Tauro und mit dem Clan Tagano aus der Stadt Reggio Calabria, um gegen die Nachfolger von Luigi Palermo zu kämpfen.

Nachdem der Chef des Clans Sena im Jahr 2000 in seinem Auto erschossen worden war, trennten sich die Clans Sena und Pino vorübergehend wieder. Heute arbeiten sie unter einer neuen Führungsspitze erneut zusammen.

In der Vergangenheit wurden mehrere Verbindungen des Clans nach Deutschland festgestellt. In den achtziger Jahren soll ein hochrangiges Clanmitglied Anführer einer italienischen Räuberbande gewesen sein, die in Heilbronn aktiv war. Im nordrhein-westfälischen Hörstel soll der Clan gemeinsam mit dem Morabito-Clan Drogen gehandelt haben. Ein Clanmitglied, das in den achtziger Jahren wegen Diebstahl und Erpressung verurteilt wurde, hat in Frankfurt gelebt. In Hagen soll ein Clanmitglied Schutzgeld erpresst haben. Weitere Clanaktivitäten wurden in Nordrhein-Westfalen (Köln, Ennepetal, Wuppertal), in Bayern (Obergünzburg im Allgäu und Schöffau bei Rosenheim), in Rheinland-Pfalz (Pronsfeld und Neustadt) und in Sachsen (Neukieritzsch) festgestellt.

Ob Clanmitglieder heute noch in Deutschland aktiv sind, bleibt unklar.

## Clan PIROMALLI-MOLÉ

**In Italien festgestellt in:** Kalabrien (Gioia Tauro), Piemont, Latium, Ligurien, Lombardei
**In Deutschland aufgefallen in:** Bayern (Bertoldsheim)
**Verbündete Clans:** Clan Ascone, Clan Pesce, Clan Bellocco, Clan Mancuso, Clan Mammoliti
**Hauptaktivitäten:** Drogenhandel, Geldwäsche, Waffenhandel, Erpressung, Wucher, Manipulation öffentlicher Aufträge, Prostituiertenhandel

**Geschichte:** Die Anti-Mafia-Direktion schätzt, dass der Piromalli-Clan mit mehr als vierhundert Mitgliedern und mehreren Tausend Kontaktpersonen der mächtigste Clan Westeuropas ist.

Zwei Mitglieder des Piromalli-Clans haben im bayerischen Bertoldsheim gelebt. Beide wurden im Rahmen der Operation »Panama« verhaftet. Dabei ging es um Kokainlieferungen aus Südamerika, die in Bananenkisten über den Hafen von Rotterdam nach Europa gelangten. Einer der zwei Männer, Antonio Ringo Albanese, wurde 2006 in Gersthofen (Bayern) verhaftet. Er wurde dann in Italien zu achtzehn Jahren Haft verurteilt. Ermittler gehen davon aus, dass er der Anführer des Kokaingeschäftes war. Der andere Mann, der in Bertoldsheim gelebt haben soll, wurde ein Jahr nach seiner Verhaftung wieder freigelassen.

Ob Clanmitglieder heute noch in Deutschland aktiv sind, ist nicht bekannt.

## Clan POLILLO

**In Italien festgestellt in:** Kalabrien (Cerzeto)
**In Deutschland aufgefallen in:** Bayern (Nürnberg, Oberaudorf)
**Verbündete Clans:** Clan Carelli, Clan Muto, Clan Romeo
**Hauptaktivitäten:** Drogenhandel, Geldwäsche, Waffenhandel

**Geschichte:** Der Boss des Clans Domenico Polillo (genannt »Don Carmine«) lebte für längere Zeit in Bayern. In Nürnberg besaß sein Sohn eine Pizzeria.

Deutsche und italienische Ermittler erfuhren vor allem von einem jungen Pizzabäcker viel über die Geschäfte des Mannes. Der Pizzabäcker arbeitete nebenher als Fahrer für Domenico Polillo. Und wurde später zum Kronzeugen. »Im Restaurant handelte man mit großen Mengen an Drogen (Heroin, Kokain, Marihuana). Da ich in der Küche arbeitete, konnte ich sehen, was im Lokal passierte. Sie haben die Waren etwa in einer Mikrowelle versteckt«, berichtete der Pizzabäcker italienischen Ermittlern.

Polillo soll in Deutschland eine Art Finanzverwalter des Carelli-Clans aus Corigliano Calabro gewesen sein und dort auch für den Muto-Clan Geld gewaschen haben. Sein ehemaliger Fahrer erzählte den Ermittlern, dass Polillo mit Bankern in verschiedenen europäischen Ländern in Verbindung stand und sie regelmäßig getroffen habe. Polillo soll unter anderem zwischen Deutschland und Italien, aber auch bis nach Holland, Frankreich, England, Österreich und in die Schweiz gependelt sein. In der Türkei pflegte er Kontakte zu den Grauen Wölfen, in den USA soll er sogar mit Politikern in Verbindung gestanden haben, berichtete der Fahrer und Pizzabäcker aus Nürnberg.

Im Jahr 1999 wurde Polillo in Norditalien festgenommen. Nach seiner Freilassung soll er zu seiner damaligen deutschen Freundin nach Oberaudorf im Landkreis Rosenheim gezogen sein. Er wurde danach noch mehrmals verhaftet. Der Clan soll seither geschwächt sein. Etliche seiner Mitglieder sollen sich nach Einschätzung von Ermittlern dem Muto-Clan angeschlossen haben.

## Clan RUGA

**In Italien festgestellt in:** Kalabrien (Monasterace), Latium
**In Deutschland aufgefallen in:** Baden-Württemberg (Tübingen), Hessen (Langen, Lauterbach)
**Herausragende Personen:** Cosimo Ruga, Andrea Ruga
**Verbündete Clans:** Clan Metastasio, Clan Leuzzi, Clan Gallace, Clan Novella
**Hauptaktivitäten:** Drogenhandel, Manipulation öffentlicher Aufträge, Entführung

**Geschichte:** Der Clan Ruga kommt aus Monasterace, einer Stadt ganz im Norden der Provinz Reggio Calabria. Obwohl die Ruga auch im Ausland, darunter auch in Deutschland, stark vertreten sind, hat der Clan in Italien erheblich an Macht verloren.

In den achtziger Jahren spezialisierten sich seine Mitglieder auf die Entführung wohlhabender Menschen in Mittel- und Norditalien.

Der Clan wurde in den neunziger Jahren erheblich von der Operation »Stilaro« getroffen. Die Ermittler enthüllten damals seine Verbindung in die Politik: Der Stadtrat der Gemeinde Camini (Provinz Reggio Calabria) hatte auf illegale Weise an den Clan Bauaufträge vergeben. Dutzende Clanmitglieder gingen in Haft.

Der Clan verdiente auch mit Mineralwasser sein Geld. Kronzeugen erzählten, dass Unternehmen, die Mineralwasser produzieren, dem Clan Gelder als Garantie für die sichere Lieferung der Flaschen zahlen mussten. Die LKWs für die Wasserlieferungen wurden zudem als Kokaintransporter benutzt. Der Clan ist auch im Latium stark vertreten.

In Deutschland wies der Clan in der Vergangenheit Verbindungen nach Tübingen auf. Ein weiteres Clanmitglied, das 2007 wegen Steuerhinterziehung und Urkundenfälschung verurteilt wurde, lebte im hessischen Langen. Ob der Clan heute noch in Deutschland aktiv ist, bleibt unklar.

## Clan SANTORO

**In Italien festgestellt in:** Kalabrien (Cirò)
**In Deutschland aufgefallen in:** Nordrhein-Westfalen (Dortmund)
**Verbündete Clans:** –
**Hauptaktivitäten:** Erpressung

**Geschichte:** 1977 wurde der Clanführer Giovanni Santoro, genannt »Fortezza« (deutsch: Festung), ermordet. Er hatte die 'Ndrangheta in die Stadt Cirò gebracht.

Nach dem Mord zogen Familienmitglieder nach Deutschland, um in Dortmund neue Geschäfte aufzubauen. Ob der Clan heute noch in Deutschland aktiv ist, bleibt unbekannt.

## Clan SERRAINO

**In Italien festgestellt in:** Kalabrien (Reggio Calabria), Lombardei (Raum Mailand)
**In Deutschland aufgefallen in:** Nordrhein-Westfalen (Bottrop)
**Verbündete Clans:** Clan Di Giovine
**Hauptaktivitäten:** Drogenhandel, Erpressung, Waffenhandel

**Geschichte:** Der Clan stammt aus der Stadt Reggio Calabria und hat sich in der Lombardei ausgebreitet. Ein Clanmitglied, das wegen Mordes international gesucht wurde, soll sich bei seinem Sohn in Bottrop versteckt haben. Ob der Clan heute noch in Deutschland aktiv ist, bleibt unbekannt.

## Clan URSINO (auch URSINI)

**In Italien festgestellt in:** Kalabrien (Gioiosa Ionica), Ligurien, Piemont
**In Deutschland aufgefallen in:** Bayern (Schwabach), Baden-Württemberg (Stuttgart), Niedersachsen (Hannover), Nordrhein-Westfalen
**Herausragende Personen:** Vincenzo Ursino
**Verbündete Clans:** Clan Simonetta, Clan Cataldo, Clan Macrì, Clan Belfiore, Clan Mazzaferro
**Hauptaktivitäten:** Drogenhandel, Geldwäsche, Erpressung, Manipulation öffentlicher Aufträge, Wetten

**Geschichte:** Der Clan Ursino (auch Ursini) kommt aus dem kalabrischen Städtchen Gioiosa Ionica und ist im Drogenhandel aktiv. In den siebziger Jahren manipulierte der Clan gemeinsam mit den Clans Mazzaferro, Macrì und Piromalli die Bauaufträge für den Bau des Hafens von Gioia Tauro. Damaliger Clanchef war Vincenzo Ursino, der 1977 ermordet wurde.

Der Clan hat sich in Norditalien ausgebreitet: In Turin ist er mit dem Clan Belfiore verbündet. Die zwei Clans haben 1983 angeblich sogar einen Staatsanwalt, Bruno Caccia, erschießen lassen, um sich die Vorherrschaft im Piemont zu sichern. Als Auftraggeber des Mordes wurde allerdings nur Domenico Belfiore verurteilt.

Gegen die Ursino wurde mehrfach ermittelt. Im Jahr 2014 enthüllte »New Bridge«, die gemeinsame Operation der italienischen Polizei und des amerikanischen FBI, die enge Partnerschaft des Ursino-Clans mit der New Yorker Mafiafamilie der Gambino im Bereich des Drogenhandels.

Auch in Deutschland ist der Clan Ursino aktiv. Zwei Clanmitglieder, die in der Vergangenheit in Schwabach und Stuttgart lebten, hatten in Italien ein Scheinunternehmen geführt – vermutlich zum Zweck der Geldwäsche. Ein hochrangiges Clanmitglied, das sich in Norditalien auf das Geschäft mit manipulierten Spielautomaten spezialisiert hatte, lebte in den 2000er Jahren in Hannover. Hier soll er mit einem Mitglied des Aracri-Clans einen Lebensmittelladen geführt haben. Die heutigen Aktivitäten des Clans in Deutschland sind unbekannt.

## Clan VRENNA-CIAMPÀ

**In Italien festgestellt in:** Kalabrien (Cutro, Crotone)
**In Deutschland aufgefallen in:** Baden-Württemberg (Freiburg), Nordrhein-Westfalen (Hagen, Herne, Düsseldorf, Neuss)
**Verbündete Clans:** Clan Megna, Clan Arena, Clan Bonaventura
**Hauptaktivitäten:** Zigaretten-, Drogen- und Waffenhandel

**Geschichte:** Der Clan besteht aus den Familien Vrenna (genannt »Zirro«) aus Crotone und den Familien Ciampà aus Cutro. In den siebziger Jahren war der Clan Vrenna in eine Fehde verwickelt. Dabei ging es hauptsächlich um die Kontrolle des Hafens, über den der Zigaretten-, Waffen- und Drogenhandel lief. Ein hochrangiges Clanmitglied des Vrenna-Clans soll im Raum Hagen gelebt haben. In Düsseldorf hatte der Clan einen Stützpunkt: Ein Mitglied des Clans, das in Düsseldorf einen Geldboten überfallen hatte, wurde 2003 in Deutschland verhaftet und nach Italien ausgeliefert. Weitere Aktivitäten des Vrenna-Ciampà-Clans wurden in Herne (Nordrhein-Westfalen), Neuss (Nordrhein-Westfalen) und Freiburg (Baden-Württemberg) festgestellt. Ob er heute noch in Deutschland aktiv ist, bleibt unbekannt.

# Quellenverzeichnis

Folgende Quellen haben wir für die Erstellung des Buches genutzt:

| Urheber | Quelle | Beschreibung |
|---|---|---|
| Gerichtshof Reggio Calabria, Staatsanwaltschaft | Untersuchungshaftbefehl Nummer 1389/2008 im Rahmen der Operation »Crimine« (Volumen 1-4) | Großverfahren gegen die 'Ndrangheta |
| LKA Baden-Württemberg | Bericht zur Mafia vom 28.5.2010 | Interner Bericht |
| Bundeskriminalamt Wiesbaden | »Die 'Ndrangheta – Bericht über die Struktur der 'Ndrangheta« Bericht vom Mai 2010 | Interner Bericht |
| Bundeskriminalamt Wiesbaden | »Die 'Ndrangheta – Die neue Struktur der 'Ndrangheta« Bericht vom 3. August 2010 | Interner Bericht |
| Anti-Mafia-Direktion (Direzione Nazionale Antimafia) Rom | »Relazione Su Ricerca dei Patrimoni Illeciti in Germania« Bericht | Interner Bericht |
| Nicola Gratteri / Antonio Nicaso (Verlag: Pellegrini Editore, 2007) | Fratelli di sangue. La 'ndrangheta tra arretratezza e mordernità: da mafia agropastorale a holding del crimine. | Buch |
| Nicola Gratteri (Verlag: Mondadori, 2010) | La malapianta | Buch |
| Francesco Forgione (Verlag: Baldini Castoldi Dalai Editore s.p.a, 2009) | Mafia Export | Buch |
| Rocco Sciarrone, Luca Storti, Springer Science+Business Media, Dordrecht 2013 | The territorial expansion of mafia-type organized crime. The case of the Italian mafia in Germany. | Wissenschaftlicher Artikel |
| Giuseppe Pignatone, Michele Prestipino (Verlag: Latera, 2012) | Il contagio. Come la 'ndrangheta ha infettato l'Italia. | Buch |
| Arcangelo Badolati (Verlag: Pellegrini Editore, 2014) | Mamma 'Ndrangheta | Buch |
| Roberto Saviano (Verlag: Hanser 2007) | Gomorrha – Die Mafia in Neapel | Buch |

| Urheber | Quelle | Beschreibung |
|---|---|---|
| Corte di Assise di Catanzaro (Geschworenengericht Catanzaro, 1999) | Urteil des Geschworenengerichtes Catanzaro vom 28. Juli 1999 im Rahmen der Operation »Galassia« | Urteil des Geschworenengerichts |
| Nicola Gratteri / Antonio Nicaso (Verlag: Mondadori, 2016) | Padrini e Padroni. Come la 'ndrangheta è diventata classe dirigente. | Buch |
| Nicola Gratteri / Antonio Nicaso (Verlag: Mondadori, 2015) | Oro bianco. Storie di uomini traffici e denaro dall'impero della cocaina. | Buch |
| Giuseppe Lumia / Orfeo Notaristefano (Verlag: Ponte Sisto, 2011) | La 'ndrangheta made in Germany: Come e perchè la mafia calabrese è diventata la più forte del mondo. | Buch |
| Gerichtshof von Reggio Calabria | Untersuchungshaftbefehl Nummer 106/14 vom 17. Februar 2015 im Rahmen der Operation »Rheinbrücke« | Untersuchungshaftbefehl, der zu Festnahmen im Rahmen der Operation »Rheinbrücke« geführt hat. |
| Gerichtshof von Reggio Calabria | Untersuchungshaftbefehl vom 28. Februar 2011 im Rahmen der Operation »Crimine 2« | Untersuchungshaftbefehl im Rahmen des Großverfahrens Crimine 1-2 |
| Anti-Mafia-Direktion | Jahresbericht über die Zeitspanne 1. Juli 2014 – 30. Juni 2015 vom Februar 2016 | Jahresbericht |
| Gerichtshof Reggio Calabria, Staatsanwaltschaft | Untersuchungshaftbefehl Nummer 3273/2012 im Rahmen der Operation »New Bridge« | Großverfahren unter anderem gegen die 'Ndrangheta in Nordamerika |
| Gerichtshof Rossano, Staatsanwaltschaft | Akten der *Operazione »Stop«* | Verfahren gegen die 'Ndrangheta in Rossano Calabro und Umgebungen |
| Gerichtshof Reggio Calabria, Staatsanwaltschaft | Untersuchungshaftbefehl Nummer 7498/2010 im Rahmen der Operation »Acero-Krupy-Connection« | Untersuchungshaftbefehl im Rahmen der Operation »Acero-Krupy-Connection«, unter anderem über den Einfluss der 'Ndrangheta in Kanada |
| Mafia-Blog von Correctiv (zuletzt abgerufen am 25. Januar 2016) | »15 'Ndrangheta-Festnahmen in der Schweiz« | Artikel über die Festnahme mutmaßlicher 'Ndrangheta-Mitglieder in der Schweiz |

| Urheber | Quelle | Beschreibung |
|---|---|---|
| Mafia-Blog von Correctiv (zuletzt abgerufen am 25. Januar 2016) | »Venedig: Umschlagplatz für Kokain« | Artikel über die 'Ndrangheta und den Handel von Kokain |
| Mafia-Blog von Correctiv (zuletzt abgerufen am 25. Januar 2016) | »Mafia Paradies Deutschland« | Artikel über die Freilassungen der Verhafteten im Rahmen der Operation »Rheinbrücke« |
| Mafia-Blog von Correctiv (zuletzt abgerufen am 25. Januar 2016) | »Der Drogenhändler der Mafia« | Artikel über den Mafia-Drogenhändler Nicola Assisi |
| Mafia-Blog von Correctiv (zuletzt abgerufen am 25. Januar 2016) | »Der Mann hinter der 'Ndrangheta Zelle in Engen« | Artikel über ein zu einem späteren Zeitpunkt verhaftetes und dann freigelassenes mutmaßliches Mitglied der 'Ndrangheta im Kreis Konstanz |
| Reparto Operativo Speciale (Sondereinheit) der Carabinieri von Catanzaro | Strafverfahren Nummer 62/1 vom 3.12.2008 im Rahmen der Operation »Timpone Rosso« | Verfahren gegen mutmaßliche Mitglieder der 'Ndrina Abruzzese |
| LKA Rheinland-Pfalz | »Agro-Mafia im Raum Mainz« 2013 | Interner Bericht über mögliche Mafia-Strukturen im Feinkosthandel |
| Gericht von Palermo | Urteil Nummer 3574/2011 vom 27.6.2011 | Urteil des Gerichtes Palermo |
| Gericht von Perugia | Untersuchungshaftbefehl Nummer 3906/2012 im Rahmen der Operation »Quarto Passo« | Untersuchungshaftbefehl im Rahmen der Operation »Quarto Passo« |
| Italienisches Innenministerium | EU-Haftbefehl vom 17.01.2013, Protokoll MI-123-U-B-5-1-2013-122-7657-SIRENE-OA | EU-Haftbefehl des Innenministerium |
| Anti-Mafia-Direktion | Relazione su ricerca dei patrimoni illeciti in Germania (Volumen 1-4) aus dem Jahr 2008 | Bericht der Anti-Mafia-Direktion über italienische Mafia-Gruppierungen und deren Vermögen in Deutschland |
| Gericht von Reggio Calabria | Untersuchungshaftbefehl Nummer 3915/2013 vom 11. Mai 2015 im Rahmen der Operation »Santa Fé« | Untersuchungshaftbefehl im Rahmen der großen Operation »Santa Fé« über die 'Ndrangheta und den internationalen Drogenhandel |

| Urheber | Quelle | Beschreibung |
|---|---|---|
| Landesregierung NRW | »Bedrohung Nordrhein-Westfalens durch die Mafia« vom 30.11.2009 | Antwort der Landesregierung NRW auf eine große Anfrage im Landtag |
| Anti-Mafia-Staatsanwaltschaft beim Landgericht Neapel | Haftbefehle zum Strafverfahren Nr. 52594/2002 | Verfahren gegen die Agrarmafia |
| Staatsanwaltschaft Münster | Ermittlungsunterlagen zu den Verfahren 42 Js 124/03 bzw. dem Folgeverfahren 210 Js 109/04 | Verfahren gegen die Agrarmafia |
| Staatsanwaltschaft Düsseldorf | Ermittlungsunterlagen zu den Verfahren 115 Js 112/13 | Verfahren im Zusammenhang mit bandenmäßigen Betrug im Baugewerbe |
| LKA NRW | »Organisierte Kriminalität im Baugewerbe« aus 2012 | Analyse über die Aktivitäten der Mafia im Baugewerbe |
| Landtag Baden-Württemberg | Abschlussbericht »»Praxis der Telefonüberwachung« vom 25.11.1994 | Bericht eines Untersuchungsausschusses über die Verbindungen des CDU-Politikers Günther Oettinger zu Personen aus dem Stuttgarter Umfeld der 'Ndrangheta |
| Enzo Ciconte im Auftrag der Region Toskana | »La criminalità organizzata in Toscana« Bericht von Dezember 2009 | Öffentlicher Bericht |
| Gerichtshof Reggio Calabria | Sentenza resa nell' Operazione »Crimine« Nummer 1389 vom 8. März 2012 | Urteil |
| Geschworenengericht Trapani | Urteil vom 21.6.1994 | Urteil |
| Staatsanwaltschaft beim Gerichtshof von Agrigent | Haftbefehle zum Strafverfahren Nr. 915/12 | Haftbefehl gegen angebliche Mafiahelfer |
| LKA Baden-Württemberg | »Italienische Gastronomiebetriebe« – APIG – August 2010 | Interner Bericht |
| LKA Baden-Württemberg | »Die italienische Mafia« – APIG – November 2013 | Interner Bericht |
| LKAs und BKA | Lagebilder Organisierte Kriminalität ab 2004 fortlaufend | Öffentliche Berichte |

## Autorenteam

© Ivo Mayr

**David Schraven** ist Gründer und Geschäftsführer von CORRECT!V, dem ersten gemeinnützigen Recherchezentrum im deutschsprachigen Raum. Nicht nur seine investigativen Recherchen erhielten in den vergangenen Jahren Auszeichnungen – einen Wächterpreis bekam er für seine Recherchen zu Giftbelastungen in der Ruhr –, auch seine Vorliebe, mit neuen Darstellungsformen und journalistischen Erzählweisen zu experimentieren, wurde immer wieder mit Preisen honoriert. »Weiße Wölfe«, eine graphische Reportage zum Rechtsterrorismus und den NSU-Verbindungen im Ruhrgebiet, erhielt den Deutschen Reporterpreis. Das Comicbuch »Kriegszeiten« über die Hintergründe des Afghanistaneinsatzes der Bundeswehr wurde für den Deutschen Jugendliteraturpreis nominiert.

© Joschka Lippelt

**Maik Meuser** landete nach Stationen bei ZDF, SWR und dem Hessischen Rundfunk als Redakteur bei Arte in Straßburg. 2005 wechselte er nach Bonn zur Deutschen Welle, wo er ein trimediales Volontariat abschloss. Im Anschluss moderierte er acht Jahre lang die Nachrichtensendung der Deutschen Welle, war als freier Autor weiter für Arte tätig und bildete für die Akademie der Deutschen Welle Journalisten in Südamerika und Afrika aus. Seit 2015 moderiert der studierte Politikwissenschaftler das

»RTL-Nachtjournal« und vertritt seit November 2016 Peter Kloeppel und Annett Möller bei der Hauptnachrichtensendung »RTL Aktuell«. Darüber hinaus recherchiert und produziert er gemeinsam mit dem unabhängigen Recherchezentrum CORRECT!V für das Investigativ-Format Nachtjournal-Spezial.

© Sandra Hintze

**Wigbert Löer** studierte Politikwissenschaft. Er schrieb Sachbücher über Doping (»Muskelmacher«) und über Wettmanipulation im Profifußball (»Zockerliga«). Sein mit Oliver Schröm verfasstes Buch »Geld Macht Politik. Das Beziehungskonto von Carsten Maschmeyer, Gerhard Schröder und Christian Wulff« stand mehrere Wochen auf der »Spiegel«-Bestsellerliste. Löer ist Redakteur für Investigative Recherche beim »stern«. Er enthüllte dort u. a., dass der CDU-Schatzmeister Helmut Linssen über eine Briefkastenfirma in Panama Geld versteckt hatte. Seine Recherchen im AfD-Milieu führten 2016 dazu, dass ein ganzer Landesverband der Partei aufgelöst wurde.

© Ivo Mayr

**Margherita Bettoni** ist in Italien geboren und aufgewachsen. Sie studierte Literaturkritik und Literaturübersetzung in Potsdam und Trento. Ihre journalistische Ausbildung erhielt sie an der Deutschen Journalistenschule in München. Sie arbeitet als freie Journalistin, veröffentlicht regelmäßig unter anderem im »stern« und recherchiert seit zwei Jahren über die italienische Mafia in Deutschland. Für das investigative Recherchezentrum CORRECT!V schreibt sie einen Mafia-Blog. Margherita Bettoni spricht sechs Sprachen.

**Cecilia Anesi** gehört zum Reporternetzwerk von CORRECT!V im Mittelmeerraum. Ihre Schwerpunkte liegen bei organisierter Kriminalität und Mafiaverbrechen. Sie studierte Journalismus an der City University of London, ist neben ihrem Kollegen Giulio Rubino Autorin des Dokumentarfilms »Toxic Europe«, für den sie den Best International Organized Crime Report Award 2011 erhielt, und Mitbegründerin des Investigative Reporting Project Italy (IRPI). Für sich sagt sie: Nach der Wahrheit zu suchen heißt, das Leben zu leben.

**Giulio Rubino** gehört zum Reporternetzwerk von CORRECT!V im Mittelmeerraum. Er ist preisgekrönter Filmemacher und mit seiner langjährigen Kollegin Cecilia Anesi der Kern des italienischen CORRECT!V-Reporterteams. Nach seinem Journalistik-Studium und mehreren Arbeitsjahren in Rom ging Giulio als freier Reporter nach Lateinamerika, bevor er zurück in Italien mit Cecilia das Investigative Reporting Project Italy (IRPI) gründete. Auf die Frage, warum er Journalist geworden sei, antwortet Giulio gern: Weil es keine freien Stellen mehr als Entdecker, Superheld oder Raumschiffkapitän gab. Da war Reporter für ihn die beste Alternative.